Die schönsten
BIKE-FERNTOUREN
durch die Alpen

Beat Zentner

Die schönsten BIKE-FERNTOUREN durch die Alpen

AT Verlag

Inhaltsverzeichnis

In voller Abfahrt auf dem
Unteren Euschels Richtung
Schwarzsee.

Vorwort

Der Bodensee ist erreicht. Von den letzten Höhenzügen des Appenzellerlands schweift unser Blick über das im weichen Sommerdunst liegende Schwäbische Meer. Seit unserem Start in Chiasso, dem Ausgangspunkt unserer Alpenüberquerung, sind erst sieben Tage vergangen. Unser Weg führte uns immer abseits des Autoverkehrs der ausgebauten Alpenpässe über Forst- und Alpstrassen, Saumpfade, Pass- und Wanderwege. Von den Gestaden des Comer- und Luganersees an konnten wir mit dem Mountainbike Landschaften von überwältigender Vielfalt hautnah «erfahren».

Die zehn in diesem Buch enthaltenen Routenvorschläge ziehen sich wie ein Netz zwischen Vorarlberg und Savoyen kreuz und quer durch die Schweizer Alpen und bis in das angrenzende Ausland. Sämtliche Routen und noch viele weitere Varianten habe ich persönlich abgefahren, die lohnenswertesten Strecken wurden ausgewählt und zu attraktiven Ferntouren zusammengestellt.

Als ich Ende der neunziger Jahre die erste in diesem Buch vorgestellte Tour unternommen habe, begegneten uns nur sporadisch Tourenbiker. Heute entdecken mehr und mehr Mountainbiker die Schönheiten und die besondere Herausforderung von Ferntouren quer durch die Alpen. Nicht zuletzt hat auch die Erschliessung abgelegener Gegenden abseits der Transitachsen durch Alp- und Forststrassen dazu beigetragen.

Die Routen sind im Buch immer in der optimalen Fahrtrichtung beschrieben. Nach der Darstellung der gesamten Route folgt die detaillierte Beschreibung der durchschnittlich acht Tagesetappen der jeweiligen Route, wobei auf besondere Schwierigkeiten und Gefahren hingewiesen wird. Umfangreiche Informationen ermöglichen es darüber hinaus auch, andere Route zusammenzustellen und einzelne Etappen zu kombinieren. Ergänzt wird das Buch durch einen einleitenden Teil, der alle relevanten Informationen zur Tourenvorbereitung enthält. Er beantwortet die wichtigsten Fragen und bietet nützliche Tipps und Empfehlungen für die Planung einer erfolgreichen Tourenwoche.

Die Freude am Mountainbiken, an der sportlichen Leistung, an der herrlichen Bergwelt, und nicht zuletzt auch ein Interesse an der Kartografie veranlassten mich, die Routen seit 1999 zu dokumentieren. Doch erst dank der tatkräftigen Unterstützung meiner Partnerin Sabina liegt das Buch nun vor. Sie hat mich auf vielen Routen begleitet und mich bei der Realisierung entscheidend unterstützt. Mein Dank geht auch an die vielen Begleiter auf meinen Touren, an all jene, die mir nützliche Tipps für die Routen gaben, sowie an den Sponsor Trek/Gary Fisher.

Beat Zentner
Im Frühjahr 2004

Hinweise zur Benützung des Buches

Schwierigkeitsbewertung

Die Bewertung setzt sich aus den beiden Komponenten der fahrtechnischen und der physischen Anforderungen zusammen. Das fahrtechnische Können des Tourenbikers muss sich an der Boden- und Wegbeschaffenheit sowie an der Steilheit des Geländes beweisen. Die physische Leistung setzt sich aus der Distanz, der Höhendifferenz und dem benötigten Zeitbedarf zusammen. Fahrtechnik und Ausdauer stehen in einem engen Zusammenhang. Je weniger Hindernisse zum Beispiel befahren werden können, desto länger muss das Mountainbike geschoben oder getragen werden. Das heisst, je schlechter die Fahrtechnik, desto mehr Ausdauer ist gefordert. Bei guter Strassenbeschaffenheit, wenn etwa ein grösserer Aufstieg auf einer Asphaltstrasse zurückgelegt wird, ist die Fahrtechnik zweitrangig. Witterungseinflüsse wie Regen, Schnee, Temperatur und Wind können die Anforderungen extrem erhöhen. Die Schwierigkeitsbewertung geht von trockenen sommerlichen Witterungsverhältnissen aus. Einbezogen in die Bewertung ist das relativ hohe Gewicht des Bikerucksacks von fünf bis sieben Kilo. Eine gute Grundkondition und Mountainbike-Erfahrung sind für alle Routen Voraussetzung.

Die Bewertung ist in vier Stufen eingeteilt:

1 Leichte Etappe
Die Strecke führt vorwiegend über Asphalt- und ausgebaute Naturstrassen. Die reine Fahrzeit der Etappe liegt bei maximal 4 Stunden. Bergauf ist nur ein geringer Höhenunterschied (bis ca. 800 Meter) zu bewältigen. Es können kurze steile Passagen auf gut befahrbarem Untergrund vorkommen. Bergab gibt es keine Fahrpassagen, die besondere Kenntnisse erfordern. Für Anfänger geeignet.

2 Mittelschwere Etappe
Die Strecke führt mehrheitlich über Asphalt- und Naturstrassen. Es ist mit bis zu 5 Stunden Fahrzeit zu rechnen. Es sind auch kurze Streckenabschnitte auf Fahrwegen oder Wanderwegen zurückzulegen. Bergauf ist ein Gesamt-Höhenunterschied von bis zu 1500 Meter zu bewältigen. Kurze steile Passagen können nur schiebend bewältigt werden. Bergab können kurze steinige oder hindernisreiche Strecken auftreten, die nur mit trainiertem Geschick, ohne abzusteigen, passiert werden können. Geeignet als Training für schwierige und sehr schwierige Etappen.

3 Schwierige Etappe
Die Etappe führt über weite Strecken über Naturstrassen und markierte Wanderwege. Die Fahrzeit kann bis zu 6 Stunden betragen. Es kommen längere Passagen auf ausgewaschenen, schlechten Fahrwegen vor. Bergauf ist ein Gesamt-Höhenunterschied von bis zu 2000 Meter zu bewältigen. Auf einzelnen Wegabschnitten muss das Mountainbike geschoben oder getragen werden. Bergab kommen in steilem Gelände Hindernisse und Stufen vor, die auch vom technisch bestens versierten Biker nicht befahren werden können. Mehrmaliges Auf- und Absteigen ist nötig. Bike-Erfahrung in den Bergen ist vorteilhaft.

4 Sehr schwierige Etappe
Führt zum grösseren Teil über grobe Fahr- und Wanderwege. Die Fahrzeit kann mehr als 6 Stunden betragen. Es kommen Passagen auf schlechten Wanderwegen oder querfeldein durch das Gelände vor. Bergauf können gesamthaft über 2000 Höhenmeter zu bewältigen sein. Auf einzelnen Streckenabschnitten muss das Mountainbike bis zu einer Stunde (ca. 400 Höhenmeter) geschoben oder getragen werden. Auch bergab kommen Wegabschnitte vor, auf denen das Mountainbike geschoben oder getragen werden muss. Der Weg ist teilweise so steil und hindernisreich, dass nicht gefahren werden kann. Aus Sicherheitsgründen sind Etappen dieser Schwierigkeit

nur zu zweit zu unternehmen. Alpine Erfahrung wird vorausgesetzt.

Distanz

Die Distanz wurde mit einem Velocomputer (Ciclosport HAC 4) ermittelt. Verschiedene Faktoren können die Messung beeinflussen. Auf hindernisreichen Wanderwegen wurde das Mountainbike so weit als möglich geschoben. In Ausnahmefällen, zum Beispiel über grössere Schneefelder, wurde die Abweichung aufgerechnet.

Höhendifferenz

Mit dem Velocomputer können die Höhendifferenzen ziemlich genau ermittelt werden. Abweichungen, die durch Veränderung des Luftdrucks im Verlauf des Tages verursacht werden, sind eliminiert.

Fahrzeit

In der tabellarischen Übersicht ist jeweils die reine Fahrzeit, gerundet auf Viertelstunden, aufgeführt. In den Zeitangaben beim Streckenprofil sind jedoch zur besseren Orientierung die genauen Fahrzeiten angegeben, da Abzweig-/Orientierungspunkte usw. oft kurz nacheinander folgen. Für Ruhepausen und Verpflegung sind pro Tagesetappe mindestens 1½ bis 2 Stunden dazuzurechnen.
Als Grundlage für die Fahrzeitberechnung diente die effektive Fahrzeit für Abschnitte derselben Beschaffenheit und Steigung/Gefälle. Die tatsächlich benötigten Fahrzeiten waren je nach Gruppengrösse und Trainingszustand der Teilnehmer stark unterschiedlich. Um eine genauere durchschnittliche Fahrzeit zu erhalten, wurde auf der Grundlage von annähernd tausend Streckenabschnitten gleicher Wegbeschaffenheit und gleicher Steigung/Gefälle die Durchschnittsgeschwindigkeit ausgerechnet. Für jede Etappe konnte so eine repräsentative durchschnittliche Fahrzeit berechnet werden.

Übernachtung

Es sind nur die Übernachtungsmöglichkeiten ausserhalb von Ortschaften namentlich aufgeführt, und zwar in der dem Routenverlauf entsprechenden Reihenfolge. Da zusätzlich zum Reisegepäck kaum noch Verpflegung für mehrere Tage mitgeführt werden kann, werden nur Unterkünfte (Hotels, Herbergen, Berghäuser, Gasthäuser, SAC-Hütten) erwähnt, die auch Verpflegungsmöglichkeiten anbieten.
Die angegebenen Unterkunftsmöglichkeiten dienen der Tourenplanung. So können einzelne Etappen flexibler gestaltet werden. Auch können äussere Umstände, wie Wetter, technische Defekte, eine geschlossene oder voll belegte Unterkunft, zu einer kurzfristigen Änderung der Etappe zwingen.
Berghäuser oder SAC-Hütten, vielfach die einzige Übernachtungsmöglichkeit, sind im Sommer oft gut belegt, weshalb sich eine Reservation im Voraus empfiehlt. In grösseren Ortschaften finden kleinere Gruppen oft auch ohne Reservation eine angemessene Unterkunft. Für grössere Gruppen und in ausgeprägt touristischen Destinationen ist eine vorgängige Reservation empfehlenswert.
Die Öffnungszeiten der Unterkünfte richten sich meist nach dem Touristenstrom. Hochsaison ist während den Sommermonaten, zwischen Juli und September. Ab Oktober sind die Unterkünfte in höheren Lagen vielfach bereits geschlossen.

Restaurant

Darunter sind Gaststätten, Alphütten und Bergrestaurants mit Verpflegungsmöglichkeit, aber ohne Übernachtungsmöglichkeit zusammengefasst. Auch hier sind nur diejenigen ausserhalb von Ortschaften namentlich aufgeführt. Die Öffnungszeiten richten sich meist nach dem Ausflugs- und Touristenstrom. Hochsaison ist während den Sommermonaten, zwischen Juli und September. Ab Oktober sind Restaurationsbetriebe in höheren Lagen meist bereits geschlossen.

Variante/Abkürzung

Eine Variante ist eine gute Alternative zur beschriebenen Strecke. Dabei handelt es sich vielfach um bekannte Mountainbike-Routen. Diese Strecken habe ich nicht abgefahren; sie benötigen vergleichsweise mehr Zeit als die beschriebene Strecke.
Eine Abkürzung ist eine Ersatzstrecke, um sehr schwierige Streckenabschnitte zu umfahren oder massgeblich zu verkürzen. Die erwähnten Strecken habe ich nicht abgefahren, sie sind aber in technischer Hinsicht wesentlich einfacher.

Öffentlicher Verkehr

Es werden die Bahnstationen entlang der Etappe sowie an Start und Ziel erwähnt. In den meisten Regionalzügen der Alpenländer ist der Velo-Selbstverlad eine Selbstverständlichkeit geworden. In Postautos und Autobussen ist der Transport bedingt möglich. (Siehe auch «Mountainbike-Verlad» im öffentlichen Verkehr, Seite 15.)

Karte

Je detaillierter die Karte, desto besser ist die Orientierung im Gelände. Aus diesem Grund weise ich auf geeignete Karten im Massstab 1:50 000 oder 1:25 000 hin. Zur besseren Orientierung im Gelände ist es vorteilhaft, die entsprechenden Karten mitzuführen.

Besondere Hinweise

An den im Kartenausschnitt bezeichneten Stellen ist spezielle Vorsicht geboten. Die besonderen Hinweise helfen meistens zur besseren Orientierung im Gelände.

Anschlussroute

Im weit verzweigten Routennetz lassen sich verschiedene Routen kombinieren. Wenn die beschriebene Etappe sich mit einer anderen Route kreuzt oder ganz in der Nähe vorbeiführt, ist die entsprechende Etappe aufgeführt. Dadurch lässt sich ein eigener abweichender Routenverlauf gestalten. Für die individuelle Routengestaltung ist auch die Kartenübersicht auf Seite 19 nützlich.
Auf diese Weise kann beispielsweise mühelos eine viertägige Rundtour mit Start und Ziel in Montreux zusammengestellt werden: Die erste Etappe führt auf der Alpenpassroute bis Gsteig, weiter geht es auf der Transalp Italo-Suisse bis Schwarzsee und auf der Voralpenroute zurück nach Vevey beziehungsweise Montreux (Etappen oder Etappenabschnitte 2.01, 2.02, 5.05, 9.08, 9.09).
Nicht nur sich direkt kreuzende Etappen können kombiniert werden. Vielfach können über ausgebaute Strassen ohne grosses Risiko zwei etwas weiter auseinander liegende Etappen verbunden werden. Der planerischen Kreativität sind dabei keine Grenzen gesetzt.

Tagesetappenbeschreibung

Ein kurzer Text beschreibt Verlauf und Charakter der jeweiligen Tagesetappe, wo nötig mit entsprechendem Hinweis auf Wegbeschaffenheit, Wegwahl, Abzweigungen oder Gefahren sowie da und dort auch Informationen über Sehenswürdigkeiten am Weg.
Die Bezeichnung der Talseiten (links und rechts) erfolgt immer ausgehend von der Fliessrichtung der Gewässer. Aus Gründen der Kürze wird in der Beschreibung jeweils die männliche Form verwendet.

Höhenprofil

Das Höhenprofil ist in sinnvolle Abschnitte unterteilt und gibt Auskunft über zurückgelegte Distanz und Fahrzeit seit dem Start. Die Orts- oder Flurbezeichnungen folgen den Landeskarten 1:50 000 oder Wanderwegweiser-Angaben vor Ort und sind durch Höhenangaben ergänzt. In den Höhenprofilen sind nicht sämtliche Gegensteigungen und Zwischenabfahrten abgebildet. Daher kann es vorkommen, dass die Summe der manuellen Addition der Höhendifferenzen aus den Höhenprofilen kleiner ist als die angegebene Tages-Höhendifferenz. Die Steigung und das Gefälle zeigen die durchschnittliche Steigung auf einem Streckenabschnitt. Auf extreme Punkte in Steigung und Gefälle, die nicht aus dem Höhenprofil ersichtlich sind, wird im Tagesetappenbeschrieb hingewiesen. Die Angabe der Strassen- und Wegbeschaffenheit ist in das Höhenprofil integriert.

Strassen- und Wegkategorien

Sämtliche Wege und Strassen sind in vier auf den Mountainbiker ausgerichtete Kategorien eingeteilt.

—— Ausgebaute Asphalt- und Naturstrasse
Diese Strassen haben einen guten Unterbau und sind mit Hartbelag oder feinem Kiesbelag versehen (eine ausgebaute Naturstrasse, z.B. eine Forststrasse, kann mit einem Lastwagen noch befahren werden). Für den Mountainbiker sind in dieser Kategorie alle Strassen zusammengefasst, die einen geringen Rollwiderstand und regelmässige Steigung beziehungsweise Gefälle (bis zirka +/– 14 Prozent) aufweisen. Diese Kategorie umfasst in den Karten des schweizerischen Bundesamtes für Landestopografie Strassen zweiter Klasse bis Fahrwege vierter Klasse.

—— Naturstrasse
Die Fahrbahn hat mindestens Autobreite und kann von einem Auto ohne Allradantrieb noch befahren werden. Die Steigung oder das Gefälle kann bis zirka +/– 18 Prozent betragen. Die Strasse ist unterhalten und kann einen groben Schotterbelag aufweisen. Sie stellt aufgrund der Steigung, des Gefälles oder der groben Strassenbeschaffenheit mittlere Anforderungen an den Mountainbiker.

—— Fahrbarer Fahr- oder Fussweg
Meistens wenig unterhaltene, ungekieste Karr-, Feld- und Alpwege, die nur mit Allradantrieb von Geländefahrzeugen oder landwirtschaftlichen Fahrzeugen befahren werden können. Daneben auch Wander-, Spazier-, Berg- und Fusswege oder Gebirgspfade, die nur für Fussgänger bestimmt sind, aufgrund der Hindernisse und der Steigung aber in der beschriebenen Richtung befahrbar sind. Dazu gehören auch ausschliesslich für Fahrräder reservierte Strassen.

– – – Schieben auf Fahr- oder Fussweg
Im Gegensatz zu den oben beschriebenen befahrbaren Wegen ist diese Kategorie mit dem Mountainbike nicht mehr befahrbar, da entweder die Steigung oder das Gefälle zu gross ist oder Hindernisse das Fahren verunmöglichen. Auch nicht markierte Wegspuren gehören in diese Kategorie.

Umwelteinflüsse wie Murgänge, Windwurf, Lawinen oder Um- und Neubauten können dazu führen, dass eine Wegkategorie anders empfunden wird als beschrieben. Die Einteilung in Kategorien dient nur als Richtschnur und bildet eine der Grundlagen für die Schwierigkeitsbewertung.

Auf Überraschungen muss man gefasst sein. Auf den Passübergängen kann der Schnee bis tief in den Sommer hinein liegen.

Regeln für Mountainbiker

Verhaltensregeln für Mountainbiker

Mountainbiking als Freizeitaktivität hat sich in den letzten Jahren etabliert. Die Zeit der Mountainbike-Freaks, die ungebremst über Wanderwege brausend den Wanderern die Röte von den Socken ins Gesicht steigen liessen, ist vorbei. Konfrontationen mit Wanderern, Jägern, Forstleuten und Bergbauern können vermieden werden, wenn wir uns rücksichtsvoll verhalten.
Beim Überholen von Wanderern auf einem schmalen Weg macht man frühzeitig auf sich aufmerksam. Wer keine Klingel am Mountainbike hat, kann etwa durch Pfeifen oder Rufen auf sich aufmerksam machen.
Beim Kreuzen auf schmalen Wanderwegen empfiehlt es sich abzusteigen und mit dem Mountainbike aus dem Weg zu treten. Und selbstverständlich darf ein freundlicher Gruss nicht fehlen. Wenn man sich rücksichtsvoll und zuvorkommend verhält, kommt es nicht selten zu einem gemütlichen Austausch.
In den Tourismusregionen wird die Trennung von separat beschilderten Singletrails und Wanderwegen vorangetrieben, was weiter zur Entspannung des Verhältnisses beiträgt. Es wurde darauf geachtet, dass die Routen in diesem Buch bereits bestehenden, speziell bezeichneten Mountainbike-Trails entlang führen.
Einige grundsätzliche Verhaltensregeln, abgeleitet vom Kodex der International Mountain Bicycling Association (www.imba.com) sind zu beachten. Mit gesundem Menschenverstand sorgen wir dafür, dass auch der Nächste die einmalige Alpenwelt geniessen kann.

- **Nur auf Wegen fahren**

Es gilt der Grundsatz, die Umwelt zu respektieren und auf befestigten Wegen zu bleiben. Fahrverbote und Wegsperrungen gelten auch für Mountainbiker. Wegweiser und Hinweistafeln sind zu beachten, die Anweisungen von Forst-, Gemeinde- und Bergbahnpersonal sowie der Alphirten und Bergbauern zu befolgen.

- **Keine Spuren hinterlassen**

Die Unterschiede in der Bodenbeschaffenheit und im Wegaufbau sind zu beachten. Es ist so zu fahren, dass die Bodenerosion nicht begünstigt wird, das heisst: bei ungünstigen Bedingungen des Terrains vorsichtig fahren und die Trails nach Regenfällen meiden. Dass keine Abfälle liegen gelassen werden, versteht sich von selbst.

- **Das Mountainbike beherrschen und kontrollieren**

Man sollte nie über seine Verhältnisse fahren und die Geschwindigkeit dem Trail und der Sichtweite anpassen. Das Mountainbike, vor allem Bremsen, Schaltung, Reifen und Kabelzüge, sollte regelmässig kontrolliert und gepflegt werden. Technische Mängel können zu gefährlichen Situationen führen.

- **Vortritt gewähren**

Fussgänger haben immer Vortritt. Es gilt, sich frühzeitig bemerkbar zu machen, die Geschwindigkeit zu reduzieren und selbstverständlich grüsst man beim Kreuzen. Auf schmalen Wegen steigt man vom Mountainbike, um Fussgängern den Vortritt zu gewähren.

- **Auf Flora und Fauna Rücksicht nehmen**

Wild oder Haustiere dürfen nicht erschreckt, flüchtenden Tieren darf der Fluchtweg nicht versperrt werden. Verriegelte Weidezäune und Gatter sind nach dem Passieren wieder zu schliessen. Grundsätzlich ist der Natur immer Sorge zu tragen.

- **Die Tour gründlich im Voraus planen**

Es ist wichtig, seine Fähigkeiten, seine Ausrüstung und die Gegend richtig einzuschätzen. Karten und die Hinweise Ortskundiger können hilfreich sein. In abgelegenen und alpinen Gebieten sollte man niemals allein fahren. Selbstverständlich sind immer Helm und Handschuhe zu tragen und genügend Flüssigkeit und Nahrung mitzuführen.

Wanderer und Mountainbiker vereint auf gemeinsamen Wegen.

Rechtliche Aspekte und Haftung

Das Befahren von Wegen und Waldstrassen ist ein alter Streitpunkt zwischen Befürwortern und Gegnern des Mountainbikesports, wobei sich die Gegner bezüglich der Wanderwege gerne auf einen Gesetzesparagrafen im Bundesrecht beziehen. Im Strassenverkehrsgesetz wird das Befahren von Fuss- und Wanderwegen verboten. In Artikel 43, Absatz 1 heisst es: «Wege, die sich für den Verkehr mit Motorfahrzeugen oder Fahrrädern nicht eignen oder offensichtlich nicht dafür bestimmt sind, wie Fuss- und Wanderwege, dürfen mit solchen Fahrzeugen nicht befahren werden.»
Unter strikter Einhaltung der Verhaltensregeln für Mountainbiker können jedoch nach meiner Erfahrung Wanderer und Mountainbiker sehr gut miteinander auskommen. Sollte es dennoch zu Meinungsverschiedenheiten kommen, empfiehlt es sich, um rechtliche Streitigkeiten zu vermeiden, das Mountainbike auf den Fuss- und Wanderwegen zu schieben.
Ob Forst- und Alpbewirtschaftungsstrassen mit dem Mountainbike befahren werden dürfen, ist in verschiedenen Gesetzen, Verordnungen und Reglementen auf Kantons- und Gemeindeebene geregelt. Zusätzlich sind separate Richtlinien für Militärgebiete oder privates Grundeigentum (z.B. Alpkorporationen) zu berücksichtigen. Diese Regelungen müssen durch entsprechende Markierung an Ort und Stelle angegeben werden. Die Fahrstrassen und -wege müssen eindeutig mit einer für jedermann sichtbaren allgemeinen Fahrverbotstafel gekennzeichnet sein. Das allgemeine Fahrverbot auf Fahrstrassen und -wegen gilt auch für Mountainbikes.
Das Befahren der in diesem Buch beschriebenen Routen geschieht auf eigene Verantwortung. Autor und Verlag lehnen jegliche Verantwortung und Haftung ab. Auch die Grundeigentümer der befahrenen Gebiete haften nicht bei Unfällen.

Tipps zur Tourenvorbereitung

Die Vorbereitung auf eine Tour beginnt Monate vor dem eigentlichen Start. Die persönliche Vorbereitung steht im Vordergrund, aber auch das richtige Material muss bereitgestellt werden. Kurz vor Antritt der Tourenwoche sind vor allem organisatorische Angelegenheiten zu regeln. Von besonderer Bedeutung ist der erste Tag, der für alle Beteiligten positiv gestaltet werden sollte. Im Folgenden gebe ich meine wichtigsten persönlichen Erfahrungen weiter, die ich auf Tausenden von Kilometern sammeln konnte. Die eine oder andere Panne lässt sich dadurch vielleicht verhindern. Es werden auch so genug unvorhergesehene Ereignisse oder Überraschungen bleiben, die eine Tourenwoche zum unvergesslichen Ereignis machen.

Kondition und Training

Voraussetzung für eine erfolgreiche Mountainbike-Ferntour ist eine gute Grundkondition. Eine regelmässige polisportive Betätigung bildet die Basis für eine gute Ausdauer, Koordination und Stehvermögen. Doch auch für sportliche Personen genügt es nicht, sich ein Racebike zu kaufen und loszufahren. Mountainbike-Anfänger, die nicht über die nötige Fahrtechnik verfügen, sollten vor einer Tourenwoche schrittweise Erfahrung sammeln. Bei Überforderung in technisch schwierigen Passagen erhöht sich das Unfallrisiko erheblich. Auch ambitionierte Mountainbiker absolvieren mit Vorteil zur Vorbereitung einige anspruchsvolle Tagestouren. Dabei sollte auch ein gut gefüllter Bikerucksack nicht fehlen, damit die richtige Position ausprobiert, allfällige Druckstellen ermittelt und entsprechende Anpassungen vorgenommen werden können.

Mountainbike und Komponenten

«Fully» oder «Hardtail»? Vor- und Nachteile haben beide. Das Fully, also das voll gefederte Mountainbike, bietet den besseren Komfort bei Downhills, während mit dem «Hardtail» durch die stärkeren Schläge schneller Ermüdungserscheinungen auftreten können. Mit dem hinteren Federelement hat das Fully jedoch ein bewegliches Teil mehr, das pannenanfällig sein kann. Der Gewichtsunterschied zwischen Fully und Hardtail wird immer kleiner und ist daher vernachlässigbar. Beim Kauf gilt das Hauptaugenmerk der Qualität der Komponenten, wobei nicht allein der Preis über die Qualität entscheidet. Für eine Tourenwoche empfehle ich nicht das leichteste Mountainbike. Die ausgeprägten Racebikes mit leichten Komponenten sind pannenanfälliger und sehr unterhaltsintensiv.
Räder und Bremsen haben den grössten Verschleiss. Sie sind daher auch am anfälligsten auf Pannen. Für Touren empfehlen sich daher nicht ultraleichte, sondern widerstandsfähige Felgen und Speichen. Bei den Bremsen sollte vor allem auf erprobte und bewährte Systeme geachtet werden. Der «letzte Schrei» ist möglicherweise für eine anspruchsvolle Tourenwoche noch nicht genug ausgereift. Felgenbremsen haben den Nachteil, dass die Bremswirkung bei Nässe und Schnee stark abnimmt.

Schuhe und Pedale

Klickpedale haben sich auf den Tourenwochen sehr gut bewährt. Die kleinen, abgerundeten Pedale stören beim Schieben weniger als normale Pedale. Auch gelingt es schon nach wenig Übung, in Gefahrensituationen blitzschnell auszuklinken. Bei den Schuhen ist auf Fahr- und Laufkomfort zu achten. Ein ausgeprägter Rennschuh mit einem harten Schuhbett garantiert zwar die beste Kraftübertragung beim Fahren. Dagegen ist eine steife Schuhsohle nicht sehr komfortabel beim Laufen. Schmale Schuhsohlen begünstigen zudem Fehltritte. Der ideale Tourenschuh sollte über ein relativ steifes Fussbett und eine wanderschuhähnliche Sohle verfügen.

Anreise und Rückreise

In den vorgeschlagenen Touren wurde jeweils die erste und die letzte Etappe etwas kürzer gestaltet, um die Anreise beziehungsweise Rückreise am selben Tag zu ermöglichen. Wenn die Route nicht gleich in der Nähe des Wohnorts beginnt, empfiehlt sich die Anreise mit öffentlichen Verkehrsmitteln an den Startort. Innerhalb der Schweiz besteht die Möglichkeit, das Mountainbike vor Tourenbeginn per Bahn an den Startort zu senden. Die Bahnhöfe der SBB bieten dazu nähere Informationen.

Mountainbike-Verlad im öffentlichen Verkehr

- Der Velo-Selbstverlad ist nur möglich, wenn genügend Platz vorhanden ist. Vorgängig ist immer abzuklären, ob Selbstverlad und Transport im gewählten Verkehrsmittel (Zug, Schiff, Seilbahn usw.) überhaupt möglich ist.
- In den Regio- und S-Bahn-Zügen steht kein Gepäckabteil für den Velo-Selbstverlad zur Verfügung. In den S-Bahnen von Bern und Zürich ist der Selbstverlad an Werktagen nur von 8 bis 16 Uhr und von 19 bis 6 Uhr möglich (Samstag und Sonntag jedoch unbeschränkt). Beim Velo-Selbstverlad ist genügend Zeit für das Ein- und Ausladen beim Umsteigen einzuberechnen.
- Auf dem Perron informieren die blauen Zugformations-Plakate, an welcher Stelle des Zuges das Mountainbike eingeladen werden kann. Es empfiehlt sich, vor Zugeinfahrt bereits im entsprechenden Sektor zu warten.
- Die mit dem Velosignet gekennzeichneten Wagen eignen sich speziell gut für den Selbstverlad. Sie verfügen über eine Veloplattform. In allen anderen für den Selbstverlad zugelassenen Zügen kann das Mountainbike in den Gepäckwagen geladen werden.
- Zerlegt und verpackt reist das Velo gratis mit. Als Verpackung eignet sich der leichte und handliche «TranZBag» bestens.

Nicht überall sind die Veloplattformen in den Zügen so grosszügig bemessen wie in der Rhätischen Bahn.

- Für Gruppen empfiehlt sich die Aufgabe des Mountainbikes als Reisegepäck. Der Transport ist an jede für die Gepäckausgabe vorgesehene Bahnstation möglich. Beim Versand ist das Mountainbike früh genug aufzugeben, damit es zum geplanten Zeitpunkt am Zielort zur Verfügung steht.
- Nur bedingt möglich ist der Transport des Mountainbikes mit dem Postauto, und zwar nur dann, wenn genügend Platz vorhanden ist. Aufgrund der beschränkten Platzverhältnisse ist eine telefonische Voranmeldung unerlässlich. Die regionalen Geschäftsstellen des Postautodienstes geben Auskunft.

Planung der Route

Eine Ferntour sollte nicht allein, sondern mindestens zu zweit unternommen werden. Trotz der modernen Kommunikationsmittel sind die Gefahren in den Bergen nicht kleiner. Zur detaillierten Orientierung dienen die Landeskarten im Massstab 1:50 000 oder 1:25 000. In der Schweiz sind die Karten des Bundesamtes für Landestopografie (www.swisstopo.ch) Standard. Österreich,

Deutschland und Italien werden grossflächig durch die Kompass-Karten (www.compass.at) abgedeckt. In Frankreich bewähren sich die Karten des Institut Géographique National (www.ign.fr).

Jahreszeit

Die voralpinen Übergänge in Höhen zwischen 1600 und 1900 Meter ü. M. sind bereits Ende Mai schneefrei. Passagen über den Alpenhauptkamm in Lagen zwischen 2200 und 2500 Meter sind erst Anfang Juli mit dem Mountainbike passierbar, dabei ist mit Traversen über grössere Schneefelder zu rechnen. Der Alpenhauptkamm (von der Silvrettagruppe über Adulaalpen und Gotthard bis zu den Berner Alpen) teilt die Schweiz in eine Alpennordseite und eine Alpensüdseite auf, in denen die Schnee- und Witterungsverhältnisse grundlegend verschieden sind. Auf der Alpennordseite liegt erfahrungsgemäss auf den Passübergängen länger Schnee als auf gleich hohen Übergängen der Alpensüdseite.

Fahrtrichtung und Wegbeschaffenheit

Bei vielen Übergängen entscheidet die Fahrtrichtung über Genuss und Verdruss einer Tour. Verkehrsreiche Strassen werden so weit als möglich gemieden. Aufstiege auf viel befahrenen Passstrassen sind unangenehm. Abfahrten auf verkehrsreichen Strassen stören wegen dem ähnlichen Tempo von Auto und Mountainbike etwas weniger. Die vorgestellten Routen sind immer in der gesamthaft besser geeigneten Fahrtrichtung beschrieben. Dabei liess sich nicht vermeiden, dass bei den beschriebenen Routen einzelne Übergänge in der entgegengesetzten Richtung einfacher zu überqueren sind. Es wurde jedoch immer darauf geachtet, dass es eine Mountainbiketour bleibt und nicht zu einer beschwerlichen Wandertortur wird. Als Richtwert wurden im Auf- und Abstieg maximal 400 Höhenmeter beziehungsweise 1 Stunde veranschlagt, die zu Fuss mit Schieben oder Tragen zurückgelegt werden müssen.

Steigung und Gefälle, Grösse der Steine, Hindernisse, Stufen, Weganlage im Gelände und Wegausbau sind Faktoren, die darüber entscheiden, ob ein Wanderweg befahrbar ist oder nicht. Im Aufstieg kann auch ein technisch gut trainierter Tourenbiker nur wenig steilere Passagen überwinden als ein konditionsstarker Anfänger. Dagegen kommen Technik und Training im Abstieg viel mehr zum Tragen und haben einen deutlich grösseren Einfluss auf die Fahrbarkeit einer Wegstrecke als im Aufstieg. Grundsätzlich können im Abstieg steilere und hindernisreichere Strecken als im Aufstieg fahrend überwunden werden.
Ein gutes Beispiel für die unterschiedliche Fahrbarkeit je nach Fahrtrichtung bildet die Überquerung des Panixerpasses.
Wenn der Panixerpass wie beschrieben von Süden her überquert wird, trifft man nach Panix/Pigniu auf eine zwar steile, aber fahrbare Strasse. Die Alpstrasse endet auf der Alp Ranasca-Dadens auf 1830 Meter. Dort beginnt der breite, ins Gelände eingepasste und wenig hindernisreiche Passweg, der mit einer angenehmen Steigung Richtung Passhöhe führt. Erst im Talkessel Plaun da Cavals auf 2050 Meter wird der Wanderweg steil. Auf dem feinen Schotter kann das Mountainbike gut die Kehren hinauf geschoben werden. Nach dem Talkessel wird der Weg wieder flach, und die letzten Meter auf dem abgeschliffenen Plateau können wieder gefahren werden. Die Schiebezeit beträgt rund 1 Stunde (400 Höhenmeter). Beim Abstieg nach Elm hinunter muss auch der beste Techniker auf dem grobsteinigen Wanderweg mehrmals absteigen und das Mountainbike über Hindernisse schieben. Ein schlechter Techniker, auch wenn er über eine ausgezeichnete Kondition verfügt, wird fast die ganze Wegstrecke hinunter schieben müssen. Die Zeitdifferenz für Auf- und Abstieg zwischen einem schlechten und einem guten Techniker kann bis zwei Stunden betragen.
Bei einer Überquerung von Norden her endet die Fahrstrasse von Elm bereits auf 1350 Meter. Dort beginnt der steile Wanderweg, der durch steiniges Gelände über drei Steilstufen bis zum Pass führt.

Nur nach der ersten Steilstufe kann kurz, etwa fünf Minuten, auf einem flachen Wegstück gefahren werden. Kurz vor dem Pass ist der Weg schlecht ausgebaut, stellenweise muss das Mountainbike getragen werden. Insgesamt müssen fast tausend Höhenmeter (2½ Stunden) mit Schieben und Tragen verbracht werden. Nach Panix/Pigniu hinunter bereitet der Talkessel Plaun da Cavals kaum Probleme, auch ein schlechter Techniker schiebt das Mountainbike nur kurze Zeit. Die Zeitdifferenz zwischen einem guten und einem schlechten Techniker liegt für Auf- und Abstieg schätzungsweise bei rund dreissig Minuten.

Fazit: Die Überquerung des Panixerpasses von Norden lohnt sich für einen guten Techniker aufgrund der fast dreistündigen Schiebezeit nicht. Bei der Überquerung von Süden schiebt oder trägt der durchschnittliche Tourenbiker das Mountainbike etwas mehr als eine Stunde. Ein schlechter Techniker sollte bei einer Schiebezeit von mehr als drei Stunden das Mountainbike lieber zuhause lassen und den Pass zu Fuss erwandern.

Bikerucksack

Zweckmässig ist ein speziell für den Mountainbikesport konzipierter Bikerucksack. Er ist so an die Körperhaltung auf dem Mountainbike angepasst, dass weniger Druckstellen entstehen und das Gewicht nicht auf den Schultern, sondern auf den Hüften liegt. Werkzeug, Ersatzteile und Trinkflasche sind unbedingt am Mountainbike selbst anzubringen. Das Gewicht des Rucksacks ist so tief wie möglich zu halten. Packtaschen sind nicht zu empfehlen. Sie erschweren die Balance in schwierigen Down- und Uphills beträchtlich und das Tragen des Mountainbike wird sehr mühsam.
Mit dem unten aufgeführten Inhalt beträgt das Gewicht des Bikerucksacks zwischen fünf und sieben Kilogramm.

Ausrüstung

Bekleidung am Körper:
Velohelm
Sonnenbrille
Trikotleibchen
Handschuhe
Armbanduhr
Kurze Bikehose
Socken
Mountainbike-Schuhe

Ausrüstung und Bekleidung im Rucksack:
Trikotleibchen (Ersatz)
Armstulpen
T-Shirt
Schlafshirt
Faserpulli
Regenjacke
Kurze Bikehose (Ersatz)
Lange Bikehose
Regenhose
2 Paar Socken (Ersatz)
2 Paar Unterhosen
Kleines Handtuch
Necessaire mit Zahnbürste, Zahnpasta, Kamm, Papiertaschentücher, kleine Flasche Shampoo/Duschmittel, für Männer Rasierzeug
Sonnencreme
Taschenmesser
Segeltuchschuhe (fakultativ)
Badehose (fakultativ)
Landkarten
Handy
Portemonnaie
Fotoapparat
Schreibzeug
Notizpapier
Notfallapotheke
3 Plastiksäcke
Zwischenverpflegung

Am Mountainbike montiert:
Wasserflasche
Velocomputer
Luftpumpe
Veloschloss
Werkzeugtasche mit:
Multifunktionswerkzeug
Inbusschlüssel Nr. 5
2 Reifenheber
Ersatzschlauch
Flickzeug
Kettennieter
Speichenschlüssel

Bekleidung

Das mitgeführte Gewicht spielt eine grosse Rolle. Dennoch ist in Hinblick auf die alpinen Witterungsverhältnisse nicht möglichst wenig, sondern möglichst zweckmässige, an die Jahreszeit angepasste Kleidung mitzunehmen. Schutz gegen Nässe und Kälte ist wichtig. Auf Luxus und unnötige Ausrüstungsgegenstände, wie Feldstecher und Wörterbuch, kann jedoch verzichtet werden. Mehr als zwei Trikotleibchen sind nicht nötig. Im Laufe einer Tagesetappe kann das durchgeschwitzte Leibchen ersetzt werden. Mit dem mitgeführten Shampoo/Duschmittel lässt sich die schmutzige Wäsche gut auswaschen und trocknet problemlos über Nacht. Bikehosen allerdings sind am nächsten Morgen meistens noch nicht trocken. Immer und unbedingt zu tragen sind Helm, Handschuhe und Sonnenbrille. Die Sonnenbrille schützt nicht nur vor UV-Licht, sondern auch vor Augenverletzungen (Insekten, Äste).

Ersatzteile

Es sollten nur leichte und absolut notwendige Ersatzteile mitgeführt werden. Zusätzlich zum aufgeführten Ersatzschlauch können als weitere sinnvolle Ersatzteile Ersatzspeichen, zwei Kettenglieder, Bremskabel, Schaltkabel und Bremsbeläge mitgeführt werden. In fast jedem Dorf gibt es einen professionellen oder zumindest einen Hobby-Velomechaniker, der bei grösseren Pannen weiterhelfen kann.

Service am Mountainbike

Vorbeugen ist besser als heilen. Vor einer Tour ist das Mountainbike in jedem Fall durchzuchecken. Bremsen, Räder und Schaltung sind zu kontrollieren, und die Kette muss gut geschmiert sein.

Wetterbericht

Bereits eine Woche vor Beginn der Tourenwoche sollte man sich über die Wetterverhältnisse am Startort und entlang der Route orientieren. Ist auf die Tourenwoche hin eine längere Schlechtwetterperiode angesagt, muss der geplante Start verschoben werden. Schon zwei Tage Regen zermürben den härtesten Mountainbiker. In den Bergen sinkt zudem mit dem Regen die Temperatur. Vor allem in den Abfahrten wird die Temperatur, unterstützt durch Nässe und Fahrtwind, viel kälter empfunden, als sie tatsächlich ist. Das Wetter in den Alpen ist nicht zu unterschätzen. Witterungsumstürze können plötzlich auftreten. Schnee bis in tiefere Lagen ist auch im Hochsommer nichts Aussergewöhnliches.

Erste Etappe

Erfahrungsgemäss wird auf der ersten Etappe für die gleiche Strecke mehr Zeit benötigt als auf den folgenden Etappen. Man muss sich erst an die ungewohnte Last am Rücken gewöhnen. Bis alles bequem sitzt, sind verschiedene Rucksackpositionen und Einstellungen am Mountainbike auszuprobieren.

Orientierung unterwegs

Neben der Karte ist der Höhenmeter zur Orientierung ein gutes Hilfsmittel. Mit einem gelegentlichen Blick auf den Höhenmeter können die Kräfte besser eingeteilt werden. Informationen von Einheimischen und Ortskundigen sind oft nützlich. Nichtbikern fällt es vielfach schwer, richtig einzuschätzen, ob ein Übergang mit dem Mountainbike fahrbar ist oder nicht. Es kann allerdings vorkommen, dass durch Stürme gefallene Bäume oder Geschiebe von Murgängen Teilstrecken unpassierbar machen. Es lohnt sich, im Tourismusbüro vor Ort die aktuellsten Informationen einzuholen.

Gefahren

In den Bergen ist vor allem die richtige Einschätzung der Gefahr wichtig. Auf ausgesetzten Wegen und im abschüssigen Gelände kann man sich kein falsches Bremsmanöver erlauben. Heimtückische Unfallursache können nasse, mit Wurzeln durchsetzte Wanderwege oder Traversen durch glitschige Bachläufe sein. Selbstüberschätzung und körperliche Überanstrengung sind Faktoren, die das Unfallrisiko erhöhen. Bei Überanstrengung sollte man genügend Pausen einlegen, Flüssigkeit tanken und sich verpflegen. Und nicht zuletzt kann ein schwächeres Tourenmitglied auch die öffentlichen Verkehrsmittel benützen, um ans nächste Etappenziel zu gelangen.

Zweite und folgende Etappen

Wichtig ist ein früher Start am Morgen, damit die Etappe ohne Zeitdruck in Angriff genommen werden kann. Im Sommer kann man dadurch auch zum Teil der Hitze und der zunehmenden Gewitterneigung ausweichen. Zudem bleibt so mehr Zeit für längere Pausen und für den Genuss kultureller oder anderer Sehenswürdigkeiten am Weg.

Wo ist der beste Weg Richtung Grande Dixence?

Walserroute

Schwierigkeitsgrad	1 bis 4
Distanz	536 km
Höhendifferenz	↑17 510 m, ↓17 088 m
Anzahl Tagesetappen	10
Fahrzeit	48:45 h
Beste Jahreszeit	Juli bis Oktober
Anreise	Bahnhof Brig
Rückreise	Bahnhof Oberstdorf

Auf historischen Pfaden führt die Route weitab der ausgebauten Passstrassen aus der Ursprungsheimat der Walser im Oberwallis bis ins österreichische Kleinwalsertal. Getrieben von Hunger und der Suche nach einem besseren Auskommen, begannen die Walser im frühen Mittelalter auszuwandern. Über heute fast völlig vergessene Übergänge besiedelten sie die Hochtäler bis nach Vorarlberg. Die Alpenpässe dienten als Lebensnerven zwischen ihren Siedlungen. Auf den Saumpfaden herrschte ein reger Warenverkehr. Erst als mit der Industrialisierung die Talstrassen gebaut wurden, verloren die Passverbindungen zwischen den Walsertälern an Bedeutung. Die beschriebene Route führt genau dort entlang, wo bis heute keine Strassen gebaut wurden.

Die Route führt von den vergletscherten Gipfeln am Griespass bis in die voralpinen Höhenzüge des Oberallgäus. Zunächst geht es auf einfachen Radwegen entlang der jungen Rhone durch das Goms. Auf einem kurzen Abstecher nach Italien werden verlassene Walsersiedlungen besucht. Beeindruckend ist die intensive elektrische Nutzung der Zuflüsse von Rhone, Po und Rhein. In Graubünden werden die Übergänge sanfter, die Route durchquert abgeschiedene Täler, bis in der Alpenmetropole Davos wieder der Puls der Welt zu fühlen ist. Nach kurzem Wettkampffieber auf Teilstücken des Swiss Bike Masters wird der mächtige Rätikon überquert, um sich dann in Vorarlberg genüsslichem Biken hinzugeben. Schliesslich wird die letzte Walserbastion, das Kleinwalsertal, gestürmt.

Das Kulturgut der Walser wird heute noch vielerorts sorgsam gepflegt. Unterwegs fällt sogleich die ähnliche Zimmermannskunst mit den typischen Holzhäusern in Blockbauweise auf. Verschiedene Walsermuseen an der Route erzählen von der gemeinsamen Vergangenheit.

Auf dieser Route ist mit relativ langen Schiebestrecken zu rechnen. Sie kann auch in der Gegenrichtung befahren werden, die Etappe Ulrichen–Airolo ist jedoch wegen der mühsamen Schiebepassage in der Gegenrichtung nicht empfehlenswert. Als einfache Abkürzung bietet sich der Nufenenpass an.

In Obermutten ist der steile Aufstieg geschafft. Zeit, um das Panorama vom Lenzer Horn (links) über das Tal der Albula zu geniessen.

Durch das Goms, Ursprungsort der Walser

Zwischen Grengiols und Ausserbinn überspannt eine historische Brücke die Binna.

Typischer Walser Holzbau in Ernen; der Baustil ist bis ins Kleinwalsertal anzutreffen.

Die erste Etappe ist ideal, um sich einzufahren und sich an die ungewohnt schwere Last auf dem Rücken zu gewöhnen. Die Strecke, die mehrheitlich dem Rottenweg folgt (durch Veloland Schweiz als Rhone-Route Nr. 1 ausgeschildert), bietet keine nennenswerten Schwierigkeiten.
Das erste Teilstück von Brig nach Mörel führt der Hauptstrasse entlang; mit der Matterhorn-Gotthard-Bahn kann es auch per Bahn zurückgelegt werden. Die Radwegweiser dienen als gute Orientierungshilfe. Auf dem Teilstück von Grengiols nach Ernen folgt die Etappe jedoch nicht der

offiziellen Radroute, sondern steigt gemächlich auf der linken Talflanke zur Kapelle Blatt. Oberhalb des Weilers Hockmatta geht es auf dem historischen Römerweg über die renovierte Binna-Brücke nach Ausserbinn. Die direkteste Verbindung nach Ernen bildet ein Fahrweg bis zum Aussichtspunkt Binnegga und dann ein Singletrail hinunter in das schmucke Dorf. Nach Blitzingen öffnet sich das Goms, und man versteht, warum das Hochtal im Winter eines der Langlauf-Mekkas der Schweiz ist.
In der Gegenrichtung ist der Radweg stark befahren.

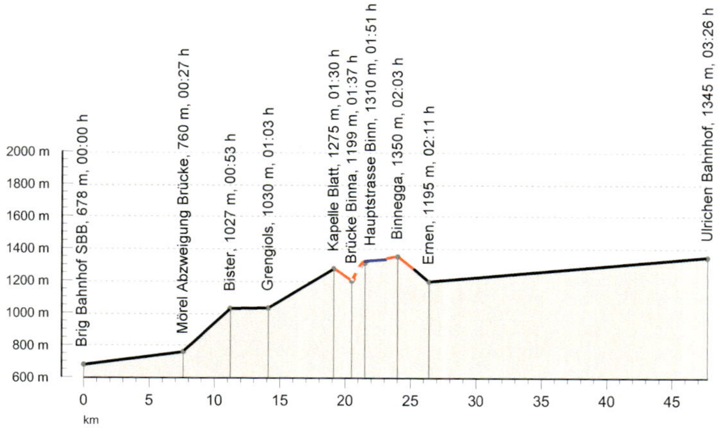

Blick über den Einschnitt der Binna auf die zurückgelegte Wegstrecke.

Schwierigkeitsgrad 1
Distanz 47,7 km
Höhendifferenz ↑ 1048 m, ↓381 m
Zeitbedarf 3:30 h
Übernachtung In sämtlichen Ortschaften im Goms
Restaurant Zahlreiche Möglichkeiten in fast jeder Ortschaft im Goms und auf den Campingplätzen
Variante/Abkürzung Abkürzung von Grengiols nach Ernen auf der stark befahrenen Hauptstrasse
Öffentlicher Verkehr Von Brig bis Ulrichen in allen Ortschaften Haltestellen der Matterhorn-Gotthard-Bahn
Karte Fahrrad- und MTB-Karte Goms-Aletsch (Hallwag), Blatt-Nr. 274, 264, 265
Besondere Hinweise
⚠1 Bei der Kreuzung vor dem Weiler Hockmatta nicht dem Wanderwegweiser links nach Ernen folgen, sondern nach rechts ansteigend zur Kapelle Blatt fahren.
⚠2 Bei der Schreinerei vor Ausserbinn die Hauptstrasse rechts verlassen und nach Binnegga hochfahren, anschliessend steile Abfahrt auf dem Wanderweg hinunter nach Ernen.
Information Goms Tourismus, 3984 Fiesch, Telefon 027 970 10 70; Obergoms Tourismus, 3999 Oberwald, Telefon 027 973 32 32
Anschlussroute 8.13 Simplonpass–Oberwald

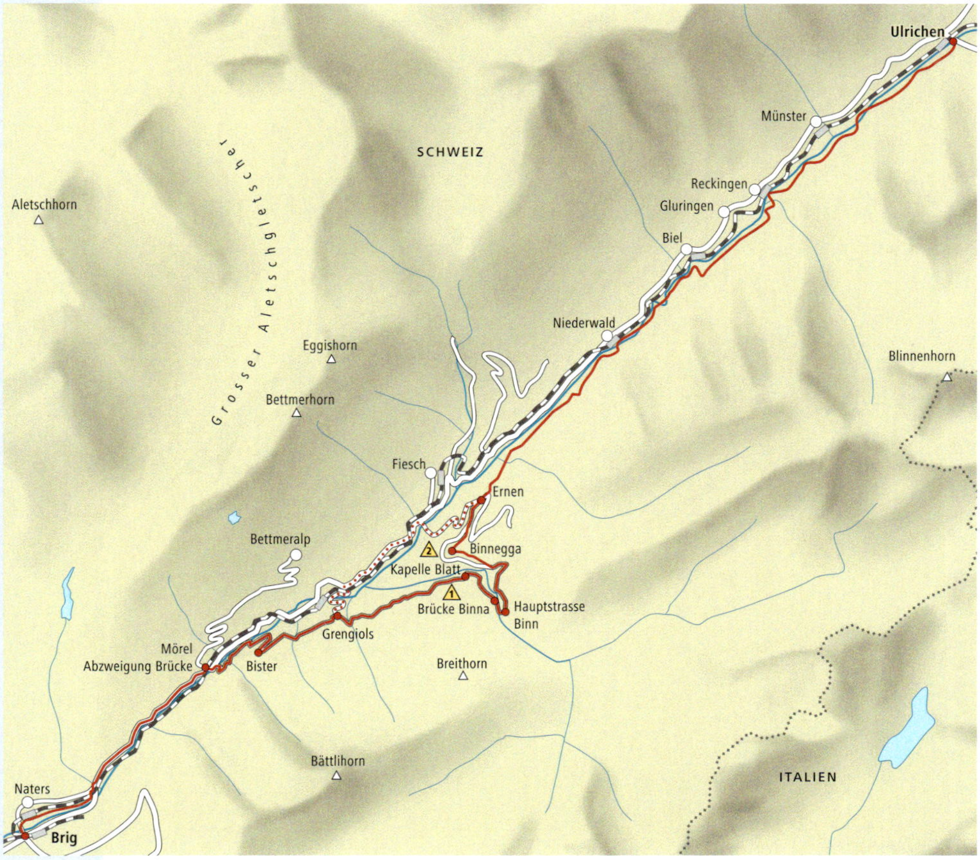

Ein kurzer, aber anspruchsvoller Abstecher nach Italien

Bis zur Abzweigung der Werkstrasse zum Griessee wird grösstenteils die Nufenen-Passstrasse benützt. Um nicht bereits auf den ersten Windungen der Passstrasse von den leichten Rennrädern überholt zu werden, kann man kurz nach der ersten Haarnadelkurve in den alten, steilen Passweg einbiegen; die Abkürzung ist aber so steinig und steil, dass man auch absteigen muss. Von der Abzweigung der Werkstrasse an ist der gemütliche Weg zum Griespass fast vollständig fahrbar; es bietet sich ein eindrücklicher Blick auf die Gletscherwelt am Blinnenhorn und auf den Griessee, den höchstgelegenen Stausee der Schweiz. Auf dem steilen, zerfurchten Wanderweg hinunter auf die Alp Morasco muss das Mountainbike stellenweise geschoben oder getragen werden.

In Riale, der früheren Walsersiedlung Cherbäch, kann man zwei Kilometer talabwärts den einst grossartigen Wasserfall Cascata del Toce besuchen. Zu bestimmten Zeiten öffnen die Elektrizitätswerke die Schleusen und lassen die Wassermassen über den 143 Meter hohen Talriegel stürzen (von Juni bis September am Dienstag und Donnerstag, in den Ferienwochen im August täglich von 11 bis 13 Uhr sowie das ganze Jahr am Sonntag von 9 bis 19 Uhr). Das Hotel Albergo Cascata del Toce beim Wasserfall bietet leider keine Übernachtungsmöglichkeit mehr. Während den italienischen Sommerferien («ferragosto») ist das obere Val Formazza überlaufen. Auch Fahrverbote hindern die Autofahrer nicht daran, bis auf die schönsten Alpweiden zu fahren.

Von Riale steigt die grobe Fahrstrasse zum Passo San Giacomo hinauf. Auf der Alpe Toggia bietet das Rifugio Maria Luisa CAI Übernachtungsmöglichkeit und zugleich die einzige Gelegenheit, sich auf der Etappe zu verpflegen. Nach der Landesgrenze geht es mühsam mit einer kleinen Gegensteigung auf schmalen, aber markierten Wanderwegen über Stabbiascio ins Val Piana hinunter, wo endlich die Fahrstrasse beginnt. Bis hierher muss mehrmals abgestiegen und geschoben werden. Wer über genügend Reserven verfügt, fährt auf dem Höhenweg Strada degli Alpi mit prächtiger Aussicht über die Alpen Folcra, Stabiello, Cristallina und Pesciüm nach Airolo.

Die alten Häuser in Riale, der ehemaligen Walsersiedlung Cherbäch, werden wieder gepflegt und als Feriendomizil genutzt.

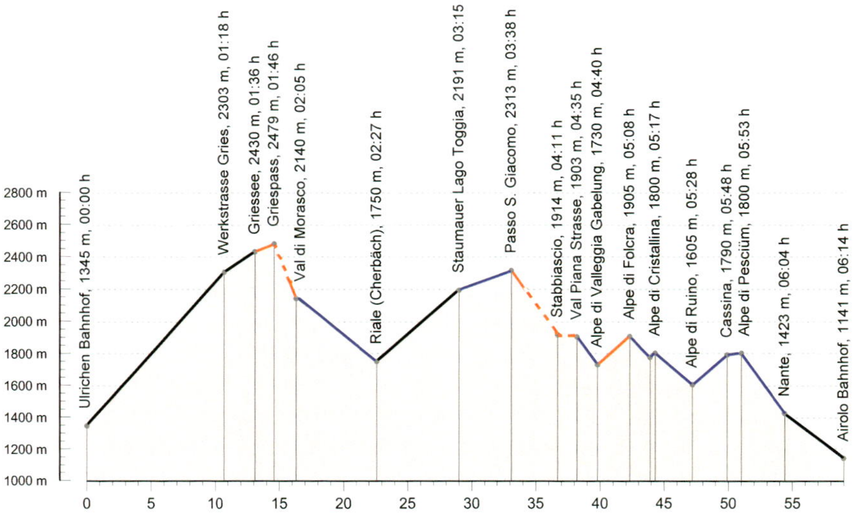

Hoch über den ausgedehnten Alpweiden des Val Bedretto thront der Pizzo Lucendro.

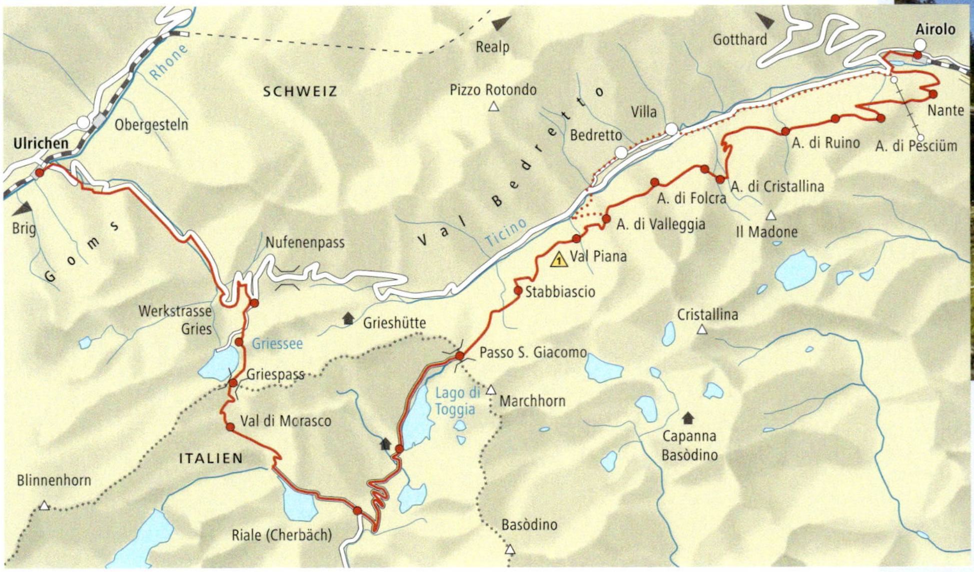

Schwierigkeitsgrad 4
Distanz 59,0 km
Höhendifferenz ↑2202 m, ↓2406 m
Zeitbedarf 6:15 h
Übernachtung Rifugio Maria Luisa CAI (2150 m), Val Toggia, Formazza, Telefon +39 0324 63086; Airolo
Restaurant –
Variante/Abkürzung Abkürzung ab der Strassengabelung Alpe di Valleggia ins Val Bedretto hinunter und über die Dörfer Bedretto und Villa nach Airolo
Öffentlicher Verkehr Ulrichen, Airolo
Karte Blatt Nr. 265
Besonderer Hinweis ⚠ Zwischen Stabbiascio und Val Piana konsequent den Wegzeichen und nicht allfälligen Wegspuren folgen
Information Obergoms Tourismus, 3999 Oberwald, Telefon 027 973 32 32; Leventina Turismo, 6780 Airolo, Telefon 091 869 15 33
Anschlussroute 8.13 Simplonpass–Oberwald

Lange Fahrt zur nächsten Walsersiedlung

Mit dem Ansteigen der Route talauswärts nach Brugnasco entschwindet der Talboden schnell. Bei der Ankunft auf der Staumauer des Ritomsees öffnet sich ein breites Hochtal. Auf der Naturstrasse entlang den beiden Seen erreicht man bald die Berghütte Capanna Cadagno SAT. Gleich nach der Hütte geht es über die Brücke und weiter auf der Schotterstrasse bis zur Alpe Carorescio. Vor dem höchsten Punkt, der Alpe Carorescio di sopra, steigt die Fahrspur kurz sehr steil an. Der Passo dell'Uomo ist ohne Umweg auf dem offiziellen Wanderweg möglicherweise schneller zu erreichen, was aber mit ständigem Auf- und Absteigen zu erkaufen ist.
Je steiler der Fahrweg zum Lukmanierpass hinunter wird, desto mehr wird er zum Bachbett. Am besten fährt man diesen happigen Downhill nach dem Motto «wer absteigt, ist feige». Im Hospezi Santa Maria auf der Passhöhe kann eine Erfrischung genossen werden. Die Abfahrt führt abwechslungsweise über die Passstrasse und über Nebenstrassen. In Disentis folgen wir den Radwegweisern der Rhein-Route Nr. 2 (Veloland Schweiz) bis Trun.
Hinauf nach Meierhof geht es zuerst auf einer Waldstrasse und später zu Fuss auf einem Wanderweg durch ein Runsentobel. Kurz nach der Runse beginnt die neuere Forststrasse nach Hanschen Hüs, dem ersten Walserweiler. 28 bewohnte Weiler, von denen Meierhof der bedeutendste ist, bilden zusammen die Gemeinde Obersaxen.
Eine Ortstafel mit dem Namen Obersaxen sucht man jedoch vergeblich; ein eigentliches Dorf mit diesem Namen gibt es nicht.

Über dem Ritomsee durch das Hochtal Val Piora.

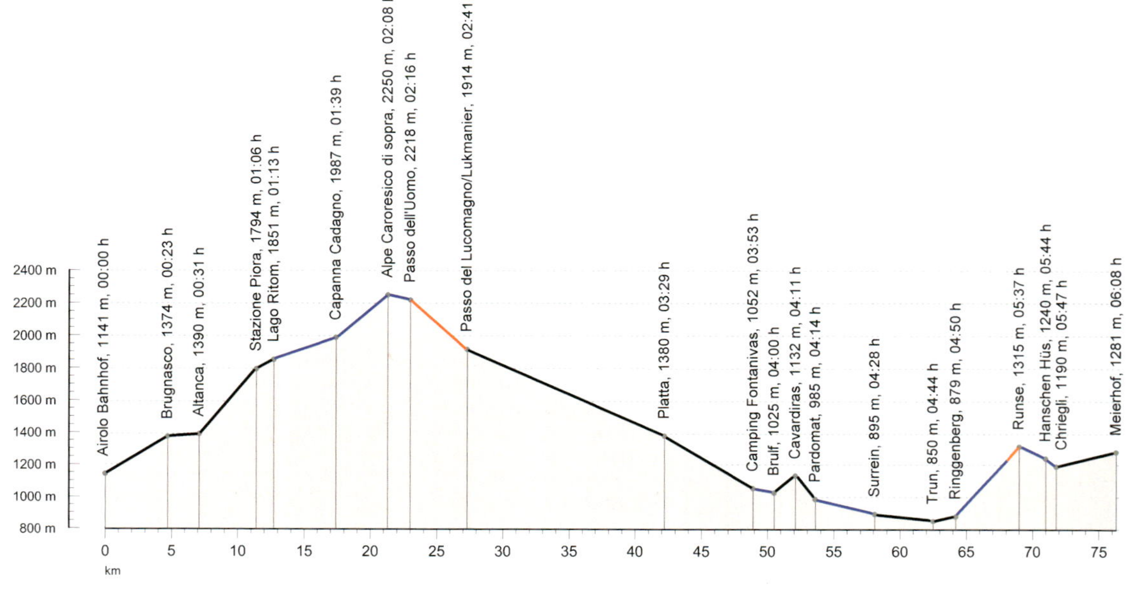

Wohlverdiente Zwischenverpflegung in der Capanna Cadagno.

Schwierigkeitsgrad 3
Distanz 76,3 km
Höhendifferenz ↑1902 m, ↓1762 m
Zeitbedarf 6:15 h
Übernachtung Altanca; Ristorante Albergo Lago Ritom (1851 m), Val Piora, 6776 Piotta, Telefon 091 868 14 24; Capanna Cadagno SAT Ritom (1987 m), Val Piora, 6776 Piotta, Telefon 091 868 13 23; Hospezi S. Maria Lucmagn (1914 m), Lukmanierpass, 7185 Platta, Telefon 081 947 51 34; zahlreiche Möglichkeiten von Medel bis Obersaxen
Restaurant Brugnasco, Altanca, zahlreiche Möglichkeiten von Medel bis Obersaxen
Variante/Abkürzung Abkürzung: Aufstieg nach Obersaxen auf der Hauptstrasse
Variante: Vom Hanschen Hüs Aufstieg nach St. Martin und weiter über Tschappina nach Meierhof
Öffentlicher Verkehr Airolo, Disentis
Karte Blatt Nr. 266, 256, 257
Besonderer Hinweis ⚠ Vor der Brücke über den Rhein nach Cumpadials zweigt rechts ein Fahrweg Richtung Trun ab.
Information Leventina Turismo, 6780 Airolo, Telefon 091 869 15 33; Sedrun Disentis Tourismus, 7180 Disentis/Mustér, Telefon 081 920 40 30; Tourismus Obersaxen, 7134 Obersaxen Meierhof, Telefon 081 933 22 22
Anschlussroute 4.06 Vals–Brigels

Von den sanften Hängen der Surselva ins schroffe Valsertal

Auf Asphalt- und Naturstrassen werden die knapp 700 Höhenmeter bis zur Alp Stavonas angenehm bewältigt. Nach den Alpgebäuden wird die Fahrstrasse zum Alpweg. Trotz des schlechten Alpwegs ist die Strecke dank der geringen Steigung fahrbar. Über sanfte Weiden schlängelt sich die asphaltierte Strasse ins breite, offene Val Lumnezia (Lugnez) hinab. Die Strasse, die schliesslich nach Lumbrein hinunter führt, kann auf verschiedenen Wegen erreicht werden. Die kürzeste Verbindung ist ein Fahr- und Wanderweg, der auf etwa 1760 Meter Höhe von der Fahrstrasse abzweigt. Nach Lumbrein wird über den Fluss Glogn auf die rechte Talseite hinüber gewechselt. Nach der Gegensteigung folgt bis Surcasti ungetrübtes Bikevergnügen.

Das auf einer Plattform zwischen Val Lumnezia und Valsertal gelegene Surcasti bietet sich als geeigneter Rastplatz an. Von hier aus gleitet ein letzter Blick zurück auf die bis heute durch bäuerliche Bewirtschaftung erhaltene Kulturlandschaft des Val Lumnezia. Im Gegensatz zum weiten, offenen Lugnez ist das Valsertal so schmal, dass neben der Hauptstrasse keine alternative Fahrmöglichkeit zur Verfügung steht. Schnell, aber nicht mehr ungestört wird Vals erreicht.

Die 1996 eröffnete Felsentherme des Architekten Peter Zumthor lockt nicht nur verschwitzte Mountainbiker an, auch Architekturinteressierte erholen sich in den mystisch anmutenden Räumen.

Blick zurück nach Obersaxen und über die Surselva.

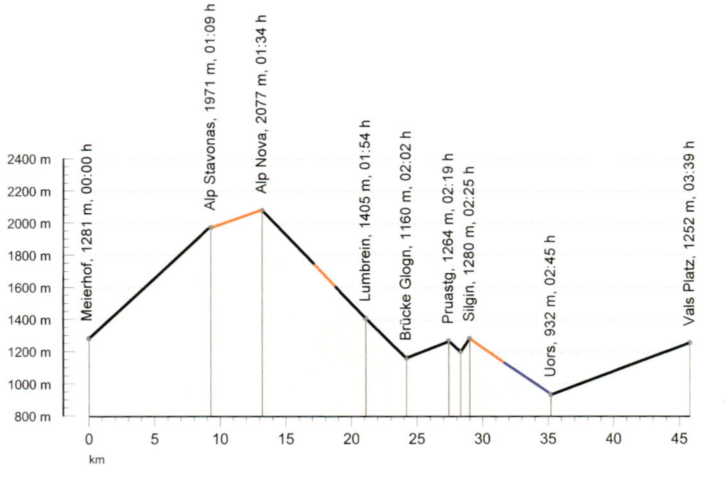

Bis auf die Berggipfel werden die sonnigen Hänge des Val Lumnezia noch heute landwirtschaftlich genutzt.

Schwierigkeitsgrad 2
Distanz 45,8 km
Höhendifferenz ↑1360 m, ↓1389 m
Zeitbedarf 3:45 h
Übernachtung Obersaxen, Lumbrein, Vals
Restaurant Bergrestaurant Wali (1720 m), 7134 Obersaxen Meierhof, Telefon 081 933 16 95; Surin
Variante/Abkürzung Abkürzung von Vella über Cumbel nach Uors-Peiden auf der Hauptstrasse
Öffentlicher Verkehr –
Karte Blatt Nr. 257
Besonderer Hinweis ⚠ In der Abfahrt auf der Asphaltstrasse Richtung Vignogn zweigt auf ca. 1760 Meter Höhe ein unscheinbarer Fahrweg nach Lumbrein ab. Der Bike-Marathon Val Lumnezia führt in entgegengesetzter Richtung über dieses Wegstück; links am Strassenbord findet sich ein roter Bike-Marathon-Wegweiser. Weiter unten, nach der Teilung der Asphaltstrasse bieten sich zwei weitere Möglichkeiten, nach Lumbrein zu gelangen, die aber bei weitem nicht so bequem sind.
Information Tourismus Obersaxen, 7134 Obersaxen Meierhof, Telefon 081 933 22 22; Verkehrsverein Val Lumnezia, 7144 Vella, Telefon 081 931 18 58; Visit Vals, 7132 Vals, Telefon 081 920 70 70
Anschlussroute 4.06 Vals–Brigels, 5.06 Olivone–Vella

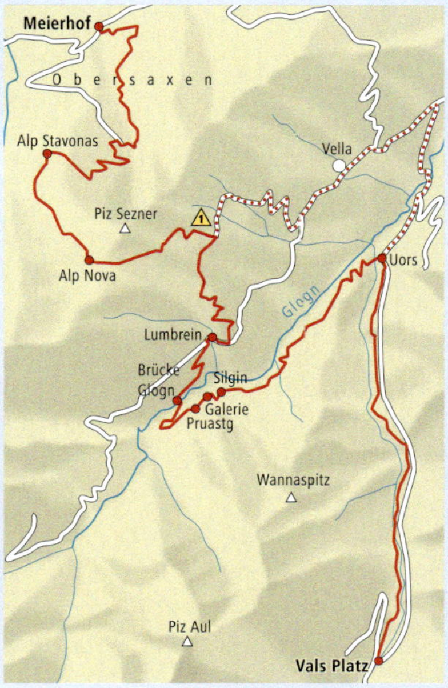

Den Polen sei Dank

Variante: Auf der ehemaligen Talstrasse von Safien nach Bonaduz ist man völlig ungestört.

In Kehren windet sich die anfangs asphaltierte Strasse über Vals in die Höhe. Am Ende der Fahrstrasse erreichen wir den so genannten Polenweg, einen während des Zweiten Weltkriegs durch internierte Polen erstellten Karrweg über den Tomülpass. Der Weg ist besser als ein Wanderweg, mit Fahrzeugen jedoch nicht befahrbar. Obwohl der Zahn der Zeit dem Weg fortlaufend zusetzt, sind bis zur Passhöhe grosse Strecken fahrbar. Im Gegensatz zu Italien sind solche Zeitzeugen aus den beiden Weltkriegen in der Schweiz selten anzutreffen.
Die Abfahrt zum Turrahus führt über Alpweiden und ist durchgehend fahrbar. Vom Turrahus, einer gemütlichen Übernachtungsgelegenheit, geht es auf der bis heute nicht asphaltierten Hauptstrasse weiter nach Safien Platz. Das Safiental, geprägt durch Landwirtschaft und Stromerzeugung, ist vom Massentourismus verschont geblieben. Hier

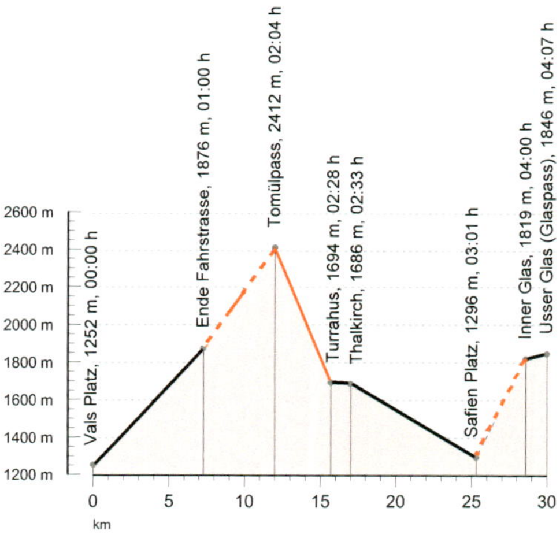

ist eine Stärkung angebracht. Denn nicht umsonst wird der Weg zum Glaspass von den Einheimischen als «Stägä» bezeichnet. Und tatsächlich sind die rund 400 Höhenmeter hinauf nach Inner Glas auf einem zwar gut ausgebauten, aber mit Treppenstufen durchsetzten Wanderweg nur mit Schieben zu bewältigen. Für einen guten Techniker ist der Pass in der entgegengesetzten Fahrtrichtung um einiges angenehmer zu bewältigen. Das Etappenziel Usser Glas (Glaspass), zuoberst im Heinzenberg gelegen, geht auf die Walser zurück.

Wer die Schiebestrecke zum Glaspass vermeiden will, muss für die Umfahrung einen zusätzlichen Tag einplanen. Der Umweg führt von Safien Platz auf der Hauptstrasse talauswärts bis zur Abzweigung, die zum Stauwehr des Flusses Rabiusa hinunterführt. Man wechselt über den kleinen Staudamm auf die rechte Talseite und fährt auf der alten, nicht mehr benutzten und teilweise nur noch wanderwegbreiten Strasse nach Scardanal. Nach abwechslungsreicher Fahrt quer durch die Weiler des Heinzenbergs wird Thusis erreicht.

Schwierigkeitsgrad 3
Distanz 30,0 km
Höhendifferenz ↑1730 m, ↓1136 m
Zeitbedarf 4:00 h
Übernachtung Turrahus (1694 m), 7109 Thalkirch, Safiental, Telefon 081 647 12 03; Safien Platz; Berggasthaus Beverin (1846 m), 7428 Glaspass, Telefon 081 651 13 23
Restaurant –
Variante/Abkürzung Variante von Safien Platz nach Scardanal, Alp Sura, Heinzenberg und weiter nach Thusis
Öffentlicher Verkehr –
Karte Blatt Nr. 257
Information Visit Vals, 7132 Vals, Telefon 081 920 70 70; Verkehrsverein Safien, 7107 Safien Platz, Telefon 081 647 12 09; Verkehrsverein Cazis-Heinzenberg, 7423 Sarn, Telefon 081 651 23 48; Verkehrsverein Thusis, 7430 Thusis, Telefon 081 651 11 34
Anschlussroute 4.05 Splügen–Vals

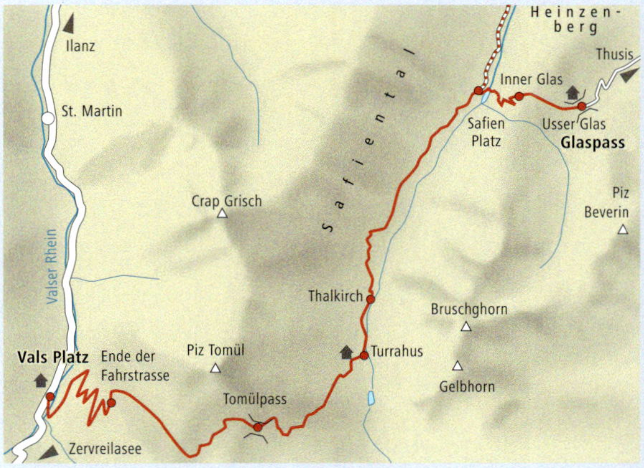

Auf der «Stägä» zwischen Safien Platz und Inner Glas.

Auf dem Glaspass.

Überwältigende Landschaft und wunderbare Kulturgüter

Die Holzschindeln auf dem Dach der Kirche in Obermutten leuchten in der Mittagssonne.

Der Heinzenberg wird auf der Abfahrt zügig durchquert. In Thusis, der grössten Ortschaft des Domleschg, ist bereits der tiefste Punkt der Tagesetappe erreicht.
Verständlicherweise bietet die Viamala-Schlucht keine Alternative zur Hauptstrasse. Der Verkehr hält sich jedoch in Grenzen, da der Transitstrom separat in Tunnel über die Autostrasse verläuft. An der engsten Stelle ist der Zugang zur Schlucht touristisch erschlossen. Bis Zillis ist die Route wieder mit Radwegweisern beschildert. Dort lohnt es sich, einen kurzen Halt einzulegen, um die Kirche Sankt Martin mit ihrer einzigartigen romanischen Bilderdecke aus dem 12. Jahrhundert zu besichtigen. Auf 153 quadratischen Bildtafeln sind Bibelszenen dargestellt.

In Zillis beginnt der eigentliche Aufstieg. In Samest-Sura endet der Fahrweg. Auf dem Wanderweg nach Obermutten muss mehrmals abgestiegen werden. Obwohl nicht weit von den Touristenströmen entfernt, ist die Walsersiedlung Obermutten einer der einsamsten Orte weit und breit. Dicht gedrängt stehen die Häuser in der offenen Landschaft und strahlen eine Atmosphäre von Ruhe und Harmonie aus.
In Mutten darf die Abzweigung nicht verpasst werden. Auf schlechtem Fahrweg geht es nach Stierva/Stürvis. Von Tiefencastel bis Filisur windet sich die Route immer in der Nähe der Albula gemächlich talaufwärts, zuerst bis Surava auf einem Wanderweg mit Schiebepassagen, später auf einem Fahrweg. Zwischen Filisur und der Station Wiesen ist an Wochenenden und in den Sommerferien auf die zahlreichen Wanderer Rücksicht zu nehmen. Auf dem Wiesner Viadukt gilt ein Fahrverbot. Die letzten Kilometer, vor allem der Aufstieg zum Jenisberg, ist sehr kräfteraubend. Zwischen Jenisberg und Monstein präsentiert sich das Landwassertal von seiner wildesten Seite. Hoch über der Zügenschlucht muss das Mountainbike in den steilen Passagen des Wanderwegs geschoben werden.
Aufgrund der Distanz und der Höhendifferenz wurde diese Etappe mit dem Schwierigkeitsgrad 4 bewertet. Bei Aufteilung auf zwei Tagesetappen reduziert sich der Schwierigkeitsgrad auf 3.

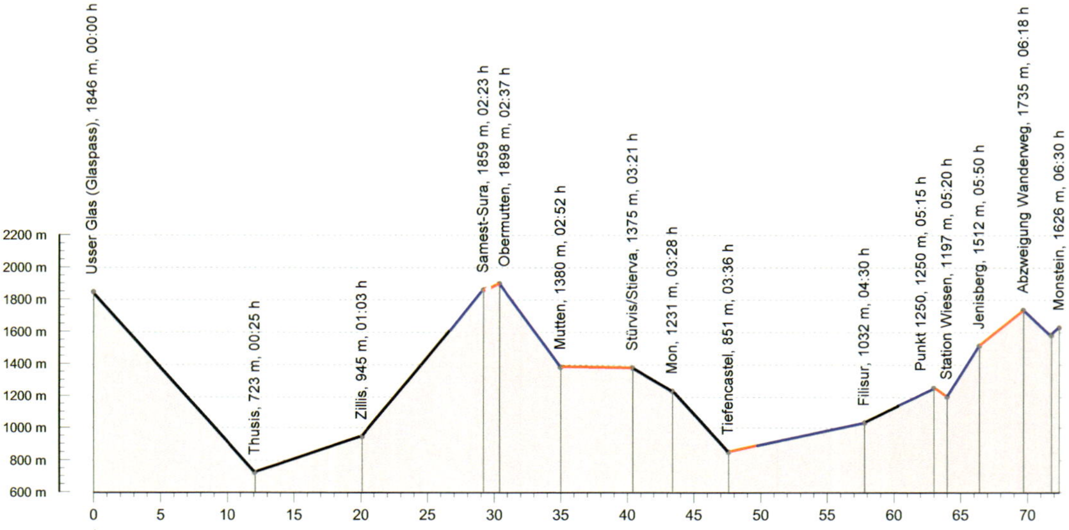

Schwierigkeitsgrad 4
Distanz 72,4 km
Höhendifferenz ↑2320 m, ↓2540 m
Zeitbedarf 6:30 h
Übernachtung Thusis, Zillis, Stierva/Stürvis, Tiefencastel, Filisur, Monstein
Restaurant Obermutten, Mutten
Variante/Abkürzung Abkürzung: Von der Station Wiesen RhB zur Hauptstrasse hinauf und weiter auf der alten Landstrasse zur Station Monstein RhB
Öffentlicher Verkehr Thusis, Tiefencastel, Filisur, Station Wiesen
Karte Blatt Nr. 257, 258
Besondere Hinweise
⚠ In Tiefencastel ein kurzes Stück auf der Hauptstrasse Richtung Davos/Bergün fahren, nach 200 Meter rechts abbiegen und über die zweite Brücke wieder auf die linke Seite des Flusses Albula wechseln (Wanderweg).
⚠ Bei der Verzweigung nach Alvaneu Bad nicht links über den Fluss Albula, sondern rechts zum Campingplatz und weiter auf Nebenstrassen nach Filisur.
Information Verkehrsverein Thusis, 7430 Thusis, Telefon 081 651 11 34; Viamala Ferien, 7440 Andeer, Telefon 081 661 18 77; Filisur Tourismus, 7477 Filisur, Telefon 0848 000 148; Davos Tourismus, 7270 Davos Platz, Telefon 081 415 21 21
Anschlussroute 4.03 Arosa–Bergün, 4.04 Bergün–Splügen, 10.04 Heuberg–Alp Flix

Herrlicher Panoramablick zurück auf den Heinzenberg.

Ohne den Wiesener Viadukt wäre das Tagesziel Monstein nur mühsam zu erreichen.

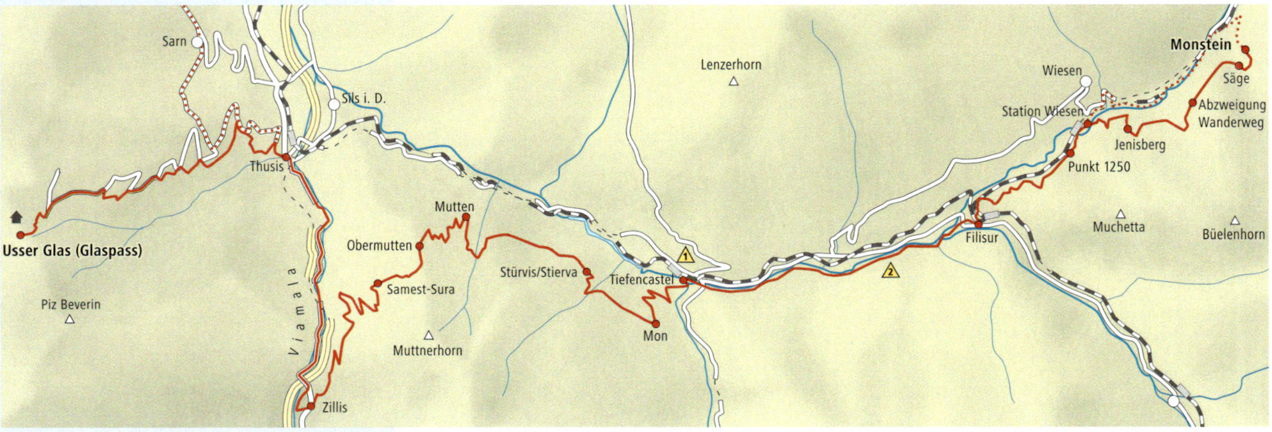

Vollständig im Reich der Walser

Nach gemütlichem Einfahren bis Davos Dorf sind von der auf 1550 Meter ü. M. gelegenen Alpenmetropole bis zum Strelapass 800 steile Höhenmeter zu überwinden. Nach der Schatzalp steigt der einfache Fahrweg grösstenteils in der Falllinie zum Pass an. Den mit Schotter durchsetzten Abhang bis zur Brücke über den Sapünerbach hinunter kommen die Abfahrer voll auf ihre Rechnung. Von Langwies bis Peist führt die Etappe der kurvenreichen Hauptstrasse entlang.
Im Aufstieg zum Faninpass besteht bei der Abzweigung in Zerfalta auf zirka 1800 Meter Höhe die Möglichkeit, die Fahrwege links über das Skihaus Hochwang oder rechts direkt zum Pass zu benützen. Der Weg rechts hat durchgehend Fahrzeugbreite, der links abzweigende wird ab dem Skihaus Hochwang zum Wanderweg. Beide sind ziemlich steil und haben lehmige Fahrspuren. Oberhalb der Waldgrenze, wo die beiden Wege wieder zusammentreffen, breiten sich ausgedehnte Grasmatten aus. Das Gelände ist bei nassen Verhältnissen recht sumpfig. Fahrspuren führen vom Faninpass über die Arflinafurgga bis hinunter in den Heuberg.
Erst diese Etappe führt durch eine vollständig von den Walsern geprägte Gegend. Typisch sind die verstreuten kleinen Alpwirtschaften. In früheren Zeiten verbrachten die Walserfamilien die Sommermonate im Maiensäss. Heute dienen sie mehrheitlich als Ferienhäuser.
Das herrliche Panorama vom Heuberg zum gegenüberliegenden Rätikon erlaubt, die nächste Tagesetappe nicht nur auf der Karte, sondern direkt im Gelände vorzubereiten.

Links: Voll Auftanken in Monstein – ein anstrengender Tag steht bevor. Rechts: Der gemütliche Fahrweg zwischen Monstein und Davos wird nur von Mountainbikern und Wanderern benutzt.

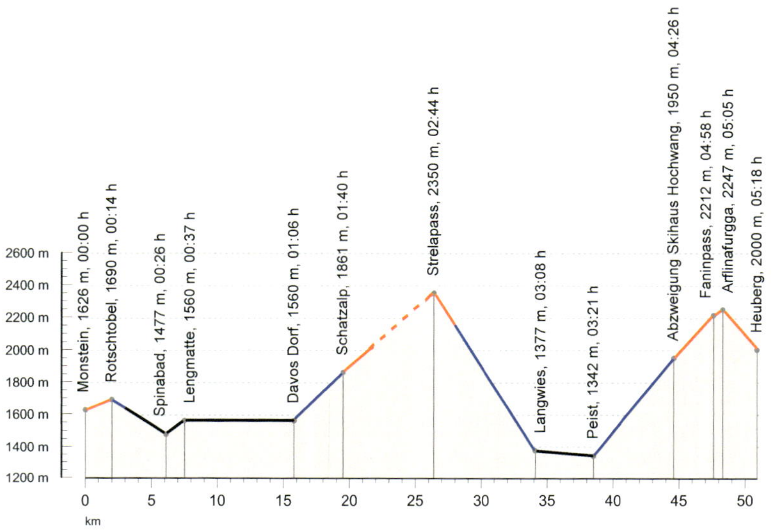

Schwierigkeitsgrad 3
Distanz 50,9 km
Höhendifferenz ↑1872 m, ↓1498 m
Zeitbedarf 5:15 h
Übernachtung Davos; Berghotel Schatzalp (1861 m), 7270 Davos Platz, Telefon 081 415 51 51; Berggasthof Heimeli (1831 m), Jatz, 7057 Langwies, Telefon 081 374 21 61; Langwies, Peist; Ski- und Berghaus Hochwang (1958 m), 7028 St. Peter, Telefon 081 374 11 08; Berghaus Arflina (2000 m), Heuberg, 7235 Fideris, Telefon 081 332 13 04; Berghaus Heuberge (1940 m), 7235 Fideris, Telefon 081 332 13 05
Restaurant Strelapass (2350 m)
Variante/Abkürzung Abkürzung ohne Umweg ins Schanfigg: von Davos zum Wolfgangpass und weiter via Klosters Schifer nach Küblis (siehe Anschlussroute)
Öffentlicher Verkehr Davos, Langwies
Karte Blatt Nr. 258, 248
Besonderer Hinweis ⚠ Trotz vieler Fahrspuren von landwirtschaftlichen Fahrzeugen weder links noch rechts abbiegen; immer geradeaus Richtung Faninpass
Information Davos Tourismus, 7270 Davos Platz, Telefon 081 415 21 21; Touristikinformation, 7057 Langwies, Telefon 081 374 22 55; Kur- und Verkehrsverein Fideris, 7235 Fideris, Telefon 081 330 52 53
Anschlussroute 4.01 Chur–Klosters, 4.02 Klosters–Arosa, 7.04 Klosters–Varusch, 10.03 Malbun–Heuberg, 10.04 Heuberg–Alp Flix

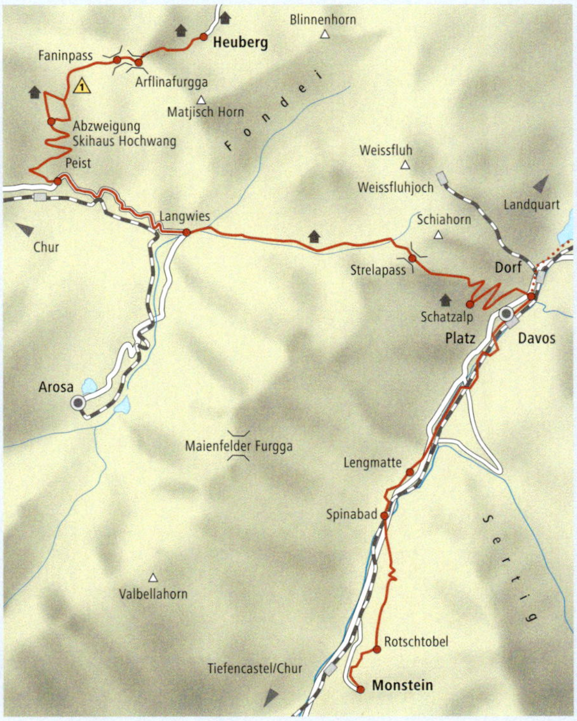

Im Wettkampffieber

Start in Küblis zum Swiss Bike Masters.

Es geht hinunter nach Küblis, in den Austragungsort der grössten Mountainbike-Veranstaltung der Schweiz, des Swiss Bike Masters. Die Etappe führt stellenweise der Wettkampfstrecke entlang. Wer schon einmal an dem Rennen teilgenommen hat, spürt unterwegs den Geist Abertausender Mountainbiker, die sich hier alljährlich messen.

Der Felsriegel des Rätikon stellt für Mountainbiker ein echtes Problem dar. Von den verschiedenen Übergängen ist nur das Tilisunafürggli für Mountainbiker geeignet. Von Seewis aus wäre das Cavelljoch bis zum Lünersee gut zu überwinden, doch der ausgesprochen steile, drahtseilgesicherte Weg ins Tal ist nicht empfehlenswert. Das Tilisunafürggli ist bis zum Partnunsee

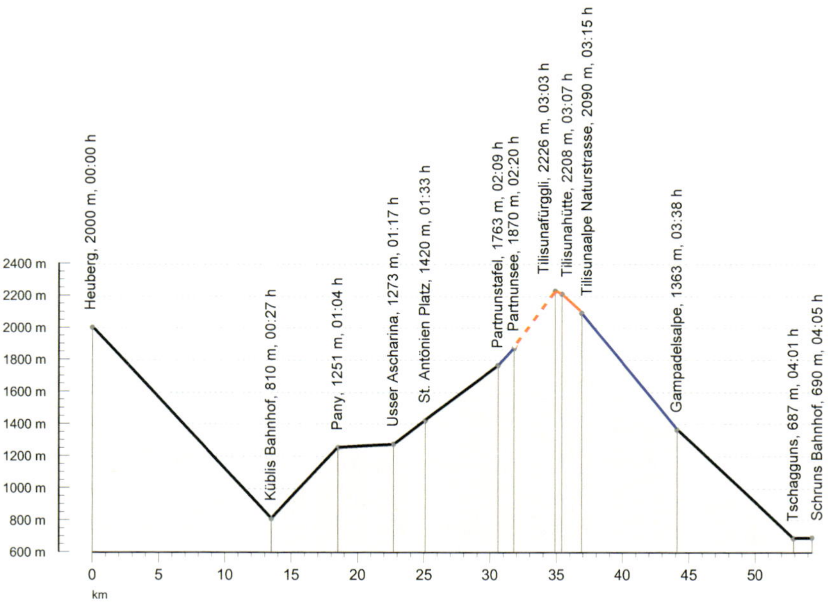

Die ersten paar Kilometer bis Pany führen der Wettkampfstrecke entlang.

gut befahrbar. Die nächsten drei viertel Stunden auf dem Weg durch die Karrenfelder werden schiebend zurückgelegt. Auf knapp 2050 Meter ü. M. zweigt links eine Abkürzung zum Tilisunafürggli ab, die jedoch wegen der Steilheit über die Karrenfelsen nicht zu empfehlen ist. Vom höchsten Punkt an ist der Wanderweg zur Tilisunahütte und weiter bis zum Anfang der Fahrstrasse oberhalb der Tilisunaalpe fast durchwegs fahrbar. Auf der gewundenen Fahrstrasse hinunter nach Tschagguns werden dann die Bremsen ziemlich heiss. Innerhalb kurzer Zeit werden 1500 Höhenmeter «vernichtet» – neben der Abfahrt vom Surenenpass (Alpenpassroute, Seite 56) eine der grössten Abfahrten in diesem Buch.

Schwierigkeitsgrad 3
Distanz 54,3 km
Höhendifferenz ↑1479 m, ↓2789 m
Zeitbedarf 4:00 h
Übernachtung Fideris, Küblis, Pany, St. Antönien; Berghaus Alpenrösli (1775 m), Partnun, 7246 St. Antönien, Telefon 081 332 12 18; Berghaus Sulzfluh (1775 m), Partnun, 7246 St. Antönien, Telefon 081 332 12 13; Tilisunahütte OeAV (2208 m), A-6774 Tschagguns, Telefon +43 664 1107969; Tschagguns, Schruns
Restaurant –
Variante/Abkürzung –
Öffentlicher Verkehr Küblis, Schruns
Karte Blatt Nr. 248, 238, 5002
Besonderer Hinweis ⚠ Bei der Wegkreuzung oberhalb des Partnunsees nicht die Abkürzung links zum Tilisunafürggli benützen, sehr steil und steinig.
Information Verkehrsverein Küblis, 7240 Küblis, Telefon 081 332 22 79; Schruns-Tschagguns Tourismus, A-6780 Schruns, Telefon +43 5556 72166
Anschlussroute 10.03 Malbun–Heuberg

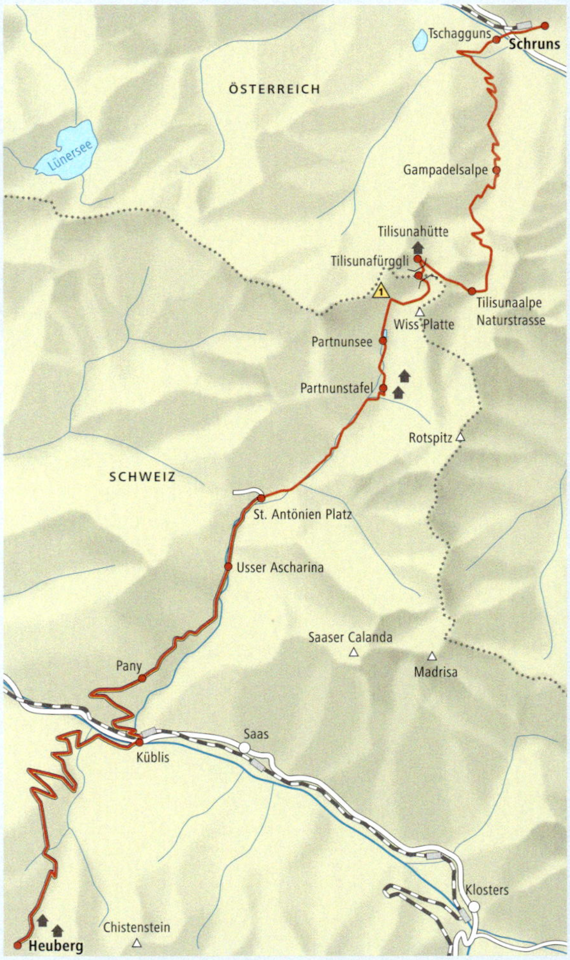

Im Zickzack durch Vorarlberg

Der Kristbergsattel ist ein lohnenswerter Umweg auf dem Weg nach Bludenz. Die Steigung zieht sich regelmässig durch den Bartholomäberg bis nach Kirstberg. Die zahlreichen am sonnigen Berghang gelegenen Streusiedlungen sind heute durch viele Strassen verbunden; vom Silbertal aus ist Kirstberg zudem mit einer Luftseilbahn erschlossen. Die Forststrasse hinunter ins Klostertal nach Dalaas ist gut ausgebaut. Zwischen Dalaas und Bludenz kann abseits des Verkehrs der Arlbergautobahn der Klostertaler Radweg benutzt werden.

Bis hinein ins Grosswalsertal gleicht die Etappe einer gemütlichen Radroute. Auf der unübersichtlichen Strasse zwischen Ludesch und Raggal – sie ist schmal und hat keinen Mittelstreifen – ist Aufmerksamkeit geboten; die einheimischen Autofahrer fahren ziemlich schnell.

Nach Garsella bietet sich die Möglichkeit, eine durchwegs fahrbare Variante über Senzaboden, Türtsch, Fontanella zum Faschinajoch einzuschlagen und dort zu übernachten. Weiter folgt man dann der Etappe 10.02 in entgegengesetzter Richtung nach Au.

Die hier beschriebene Route zum Schadonapass führt zuerst auf gut ausgebauten Naturstrassen bis zur Unteren Ischkarneialpe. Anschliessend beginnt eine anstrengende Schiebe- und Tragstrecke durch kleine Karrenfelder. Der schmale Wanderweg wird zum Pass hin flacher, liegt jedoch etwas ausgesetzt im steilen Grasbord. Auf der Passhöhe erreichen wir einen Fahrweg, der auf eine gemütliche Abfahrt schliessen lässt.

Aufgeteilt in zwei Etappen reduziert sich der Schwierigkeitsgrad auf 2 bzw. 3 für die zweite Etappe.

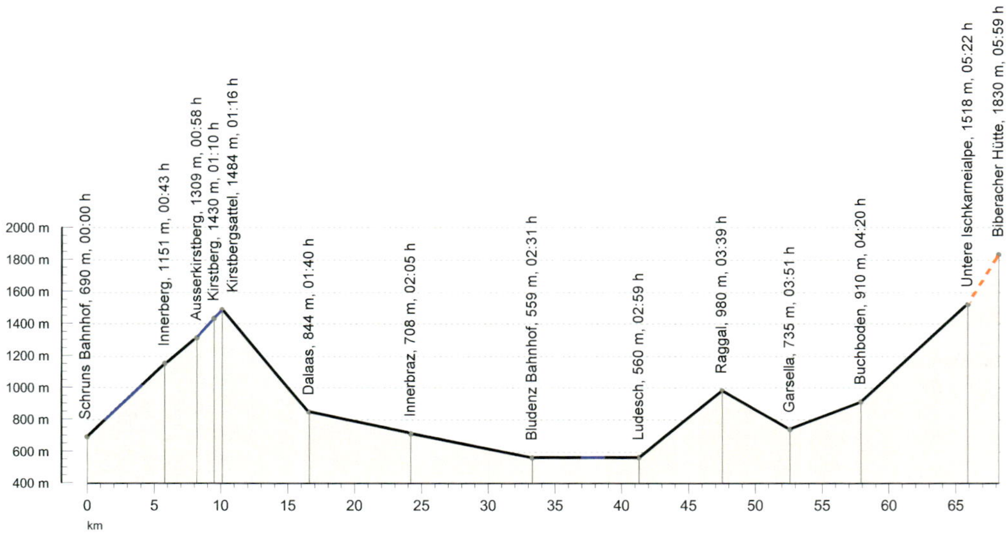

Die Untere Ischkarneialpe ist mit einer neuen Alpstrasse gut erschlossen.

Währschafte Zwischenverpflegung wird in zahlreichen Alphütten angeboten.

Schwierigkeitsgrad 4
Distanz 68,2 km
Höhendifferenz ↑2410 m, ↓1270 m
Zeitbedarf 6:00 h
Übernachtung Bartholomäberg, Kirstberg, Dalaas, Innerbraz, Bludenz, Raggal; Biberacher Hütte (1830 m), Schadonapass, A-6888 Schröcken, Telefon +43 5519 257
Restaurant Siehe Übernachtung
Variante/Abkürzung Abkürzung: Schruns–Blundenz der Ill entlang
Variante: Garsella–Senzaboden–Türtsch– Fontanella–Faschinajoch, anschliessend siehe Etappe 10.02
Öffentlicher Verkehr Schruns, Dalaas, Bludenz
Karte Blatt Nr. 238, 228, Kompass 1:50 000 Blatt Nr. 32, 33
Besondere Hinweise
⚠1 In der zweiten Haarnadelkurve der Hauptstrasse zum Bartholomäberg geradeaus auf die Nebenstrasse.
In Daneu wird die Hauptstrasse wieder erreicht; nach der Linkskurve rechts in eine Nebenstrasse Richtung Innerberg einbiegen.
⚠2 In Bludenz auf Nebenstrassen nach Nüziders.
In Nüziders auf der Ebene bleiben, jedoch immer dem Waldrand entlang nach Ludesch.
Information Schruns-Tschagguns Tourismus, A-6780 Schruns, Telefon +43 5556 72166; Silbertal Tourismus, A-6780 Silbertal, Telefon +43 5556 74112; Tourismus und Freizeit Bludenz, A-6700 Bludenz, Telefon +43 5552 62170; Alpenregion Bludenz, A-6700 Bludenz, Telefon +43 5552 30227
Anschlussroute 7.02 Freiburger Hütte–Heilbronner Hütte, 10.02 Öberle–Malbun

Ins Tal der Rotsocken

Die letzte Etappe führt hauptsächlich auf griffigen Naturstrassen und genussvollen Wanderwegen in die vom Wallis am weitesten entfernte Walsersiedlung, das Kleinwalsertal.

Am Morgen müssen zuerst die Bremsen arbeiten: Steil sticht der Fahrweg ins Tal hinunter. Die Abfahrt beweist, dass sich der mühsame Aufstieg zum Schadonapass gelohnt hat, denn ein Aufstieg in der Gegenrichtung wäre ein äusserst anstrengendes Unterfangen. Anschliessend rollt man auf der Hauptstrasse gemütlich nach Schoppernau.

Das Kleinwalsertal, das am Ende des 13. Jahrhunderts vom Hochtannberg aus von Walsern besiedelt wurde, gehört zu Österreich, ist mit dem Auto jedoch nur über deutsches Gebiet erreichbar. Nach Norden, gegen Bayern hin, ist das Tal offen, nach Süden und Westen ist es durch Berge abgeschlossen. Im Jahr 1451 wurden die Walser am Tannberg von Herzog Sigismud von Tirol mit Waffengewalt unterworfen; seitdem gehört das Kleinwalsertal zu Österreich.

Für den Mountainbiker ist der günstigste Übergang das Starzeljoch. Talaufwärts stellt sich der markante, über 2500 Meter hohe Widderstein in den Weg. Die weiter westlich liegenden Übergänge über den Diedamssattel und den Gerachsattel sind wegen der langen und von der Schwarzwasserhütte an ungemütlichen Schiebepassagen nicht empfehlenswert.

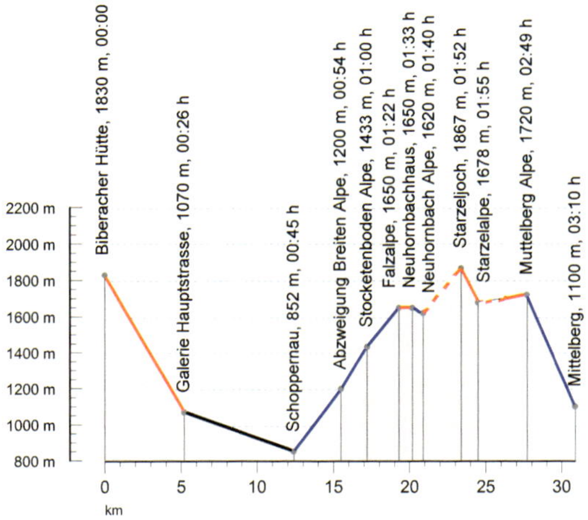

Der Aufstieg bis zur Neuhornbachalpe ist steil, aber durchgehend fahrbar. Das anschliessende Stück zum Starzeljoch ist angenehm zu gehen. Mit guter Balance und Technik ist der Weg hinunter zur Strazelalpe grösstenteils fahrbar. Anstatt auf direktem Weg das Mountainbike ins Tal hinunter zu tragen, lohnt es sich, die leichte Gegensteigung auf dem teilweise fahrbaren Wanderweg zur Muttelberg Alpe in Kauf zu nehmen. Von dort führt ein Fahrweg hinunter nach Mittelberg.

Schwierigkeitsgrad 3
Distanz 30,9 km
Höhendifferenz ↑1187 m, ↓1917 m
Zeitbedarf 3:15 h
Übernachtung Neuhornbachhaus (1650 m), Neuhornbachalpe, A-6686 Schoppernau, Telefon +43 664 5367 595; Kleinwalsertal, Oberstdorf
Restaurant Siehe Übernachtung
Variante/Abkürzung Variante: Aufstieg zum Neuhornbachhaus über die Hornbergalpe anstatt über die Falalpe (steiler und kürzer)
Öffentlicher Verkehr Oberstdorf
Karte Blatt Nr. 228, Kompass 1:50 000 Blatt Nr. 33, Bayerisches Landesvermessungsamt 1:50 000 Blatt Allgäuer Alpen
Besondere Hinweise
⚠1 Höhenweg von der Starzelalpe zur Muttelberg Alpe benützen: kürzere Schiebestrecke, als auf dem direkten Weg ins Tal.
⚠2 In Schoppernau bis zur Kirche fahren, anschliessend rechts hoch bis Mittelholz, wo die Forststrasse beginnt.
Information Schoppernau Tourismus, A-6886 Schoppernau, Telefon +43 5515 2495; Kleinwalsertal Tourismus, A-6992 Hirschegg, Telefon +43 5517 51140; Tourist-Information, D-87561 Oberstdorf, Telefon +49 8322 7000
Anschlussroute 10.02 Öberle–Malbun

Blick vom Starzeljoch ins Kleinwalsertal, gut sichtbar der Wanderweg zur Muttelberg Alpe.

Das Kleinwalsertal wird in der Sommerzeit von unzähligen Wanderern besucht – daher vorsichtig fahren und Vortritt gewähren (siehe Verhaltensregeln Seite 12).

Alpenpassroute

Schwierigkeitsgrad	2 bis 4
Distanz	450 km
Höhendifferenz	↑17 014 m, ↓16 929 m
Anzahl Tagesetappen	9
Fahrzeit	42:15 h
Beste Jahreszeit	Juli bis Oktober
Anreise	Bahnhof Montreux
Rückreise	Bahnhof Sargans

Diese Route trägt ihren Namen nicht umsonst: Insgesamt vierzehn Alpenpässe werden zwischen Montreux und Sargans überwunden. Die Hälfte der Übergänge sind nur durch Wanderwege erschlossen; Schiebepassagen sind unumgänglich. Auf zwei weitere Pässe führt jeweils von einer Seite eine Fahrstrasse. Fünf der Pässe verfügen über durchgehende Fahrstrassen, wobei hinzuzufügen ist, dass fast alle diese Strassen für den privaten Autoverkehr gesperrt sind oder deren Durchfahrt zeitlich begrenzt ist. So ist ungestörtes Biken möglich.

Die Route verläuft von West nach Ost entlang der Alpennordseite quer durch die gegen Norden auslaufenden Alpentäler. Nach dem Aufstieg von den Gestaden des Genfersees führt der erste Teil der Route durch eine sanfte Bergwelt. Im Berner Oberland stellen sich dem Mountainbiker unpassierbare Berge in den Weg. Den mächtigen Felswänden von Eiger und Schreckhorn entlang geht es in die Innerschweiz. Typisch sind die durch eiszeitliche Gletscher tief ausgehobelten Täler. Der zweite Teil der Etappe ins Sankt Galler Rheintal ist geprägt durch lohnende, aber lange Uphills und steile Downhills. Viele der gewählten Pässe bieten herrliche Talblicke.

Ein fantastisches Erlebnis, in nur neun Tagen die Schweiz über die Berge zu durchqueren und in ihrer Kleinräumigkeit mit ihren vielen bunten Facetten zu er-fahren. Übernachtet wird vor allem in den Ferienorten in den Bergtälern, sodass am Morgen jeweils ein schattiger Aufstieg ansteht. In der Gegenrichtung ist die Route ebenfalls möglich, erfordert für die meisten aber längere Schiebepassagen.

Abfahrt vom Col de Jaman nach Les Cases.

Abwechslungsreiche Einstimmung auf die folgenden Pässe

Der Aufstieg zum Col de Jaman ist durchwegs asphaltiert.

Gleich nach dem Start in Montreux sind 1100 Höhenmeter zu überwinden. Bis Glion stehen zwei Strassen mit unterschiedlicher Steigung zur Verfügung: Auf der etwas längeren Variante ist die Steigung angenehm, auf der steileren, etwas direkteren Strecke scheint das Mountainbike schon auf dem ersten Kilometer zu bocken. In Caux, beim imposanten Bau des ehemaligen Caux Palace Hotel wird die Steigung wieder angenehm. Heute dient der alte Hotelkomplex als Konferenzzentrum und beherbergt die Swiss Hotel Management School. 1902, im Jahr seiner Eröffnung, war es das grösste und luxuriöseste Hotel der Schweiz. Je näher der Col de Jaman rückt, desto weniger stört der Autoverkehr. Auf der Passhöhe ist für Autos Endstation. Hier bietet sich eine einmalige Aussicht über den Genfersee. Die Abfahrt zur Bahnstation Les Cases wird gegen Ende steil und ruppig.

Dem Fluss Hongrin entlang geht es anfangs durch ein abgeschiedenes Tal angenehm aufwärts. Vom Genfersee führt auch der Col de Chaude hierher. Der Aufstieg zu diesem Übergang wäre zwar etwas ruhiger als über den Col de Jaman, doch der Abstieg präsentiert sich gar nicht gemütlich. Die doppelte Staumauer des Lac de l'Hongrin verriegelt imposant das Tal. Auf einem weiten Umweg muss der mehrarmige Stausee umfahren werden.

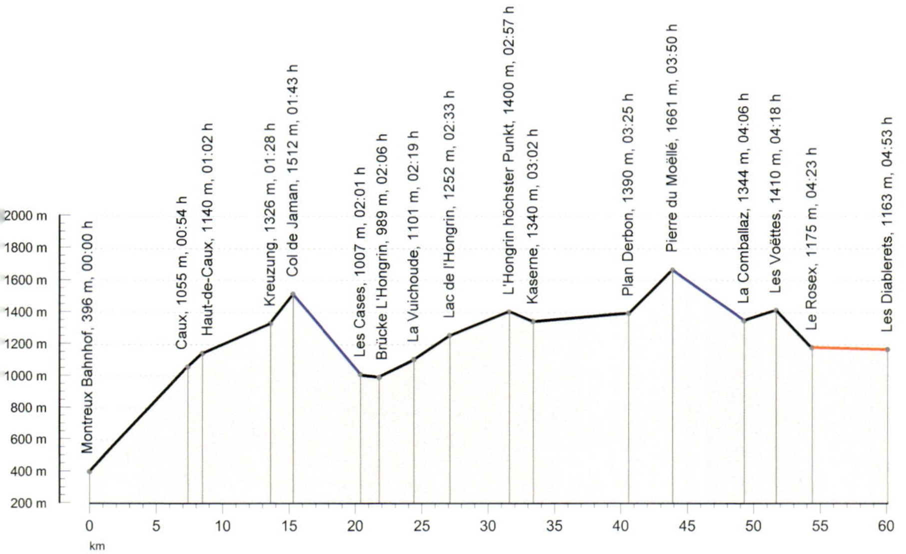

Verträumter Radweg dem Hongrin entlang.

Die Kasernengebäude am östlichen Zipfel des Sees deuten darauf hin, dass das Gebiet für militärische Übungszwecke genutzt wird. Wenn auf dem Waffenplatz Petit Hongrin Übungen stattfinden, ist die Zufahrtsstrasse zum nächsten Übergang Pierre du Moëllé gesperrt. In diesem Fall muss die Hauptstrasse über Les Mosses benutzt werden. Auf Nebenstrassen und am Schluss auf Wanderwegen der Hauptstrasse ausweichend gelangt man nach Les Diablerets.
Der Schwierigkeitsgrad 3 wird nur durch die physischen Anforderungen bestimmt.

Schwierigkeitsgrad 3
Distanz 60,1 km
Höhendifferenz ↑2024 m, ↓1257 m
Zeitbedarf 5:00 h
Übernachtung Caux, La Lécherette, Les Diablerets
Restaurant Restaurant Manoïre (1512 m), Col du Jaman, 1824 Caux, Telefon 021 964 63 30; Café Restaurant de la Pierre du Moëllé (1661 m)
Variante/Abkürzung Abkürzung auf Hauptstrasse von La Lécherette über Les Mosses nach La Comballaz
Öffentlicher Verkehr Montreux, Station Les Cases
Karte Blatt Nr. 262, 272 oder 5009
Besonderer Hinweis ⚠ Kurz bevor die Strasse nach Le Rosex in die Hauptstrasse nach Les Diablerets mündet, zweigt links ein Fahrweg ab, der schliesslich zum Wanderweg wird. Bis zum Dorfeingang oberhalb der Strasse den Wanderwegweisern folgen.
Information Montreux-Vevey Tourisme, 1820 Montreux, Telefon 0848 868 484; Les Mosses Tourisme, 1862 Les Mosses, Telefon 024 491 14 66; Les Diablerets Tourisme, 1865 Les Diablerets, Telefon 024 492 33 58
Anschlussroute 9.09 Gruyères–Vevey

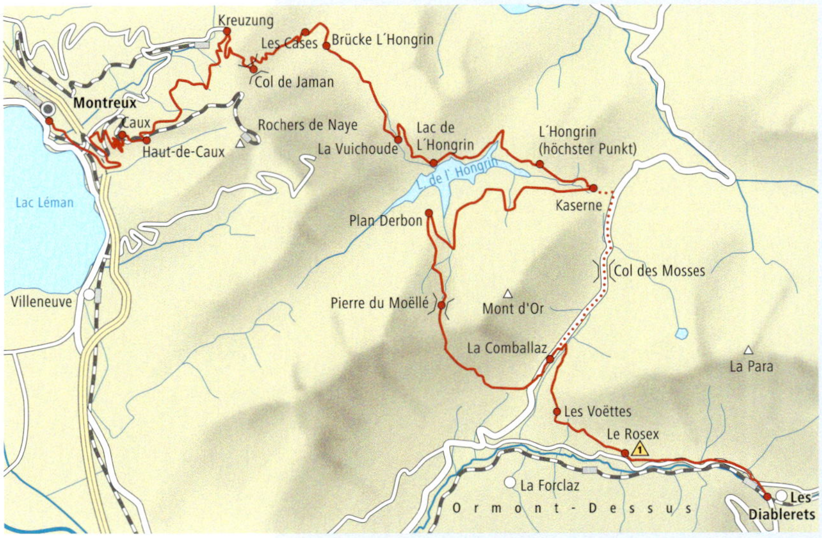

Auf und nieder immer wieder

Es lohnt sich, die verkehrsreiche Strasse zum ersten Übergang, dem Col du Pillon, zu umfahren. Dank der schönen Aussicht bleibt der Umweg kurzweilig; zudem ist er nicht allzu anstrengend. Zuerst geht es auf asphaltierter Strasse, später auf unterschiedlichen Naturwegen bis zum Lac de Retaud. Genau auf der Passhöhe mündet die Route in die Passstrasse.
Der Aufstieg zur Chrine, dem zweiten Übergang, ist kurz, aber steil. Die letzten Meter auf dem Wanderweg ist das Mountainbike zu schieben. Die Abfahrt führt durch auch bei trockener Witterung sumpfiges Gelände. Die vielen Wurzeln und Steine zwingen auf dem schmalen Wanderweg mehrmals zum Absteigen. Im Brüchli, am Beginn der herbeigesehnten Fahrstrasse, ist der Trüttlisbergpass gut einsehbar. Er ist im Vergleich zu den ersten beiden Übergängen schwieriger und anstrengender. Von Lauenen bis Flüeweid ist die Steigung noch erträglich; von der Abzweigung hinauf zum Hindere Trüttlisberg wird der Fahrweg schlechter und hat stellenweise über 20 Prozent Steigung. Fahrspuren landwirtschaftlicher Fahrzeuge führen bis unter das Türli hinauf. Von dort Türli führen Wegspuren bis zum Trüttlisbergpass, dem dritten Übergang. Auf der Passhöhe öffnet sich ein herrliches Panorama sanft gewellter Bergkuppen. Die Sicht ist frei auf bereits vollbrachte und noch bevorstehende Taten.

Kurz nach der Chrine sieht man bereits den nächsten Übergang. Von Lauenen (links unten) führt die Etappe durch Streusiedlungen und Wiesen Richtung Trüttlisbergpass (rechts oben).

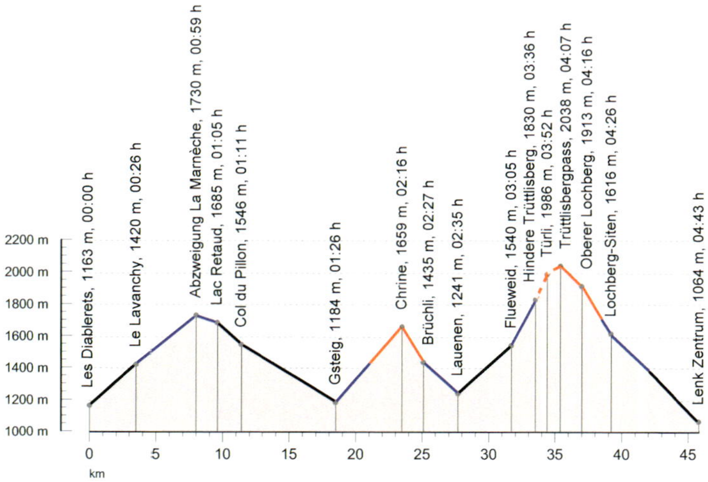

Der erste genussvolle Teil des Downhill folgt dem Wanderweg bis Oberer Lochberg. Im zweiten Teil stellen die tiefen, morastigen Fahrspuren das Können des Bikers auf die Probe. Auf dem folgenden Stück nach Lenk darf der Blick auch einmal von der Strasse abschweifen.

Schwierigkeitsgrad 3
Distanz 45,8 km
Höhendifferenz ↑1839 m, ↓1938 m
Zeitbedarf 4:45 h
Übernachtung Gsteig, Lauenen, Lenk
Restaurant Restaurant du Lac Retaud (1685 m), 1865 Les Diablerets, Telefon 024 492 31 29
Variante/Abkürzung Abkürzung Les Diablerets–Col du Pillon (Hauptstrasse)
Öffentlicher Verkehr Lenk
Karte Blatt Nr. 5009
Besondere Hinweise
⚠1 Bei den zahlreichen Abzweigungen in Lauenen nicht zu früh abzweigen. Bis zur Kirche fahren, erst dann zweigt die Asphaltstrasse rechts zur Flueweid ab.
⚠2 Auf der Flueweid Abzweigung links zum Hindere Trüttlisberg nicht verpassen.
Information Les Diablerets Tourisme, 1865 Les Diablerets, Telefon 024 492 33 58; Gstaad Saanenland Tourismus, 3780 Gstaad, Telefon 033 748 81 81; Tourist Center Lenk, 3775 Lenk im Simmental, Telefon 033 733 31 31
Anschlussroute 5.05 Sanetsch–Schwarzsee

Gemütlichkeit und Gastfreundschaft

Auf dem Hahnenmoospass (1950 m ü. M.) ist der höchste Punkt des Tages erreicht.

An zahlreichen Gaststätten vorbei und mehrheitlich auf Asphaltstrassen führt die Etappe durch eine bäuerlich geprägte Kulturlandschaft ins Kiental.

Bis zum Bergrestaurant Büelberg fährt es sich bequem auf der asphaltierten Strasse. Die anschliessende Kiesstrasse führt ohne viele Kurven hangaufwärts zum Hahnenmoospass. Vom Büelberg an passt sich die Strasse dem Gelände an und enthält Passagen mit einer Steilheit von bis zu 20 Prozent. Bis auf die Passhöhe ist der Fahrweg mit den Mountainbike-Wegweisern Nr. 2 ausgeschildert. Hinunter nach Adelboden erfreut die schön angelegte, ausgebaute Asphaltstrasse. Die Strasse ist mit einem Fahrverbot für Motorfahrzeuge belegt; wegen der zwischen Geils und Adelboden verkehrenden Autobusse ist dennoch Vorsicht geboten.

Um das Zentrum von Adelboden links liegen zu lassen, biegt man bei der Abzweigung nach dem Bergläger rechts ab. Die Weiterfahrt nach Frutigen führt auf der alten Adelbodner Strasse durch zahlreiche Streusiedlungen des Engstligentals. Bis weit talauswärts wird die Höhe gehalten. In einzelnen Kurven lohnt sich ein Halt, um die schöne Aussicht über das Tal zu geniessen. Schliesslich geht es geradeaus in rasanter Fahrt nach Frutigen hinunter. Das Etappenziel Kiental wird auf Nebenstrassen und am Schluss auf einer einsamen Waldstrasse erreicht.

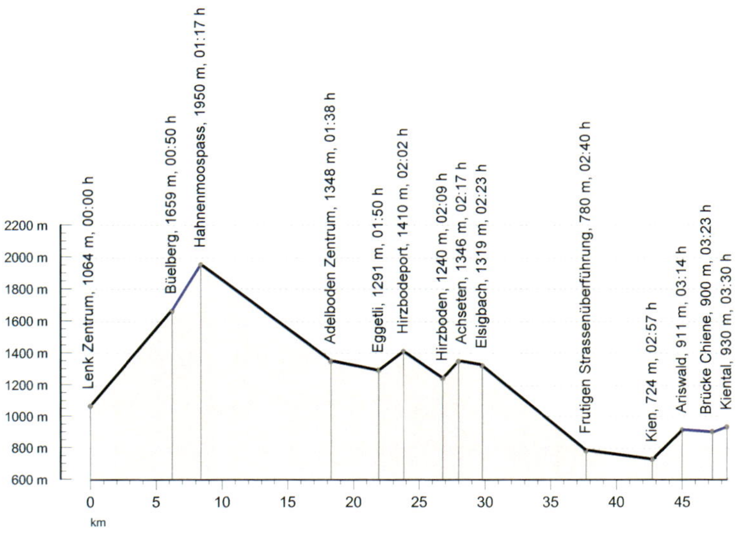

Schwierigkeitsgrad 2
Distanz 48,4 km
Höhendifferenz ↑1458 m, ↓1592 m
Zeitbedarf 3:30 h
Übernachtung Berghotel Hahnenmoospass (1950 m), 3715 Adelboden, Telefon 033 673 21 41; Adelboden, Frutigen, Kiental
Restaurant Restaurant Büelberg (1659 m), 3775 Lenk im Simmental, Telefon 033 733 15 60; Bergrestaurant Geilsbrüggli (1707 m), Geils, 3715 Adelboden, Telefon 033 673 21 71
Variante/Abkürzung Abkürzung Bergläger–Eggetli
Öffentlicher Verkehr Frutigen
Karte Blatt Nr. 5004
Besonderer Hinweis ⚠ Den Chiene Bach auf der Brücke überqueren und am rechten Ufer nach Kiental fahren.
Information Tourist Center Lenk, 3775 Lenk im Simmental, Telefon 033 733 31 31; Adelboden-Tourismus, 3715 Adelboden, Telefon 033 673 80 80; Verkehrsverein Kiental, 3723 Kiental, Telefon 033 676 10 10
Anschlussroute –

Nahe am Rummel und doch abseits

Eine interessante Herausforderung steht auf dem Programm: der Chilchfluepass, der weder viel begangen noch befahren wird. Nach der Passhöhe verliert sich der schmale Weg fast in Wegspuren. Gute Sicht und Erfahrung in alpinem Gelände sind unbedingt notwendig. Auf der landschaftlich einmaligen Etappe rücken die schneebedeckten Gipfel näher.

Dem Spiggenbach entlang führt die Route zuerst durch ein einsames Tal. Bis zum Glütschnessli muss der Sattel nicht verlassen werden. Die Kiesstrasse wird zum breiten Alpweg, der jedoch zu steil zum Fahren ist. Über die wunderbar gelegene Alp Hohkien kann wieder in die Pedale getreten werden, bevor dann die knapp 400 Höhenmeter bis zur Passhöhe wieder zu Fuss zu überwinden sind. Das Drehrestaurant auf dem Schilthorn erscheint zum Greifen nah.

Der Downhill auf Wegspuren und Alpwegen bis zum Sousläger ist nicht steil, dafür überaus ruppig. Das flache, mit Moos und Flechten überwachsene und mit Kies durchsetzte Gelände reizt zur geraden Routenwahl das Soustal hinaus. Die Wegspuren holen jedoch nach der Passhöhe zuerst in einem weiten Bogen rechts aus. Anschliessend geht es immer dem Talboden entlang bis zum Sousläger. Die auf dem Sousläger beginnende neue Erschliessungsstrasse mit Tunnel

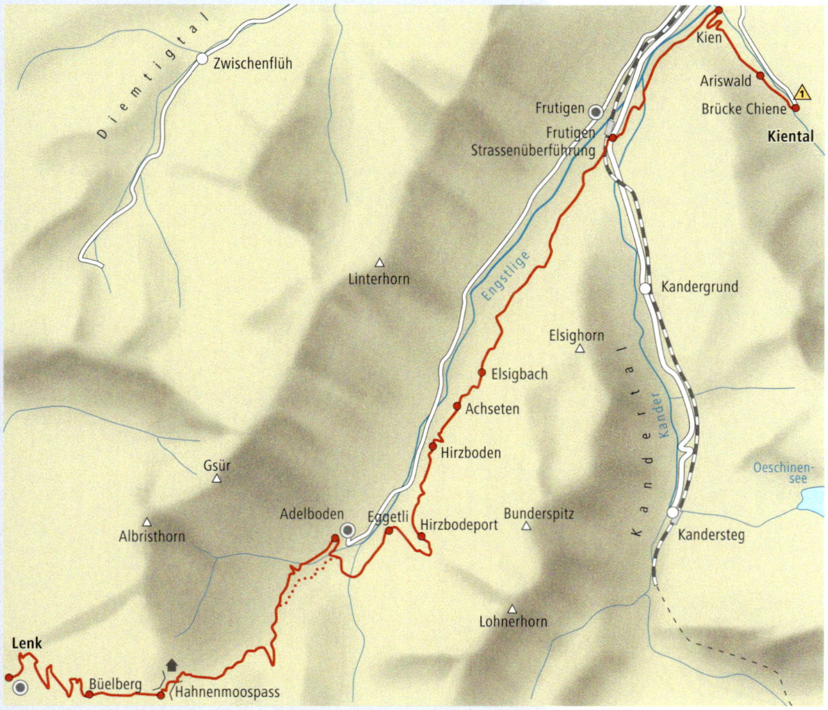

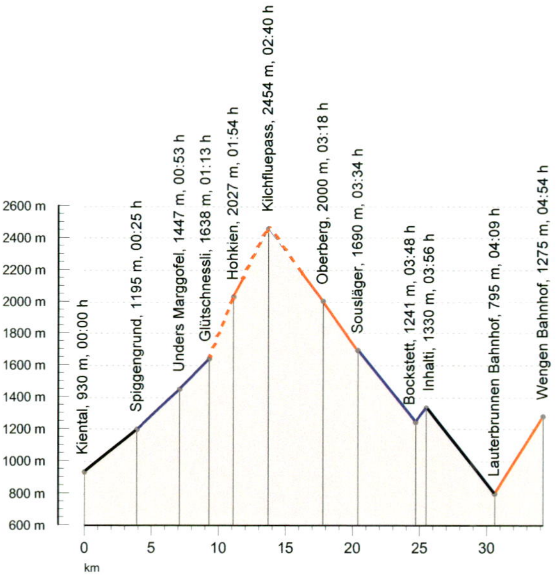

2.04 Kiental–Wengen

Schwierigkeitsgrad 4
Distanz 34,2 km
Höhendifferenz ↑2113 m, ↓1768 m
Zeitbedarf 5:00 h
Übernachtung Lauterbrunnen, Wengen
Restaurant –
Variante/Abkürzung Abkürzung: Kiental–Thunersee–Wilderswil–Lauterbrunnen
Öffentlicher Verkehr Lauterbrunnen, Wengen
Karte Blatt Nr. 5004
Besonderer Hinweis ⚠ Auf dem Kilchfluepass zuerst rechts in weitem Bogen ausholen, anschliessend im Talboden nach Sousläger.
Information Verkehrsverein Kiental, 3723 Kiental, Telefon 033 676 10 10; Tourist Information Wengen und Verkehrsbüro, 3823 Wengen, Telefon 033 855 14 14
Anschlussroute –

Auf der gegenüberliegenden Talseite präsentieren sich der Mönch und das Jungfraujoch.

erscheint nach der vorangegangenen Tortur als wahrer Luxus. In der Abfahrt mit einer kleinen Gegensteigung wird der atemberaubende Blick auf das Berner Oberländer Dreigestirn Eiger, Mönch und Jungfrau frei.
Das autofreie Wengen auf der gegenüberliegenden Talseite rückt näher. Leider liegt Lauterbrunnen, tief unten im Tal, dazwischen. Als Alternative zum extrem steilen und nicht gerade attraktiven Uphill nach Wengen steht die gemütliche Wengeneralpbahn zur Verfügung.

Die atemberaubende Landschaft lockt Besucher an

Etwas anstrengend ist der Aufstieg vom autofreien Wengen zur Kleinen Scheidegg.

Die Etappe führt streckenweise der Wengeneralpbahn entlang. Die Bahn schafft eine maximale Steigung von 25 Prozent – etwas zu steil für das Mountainbike. Der Umweg auf der Naturstrasse über die Alp Mettla zur Kleinen Scheidegg erlaubt eine gemütlichere Steigung. Das Ziel erreicht man vor den Augen vieler Zuschauer und Touristen. Der Blick schweift der gewaltigen Eigernordwand und den senkrechten Felsen des Wetterhorns entlang der Grossen Scheidegg entgegen. Direkt, aber mit etwas mehr Windungen als die Bahnlinie saust man nach Grindelwald hinunter.

Regelmässig und viel einfacher als auf die Kleine Scheidegg geht es den beiden Grindelwaldgletschern entlang aufwärts. Der Passübergang ist durchgehend asphaltiert und fast wie die grossen Alpenpassstrassen angelegt. Ab dem

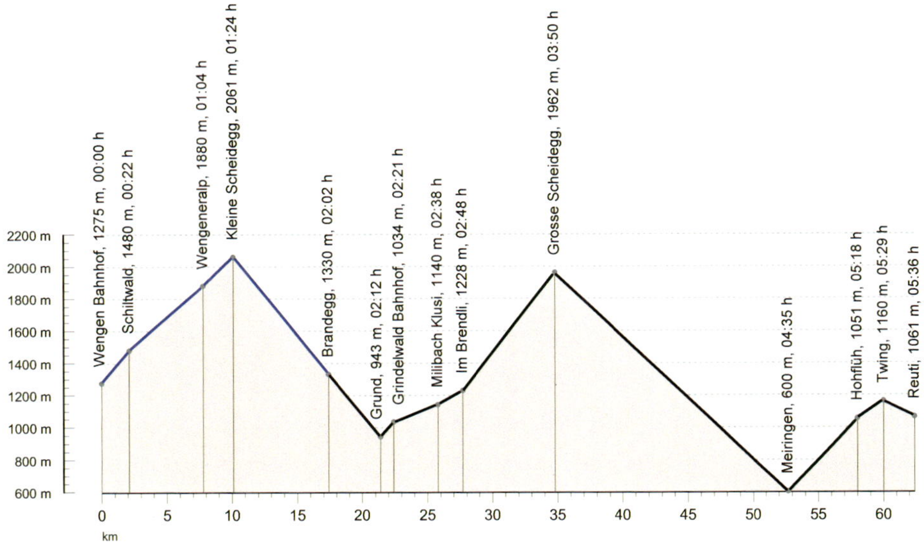

Die Wengeneralpbahn kurz vor der Kleinen Scheidegg.

Brendli ist die Strasse nur noch für den öffentlichen Busverkehr freigegeben, sodass man relativ gemütlich zum Pass gelangt.
Die Abfahrt nach Meiringen ist weiter mit touristischen Highlights gespickt: Der Rosenlauigletscher, die Reichenbachfälle oder ein Abstecher in die Aareschlucht laden zum Verweilen ein. Dabei ist allerdings zu bedenken, dass für den Aufstieg zum Hasliberg eine Stunde einberechnet werden muss. In Reuti, hoch über dem Haslital, geht die physisch anstrengende und lange, jedoch technisch einfache Etappe zu Ende. Ein Tag ist fast zu kurz, um alle Sehenswürdigkeiten dieser abwechslungsreichen Etappe zu erfassen.

Auf der Wengeneralp vor den Gletscherabbrüchen der Jungfrau.

Schwierigkeitsgrad 3
Distanz 62,4 km
Höhendifferenz ↑2385 m, ↓2599 m
Zeitbedarf 5:30 h
Übernachtung Scheidegg-Hotels (2061 m), 3801 Kleine Scheidegg, Telefon 033 855 12 12; Grindelwald; Berghotel Grosse Scheidegg (1962 m), 3818 Grindelwald, Telefon 033 853 67 16; Hotel-Chalet Schwarzwaldalp (1454 m), 3860 Meiringen, Telefon 033 971 35 15; Hotel Rosenlaui (1328 m), 3860 Rosenlaui, Telefon 033 971 29 12; Meiringen, Hasliberg
Restaurant Siehe Übernachtung
Variante/Abkürzung Abkürzung: Lauterbrunnen–Zweilütschinen–Grindelwald
Öffentlicher Verkehr Wengen, Grindelwald, Meiringen
Karte Blatt Nr. 5004
Besonderer Hinweis ⚠ Die Wege sind überall mit roten Bike-Wegweisern gut markiert.
Information Tourist Information Wengen und Verkehrsbüro, 3823 Wengen, Telefon 033 855 14 14; Grindelwald Tourismus, 3818 Grindelwald, Telefon 033 854 12 12; Tourist Informationen Meiringen Haslital, 3860 Meiringen, Telefon 033 972 50 50; Tourist Information Hasliberg, 6084 Hasliberg Wasserwendi, Telefon 033 972 51 51
Anschlussroute –

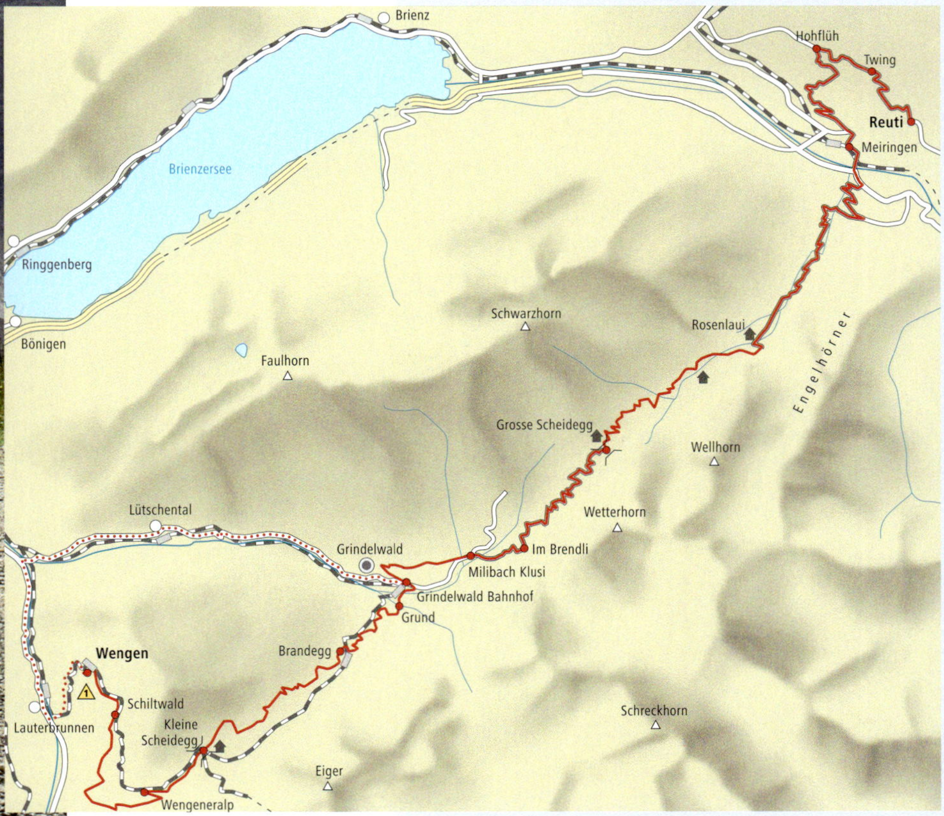

Downhill-Autobahn am Jochpass

Der Panoramablick über das Haslital und zurück zur Grossen Scheidegg versüsst den Aufstieg zur Winterlücken. Die gut angelegte Asphaltstrasse führt, ohne viel Höhe zu verlieren, ins lang gezogene Gental hinein. Bis weit hinten im Tal steigt die Strasse kaum an. Die Strasse zur Engstlenalp ist für Autofahrer gebührenpflichtig, und ähnlich wie auf die Grosse Scheidegg verkehren hier vor allem Postautos.

Dem Engstlensee entlang bis zur Abzweigung des Wanderwegs zum Jochpass kann gefahren werden. Der Jochpass ist mit Sesselbahnen erschlossen. Daher trifft man auf dem nicht allzu steilen Passweg auf Schritt und Tritt auf Wanderer. Zum Trübsee hinunter führt eine Downhill-Kracks vorbehaltene Strecke. Nichts hindert daran, die Belastungsgrenzen von Material und Fahrer auszuloten. Und wer damit noch nicht genug Downhill hatte, kann mit der Sesselbahn nochmals zum Pass hochfahren, um ein zweites Mal vom Jochpass hinunterzubrausen. Der Downhill ist in Trübsee jedoch noch nicht zu Ende. Richtung Trüeberboden wird die Schotterpiste immer gröber, das Schütteln will nicht enden. Erst auf der Waldstrasse zur Talstation der Titlisbahn erholt sich der Körper vom fantastischen Downhill. Das Etappenziel liegt hinter Engelberg, der nächsten Herausforderung, dem Surenenpass, etwas näher. Vor dem Stäfeli erschweren die groben Steine in der Strasse den Schlussanstieg.

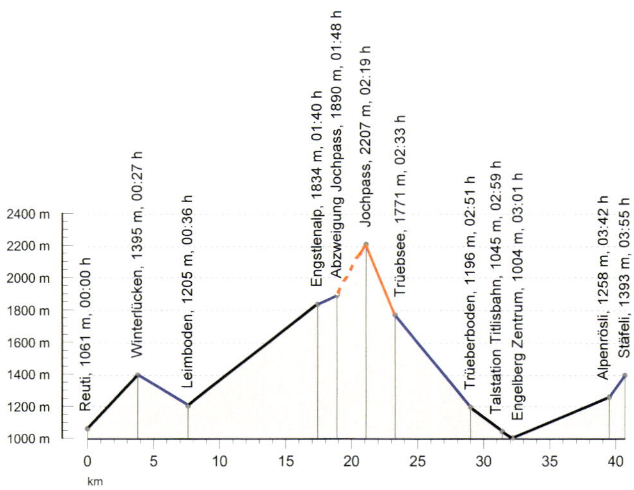

Angenehmer Anstieg durch das lang gezogene Gental, im Hintergrund Schreckhorn und Wetterhorn.

Schwierigkeitsgrad 3
Distanz 40,7 km
Höhendifferenz ↑1725 m, ↓1393 m
Zeitbedarf 4:00 h
Übernachtung Restaurant Schwarzental (1369 m), Gental, 3862 Innertkirchen, Telefon 033 975 12 40; Hotel Engstlenalp (1834 m), 3862 Innertkirchen, Telefon 033 975 11 61; Jochhütte (2207 m), Jochpass, 6390 Engelberg, Telefon 041 637 11 87; Engelberg; Restaurant Stäfeli (1393 m), 6390 Engelberg, Telefon 041 637 45 11
Restaurant Restaurant Alpstübli (1771 m), Trüebsee, 6390 Engelberg, Telefon 041 637 15 44; Restaurant Alpenrösli (1258 m), Niedersurenen, 6390 Engelberg, Telefon 041 637 44 24
Variante/Abkürzung –
Öffentlicher Verkehr Engelberg
Karte Blatt Nr. 245, 255, 5004, 5008
Besonderer Hinweis ⚠ Im Steilstück zwischen Ober- und Untertrüebsee dem Fahrweg geradeaus folgen, nicht rechts über Brücke abzweigen.
Information Tourist Information Hasliberg, 6084 Hasliberg Wasserwendi, Telefon 033 972 51 51; Tourist Center Engelberg, 6390 Engelberg, Telefon 041 639 77 77
Anschlussroute –

Oberhalb des Engstlensees endet der Fahrweg, ein gut frequentierter Wanderweg führt zum Jochpass.

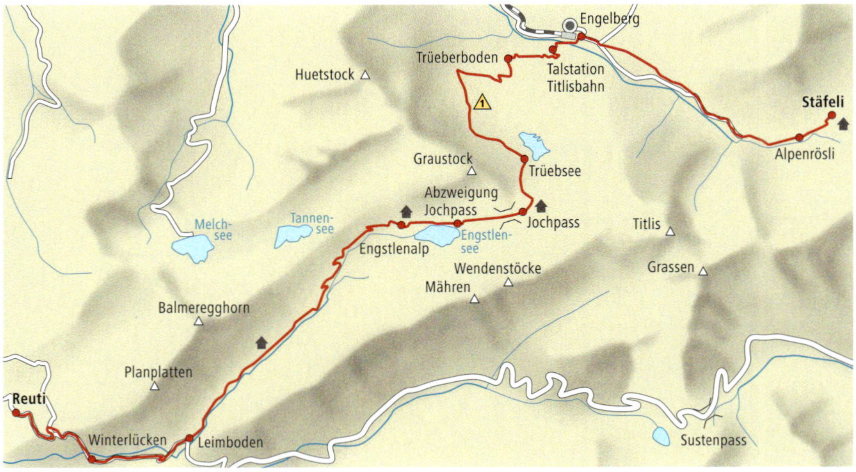

Im Herzen der Urschweiz

Kurz hinter dem Stäfeli, dicht am Lauf des Stierenbachs, endet die Fahrstrasse. Wer die Karte genau liest, sieht, dass derselbe Bach etwas weiter unten Engelberger Aa heisst. Dieser Umstand ist auf einen Streit zwischen den Urnern und dem Kloster Engelberg Anfang des 13. Jahrhunderts zurückzuführen. Gewaltsam entrissen die Urner dem Kloster die Alpwirtschaften diesseits des Surenenpasses. Die Grenze liegt unterhalb des Stäfeli, beim Restaurant Alpenrösli und hat bis in die heutige Zeit Gültigkeit. So kam es zu der Kuriosität, dass die Obwaldner Kantonspolizei auf dem mit einem Fahrverbot belegten Strassenstück Urner Strafzettel verteilen muss, da dieser Teil des Kantons von der Urner Polizei verständlicherweise nicht in nützlicher Frist erreichbar ist. Die erste Stufe nach Stalden hinauf muss geschoben werden. Der Alpweg bis zur Blackenalp wird wieder im Sattel zurückgelegt. Der Wanderweg zum Surenenpass ist nur in den flachen Passagen fahrbar. In der entgegengesetzten Richtung wäre es eine traumhafte Downhill-Passage. Nach der Passhöhe ist der steile und steinige Wanderweg nur für ausgesprochene Spezialisten fahrbar. Im ersten Talkessel nach dem Pass zweigt auf einer Höhe von 2000 Meter ein Wanderweg ab, der über Chli Laucheren nach Brüsti hinunterführt. Trotz der Gegensteigung ist dieser Weg zu empfehlen. Viele Passagen sind fahrbar, was auf dem kürzeren Passweg nicht der Fall ist. Zudem bietet sich eine wunderbare Aussicht über das Reusstal und auf das Etappenziel Biel, oberhalb Spirigen. Nach der anspruchsvollen Abfahrt beginnt im Höchiberg die Erschliessungsstrasse, die weit Richtung Urnersee ausholt, um schliesslich in Attinghausen zu enden.
Eingangs des engen Schächentals steht keine Alternative zur Verfügung: Bis Witerschwanden muss auf der Hauptstrasse gefahren werden. Ruhiger ist die steile Abkürzung nach Spirigen hinauf, in der die Kräfte jedoch noch gespart werden sollten. Die Strasse zum Etappenziel hinauf weist unregelmässige Steigungen auf.

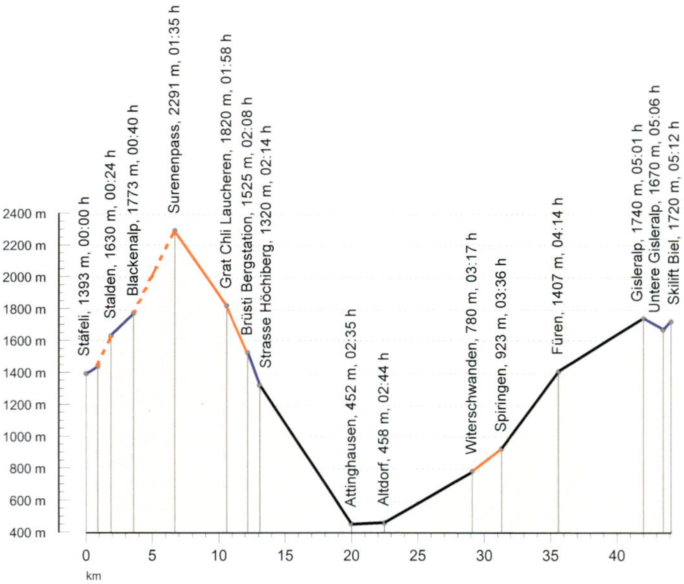

Schwierigkeitsgrad 4
Distanz 44,1 km
Höhendifferenz ↑2316 m, ↓1989 m
Zeitbedarf 5:15 h
Übernachtung Berggasthause Brüsti (1525 m), 6468 Attinghausen, Telefon 041 870 10 77; Attinghausen, Altdorf; Berggasthaus Ratzi (1511 m), 6464 Spiringen, Telefon 041 879 12 30; Berggasthaus Biel (1634 m), Biel am Chinzig, 6463 Bürglen, Telefon 041 870 25 44; Restaurant Skihaus Edelwyss (1720 m), Skilift Biel, 6463 Bürglen, Telefon 041 870 26 62
Restaurant Alphütte Blackenalp (1773 m), Blackenalp
Variante/Abkürzung Variante: Engelberg–Beckenried–Seelisberg–Flüelen–Altdorf
Öffentlicher Verkehr Flüelen
Karte Blatt Nr. 245, 246, 5008
Besonderer Hinweis ⚠ Im ersten Talkessel nach der Passhöhe links nach Chli Laucheren und Brüsti abzweigen.
Information Tourist Center Engelberg, 6390 Engelberg, Telefon 041 639 77 77; Tourist Info Uri, 6460 Altdorf, Telefon 041 872 04 50
Anschlussroute –

Wohlverdiente Rast im langen Aufstieg nach Biel und Tiefblick ins Urner Reusstal. Am Surenenpass auf der gegenüberliegenden Talseite hält sich noch ein wenig Schnee.

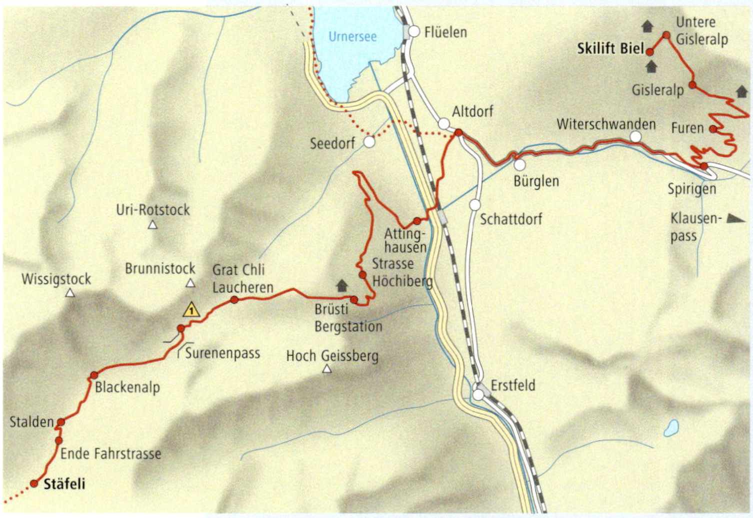

Auf den Spuren von General Suworow

Auf dem Radweg durchs Glarnerland.

Auf der Strecke zum Chinzig Chulm bleibt keine Musse zum Einfahren. Der Passweg wird nach kurzer Zeit zu steil. Man staunt darüber, dass 1799 der russische General Suworow mit seiner gesamten Armee über diesen Pass zog. Nach einer Felsstufe wird die Schutzhütte auf dem Chinzig Chulm erreicht.

Hinunter führt der Wanderweg über Karrenfelder. Bereits beim Alpgebäude auf dem Bödmer beginnt die Fahrstrasse. Die angenehme über 1300 Höhenmeter führende Abfahrt ist erst in Muotathal zu Ende.

Der Aufstieg auf der durchgehend asphaltierten Strasse auf den Pragelpass beginnt steil und wird zur Passhöhe hin flacher. Unter der Woche ist mit etwas Verkehr zu rechnen. An den Wochenenden ist ein kurzes Strassenstück bei Richisau für den Auto- und Motorradverkehr gesperrt, wodurch die motorisierte Passüberquerung unterbunden wird.

Die senkrecht aus dem Klöntalersee aufsteigenden Felsen des Glärnisch erinnern an einen malerischen Fjord. Der Wanderweg auf der rechten Seeseite wäre für Mountainbiker interessanter als die Fahrstrasse, doch im Sommer wird der Wanderweg von Badegästen rege benützt.

Der Umweg von Glarus über das auf einer Sonnenterrasse gelegene Sool ist sehr lohnenswert. Früh wird bereits Höhe gewonnen, was die Fahrt ins Sernftal hinein verschönert. Auf der rechten Talflanke führt eine breite Forststrasse bis nach Engi Vorderdorf. Auf dem Suworow-Weg, der nur stellenweise zum Wanderweg wird, geht es in zügiger Fahrt bis nach Elm.

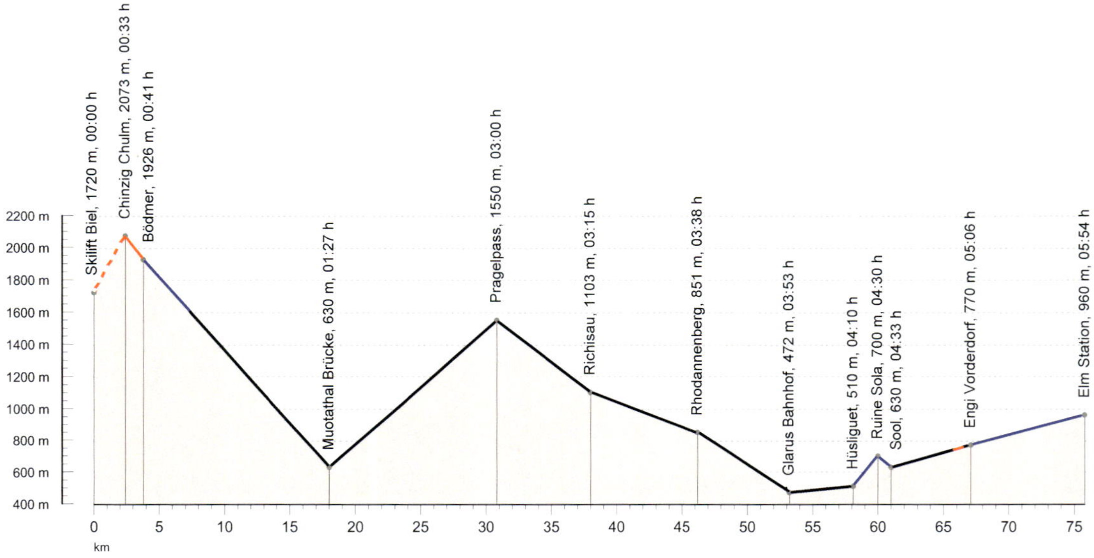

Nach Glarus führt der Radweg der malerischen Linth entlang dem Tödi entgegen.

Ungestörtes Biken zwischen Sool und Engi ist garantiert, im Hintergrund der Glärnisch.

Schwierigkeitsgrad 3
Distanz 75,8 km
Höhendifferenz ↑1871 m, ↓2631 m
Zeitbedarf 6:00 h
Übernachtung Muotathal; Gasthaus Richisau (1103 m), 8750 Klöntal, Telefon 055 640 10 85; Hotel-Restaurant Vorauen (850 m), 8750 Klöntal, Telefon 055 640 13 83; Hotel Rhodannenberg (851 m), 8750 Klöntal, Telefon 055 650 16 00; Glarus, Engi, Elm
Restaurant Wirtschaft Liplisbüel (1194 m), 6436 Muotathal, Telefon 041 830 11 52; Matt
Variante/Abkürzung –
Öffentlicher Verkehr Glarus
Karte Blatt Nr. 5008, 236, 237. 247
Besondere Hinweise
⚠1 Nach der Überquerung der Linth zwischen Glarus und Ennenda rechts dem Radweg entlang und weiter der Bahnlinie folgen.
⚠2 Ab der Station Engi Vorderdorf den Wegweisern Suworow-Weg folgen (dem Sernf entlang).
Information Verkehrsbüro Muotathal, 6436 Muotathal, Telefon 041 830 15 15; Glarnerland Tourismus, 8750 Glarus, Telefon 055 650 20 90; Elm Tourismus, 8767 Elm, Telefon 055 642 60 67
Anschlussroute 9.03 Unteriberg–Gersau, 6.06 Elm–Schwägalp

… und zum vierzehnten und letzten Mal

Morgenstimmung auf der Alp Camperdun.

Aufstieg auf der ausgebauten Forststrasse zur Raminer Matt mit Hausstock links und Kärpf in der Mitte.

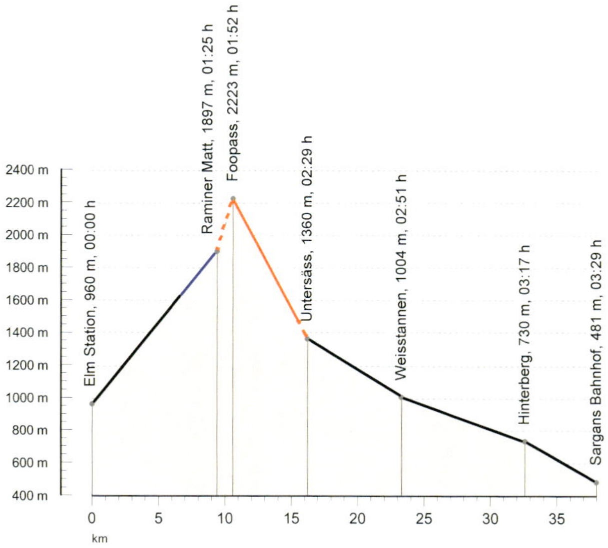

Auf den ersten beiden Kilometern verläuft die Etappe auf einer Asphaltstrasse. Bis zum Mittelstafel der Alp Ramin steigt die Strasse regelmässig mit einer Steigung von weniger als 10 Prozent an. Im Aufstieg fällt der Blick auf den Hausstock, den markanten Talabschluss im Süden, rechts davon erhebt sich der Kärpf. Die neu erstellte, gut ausgebaute Alp- und Forststrasse über die Alp Camperdun bietet einen angenehmen Aufstieg, das letzte Strassenstück zur Raminer Matt hinauf jedoch ist anstrengend. Nach den Alpgebäuden der Raminer Matt sind die letzten 300 Höhenmeter zur Passhöhe zu Fuss zurückzulegen.
Zum Abschluss präsentiert sich der letzte Passübergang so, wie man sich einen Pass vorstellt:

Schwierigkeitsgrad 3
Distanz 38,0 km
Höhendifferenz ↑1283 m, ↓1762 m
Zeitbedarf 3:30 h
Übernachtung Weisstannen, Mels, Sargans
Restaurant –
Variante/Abkürzung –
Öffentlicher Verkehr Sargans
Karte Blatt Nr. 5012, 237, 247
Besonderer Hinweis ⚠ Nicht dem Wanderwegweiser Foopass folgend, der von der ausgebauten Naturstrasse rechts abzweigt. Diese Abkürzung ist ein schlechter Fahrweg mit mehreren Schiebepassagen.
Information Elm Tourismus, 8767 Elm, Telefon 055 642 60 67; Heidiland Ferienregion, 7320 Sargans, Telefon 081 720 08 20
Anschlussroute 6.05 Vella–Elm, 6.06 Elm–Schwägalp, 9.01 Buchs–Amden

Der Foopass ist erreicht!

Ein v-förmiger Einschnitt am tiefstmöglichen Punkt der Gebirgskette. Bis zur Fooalp hinunter kann man auf dem schmalen Wanderweg fast durchwegs fahren. Danach wird der Taleinschnitt etwas enger, und kurz vor Erreichen der Strasse ist das steile und steinige Schlussstück vorsichtig zu überwinden. Die Strasse führt nun der Seez entlang hinunter nach Mels. Am Ausgang des Weisstannentals öffnet sich der Blick auf das breite Rheintal und auf das Ziel Sargans mit seinem weithin sichtbaren Schloss.

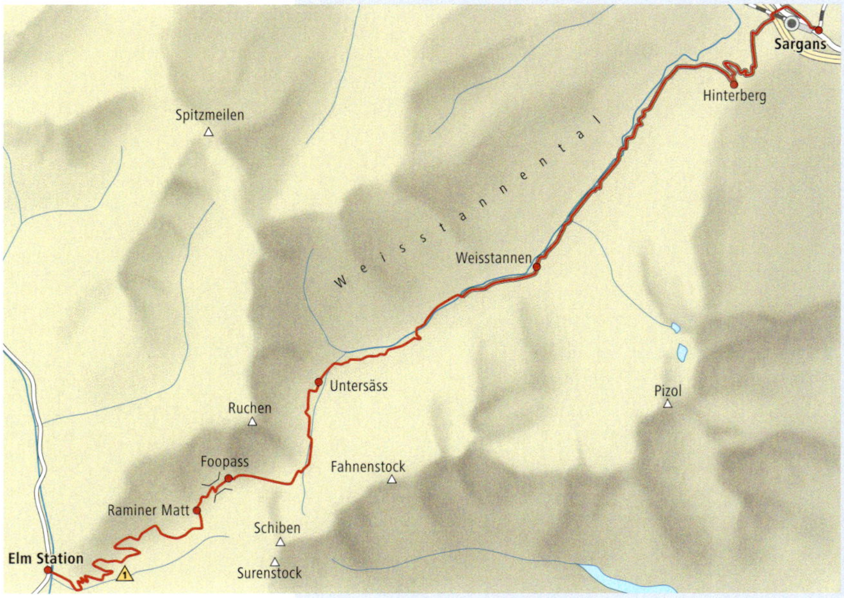

Sonnenstubenroute

Schwierigkeitsgrad	1 bis 3
Distanz	297 km
Höhendifferenz	↑6529 m, ↓7574 m
Anzahl Tagesetappen	6
Fahrzeit	25:15 h
Beste Jahreszeit	Juni bis Oktober
Anreise	Bahnhof Scuol
Rückreise	Bahnhof Bellinzona

Die Route verläuft südlich des Alpenhauptkammes vom Unterengadin ins Tessin. Auf alten, abgelegenen Schmugglerpfaden wird bis nach Bellinzona fast täglich die Landesgrenze zwischen der Schweiz und Italien überquert. Nicht nur das Wetter lockt in den Süden, sondern vor allem die langen Strecken auf einsamen Naturstrassen. Zudem ist das Dreiländereck im Unterengadin eines der schönsten Mountainbikegebiete weit und breit.

Der Start in Scuol auf 1200 Meter ü. M. ist hoch angesetzt. So halten sich die zu bezwingenden Höhenmeter entlang des Schweizer Nationalparks in Grenzen. Mit dem Val Mora, dem Valle di Fraéle und dem Val Camp werden am zweiten und dritten Tag einmalige unbewohnte Hochtäler durchquert. Auf schmalen, unübersichtlichen Pfaden geht es über einen alten Schmugglerpass ins Veltlin (Valtellina), wo ein kaum mehr zu übertreffender Downhill in die Provinzhauptstadt Sondrio führt. Nach den Anstrengungen der ersten Tage geniesst man bei den typischen Veltliner Spezialitäten Bresaola und Pizzoccheri südliches Ambiente. Auch eine Abkühlung im Comersee darf nicht fehlen. Viel Energie wird schliesslich auf der letzten Etappe über den San-Jorio-Pass nach Bellinzona benötigt.

In der Gegenrichtung sind die Pässe San Jorio, d'Anzana und Val Viola schwieriger zu überqueren. Wer trotzdem von Bellinzona nach Scuol fahren möchte, sollte den Passo San Jorio durch das Val d'Arbedo über die Alpe di Gesero angehen. Zum Col d'Anzana bietet sich in der Gegenrichtung der Pass da Cancian als Alternative an. Der Übergang südlich der Berninagruppe vom Val Malenco ins Val Poschiavo ist sehr schwierig, aber landschaftlich eindrücklich. Dabei ist mit rund zwei Stunden Fussmarsch im Auf- und Abstieg zu rechnen. Für den Pass da Val Viola bietet sich in der Gegenrichtung keine zweckmässige Alternative.

Mittagsrast auf dem Pass da Costainas.

Urtümliche Naturlandschaft und altes Kulturerbe

Es lohnt sich, bereits am Vortag anzureisen. Von den 25 Mineralquellen rund um Scuol sind deren neun gefasst und laden zum Baden ein. Die durchgehend fahrbare Startetappe führt entlang des Schweizerischen Nationalparks durch eine urtümliche Naturlandschaft. Unberührte Arven- und Fichtenwälder säumen die Strasse ins Val S-charl. Am Ende der Naturstrasse, auf der Alp Astras, sind unbemerkt fast 1000 Höhenmeter überwunden. Die sanfte Steigung auf der langen Einfahrtsstrecke und der fahrbare Wanderweg machen den Pass da Costainas zu einem veritablen Genuss. Ausser zwei kurzen Abschnitten ist auch die Abfahrt nach Lü eher flach. Um das Val Müstair weiter aus der Vogelperspektive zu erleben, lohnt sich die Weiterfahrt über

Malerischer Dorfkern von Scuol Sot.

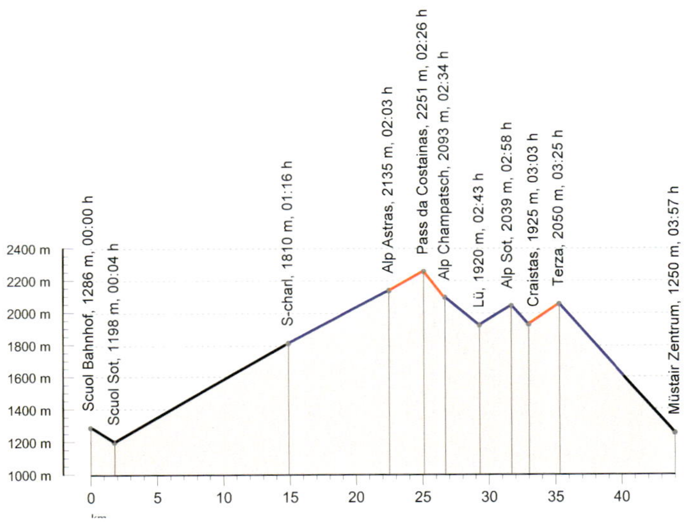

Kurz vor dem Kulminationspunkt des Pass da Costainas.

Berührungsängste zwischen Biker, Wanderer und Bauer oder nur Angst vor dem Hund?

Alp Sot nach Terza. In der mit Arvenduft geschwängerten Luft führt der Weg, die Höhe haltend, der linken, trockenen Talflanke entlang. Um die günstigere Abfahrtsstrasse nach Müstair zu erreichen, fährt man bei den vielen Abzweigungen auf Terza ein kurzes Stück hoch. Mit Ausblick ins italienische Vintschgau geht es in lang gezogenen Kehren nach Müstair hinunter.
Der Kulturinteressierte wird sich im Etappenort den Besuch der uralten, von der Unesco in die Liste der Weltkulturgüter aufgenommenen Klosteranlage Sankt Johann nicht entgehen lassen.

Schwierigkeitsgrad 2
Distanz 44,0 km
Höhendifferenz ↑1357 m, ↓1393 m
Zeitbedarf 4:00 h
Übernachtung Scuol, S-charl, Lü, Müstair
Restaurant –
Variante/Abkürzung Variante: Lü–Valchava–Santa Maria–Müstair
Abkürzung: Craistas–Pizzet–Müstair
Öffentlicher Verkehr Scuol
Karte Blatt Nr. 5017
Besonderer Hinweis ⚠ Beim Erreichen der Naturstrasse diese nicht hinunter-, sondern zwei Kurven hinauffahren und erst dann nach rechts Richtung Müstair hinunterfahren.
Information Scuol Tourismus AG, 7550 Scuol, Telefon 081 861 22 22; Tourismus Val Müstair, 7532 Tschierv, Telefon 081 850 39 29; Tourismus Müstair, 7537 Müstair, Telefon 081 858 50 00
Anschlussroute –

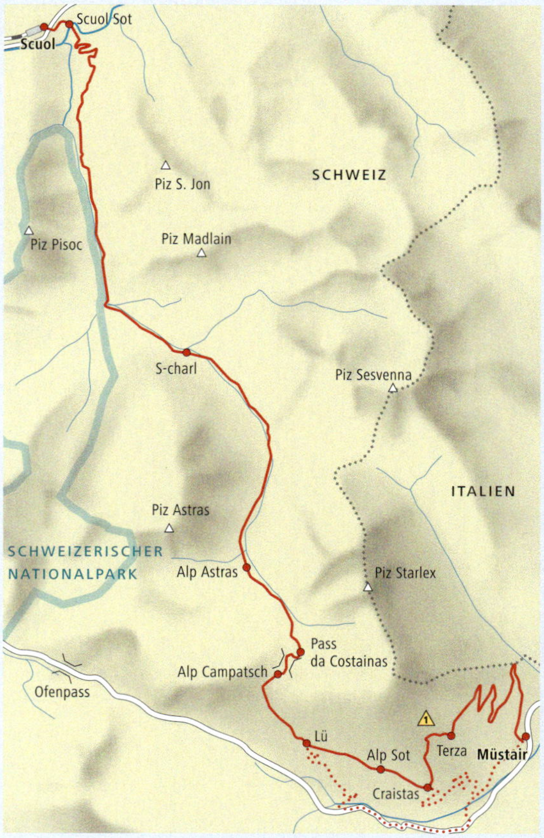

Eine der schönsten Etappen überhaupt

Über bewässerte Wiesen und Felder geht es talaufwärts bis nach Valchava. Ins Val Vau führen zwei Strassen. Empfehlenswert ist die hinter Valchava abzweigende Fahrstrasse, die eine geringere Steigung aufweist als die direkt dem Bachlauf folgende Strasse. Im oberen Teil des Val Vau, wo sich die beiden Strassen wieder vereinigen, wird die Fahrt anstrengender. Auf Döss Radond, dem höchsten Punkt der Etappe, beginnt das Val Mora. Nur eine Naturstrasse führt durch das lang gezogene, von majestätischen Bergen gesäumte malerische Tal, das nach Italien entwässert. Es ist ein einmaliges Erlebnis, mit dem Mountainbike durch das karge, sanft abfallende Hochtal zu gleiten. Nach der Abzweigung zur Alp Mora wird der Fahrweg schlechter, und zur Landesgrenze hin wird er zum Wanderweg mit kurzen Schiebepassagen. Durch lichten Föhrenwald erreicht man, ohne es zu bemerken, den Passo di Fraéle und das Seeende des Lago di San Giacomo di Fraéle. Auf der Fahrt den beiden Stauseen entlang verbinden sich Wald, Fels, Wasser und Himmel in Kontrast und Harmonie zugleich. Nicht zu übersehen sind allerdings die Eingriffe der Elektrizitätswirtschaft in die intakte Natúr. Die fantastische Höhenstrasse nach Arnoga ist dank der darunter liegenden Wasserleitung entstanden. Die topfebene Naturstrasse ist ein weiterer Höhepunkt dieser Etappe. In den Alpen sind selten so gemütliche zehn Kilometer zurückzulegen. Ausblicke auf die vergletscherte Cima di Piazzi und das Alta Valtellina wechseln einander entlang der wunderbaren Höhenstrasse ab.

Steile Rampe im Val Vau.

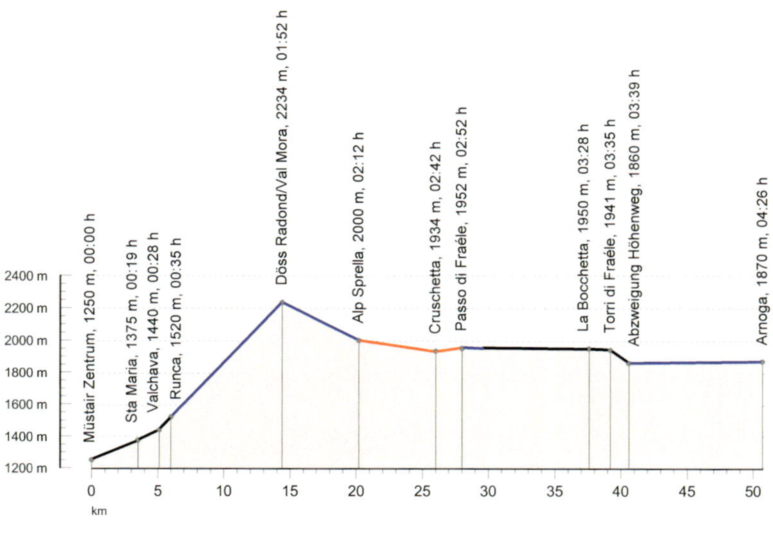

Schwierigkeitsgrad 2
Distanz 50,7 km
Höhendifferenz ↑1042 m, ↓422 m
Zeitbedarf 4:30 h
Übernachtung Santa Maria; Ristoro San Giacomo (1970 m), Lago di San Giacomo di Fraéle, Telefon für Reservationen +39 0342 98 55 63; Ristoro Monte Scala da Guido (1950 m), La Bocchetta, Cancano, Telefon +39 0342 90 46 60; Ristoro Villa Valania (1930 m), Lago delle Scale, Cancano, Telefon +39 0342 90 33 12; Ristoro Valle Fraéle (1952 m), Lago di San Giacomo di Fraéle, Telefon +39 0342 90 24 59; Hotel Li Arnoga (1870 m), Arnoga, I-23030 Arnoga Valdidentro, Telefon +39 0342 92 71 16
Restaurant –
Variante/Abkürzung –
Öffentlicher Verkehr –
Karte Blatt Nr. 5017, 269, Kompass Nr. 96 Bormio-Livigno-Corna di Campo
Besondere Hinweise
⚠ Die Strasse, die oberhalb Valchava ins Val Vau führt, ist weniger steil als die bereits kurz nach Santa Maria abzweigende Strasse.
⚠ Kurz nach der dritten Haarnadelkurve zweigt der Höhenweg nach Arnoga ab (mit Erdwall verbarrikadiert).
Information Tourismus Val Müstair, 7532 Tschierv, Telefon 081 850 39 29; Proloco Valdidentro, I-23038 Isolaccia Valdidentro, Telefon +39 0342 98 53 31
Anschlussroute 7.05 Varusch–Lago di San Giacomo di Fraéle, 7.06 Lago di San Giacomo di Fraéle–Tirano

Oben: Die Werkstrasse der Kraftwerke windet sich von Valdidentro ins Valle di Fraéle hoch. Unten: Im unteren Teil des Val Mora.

Anstengender Abstieg ins Val Poschiavo

Das Rifugio Val Viola ist ein beliebter Biker-Treffpunkt.

Angenehme Steigung auf dem Fahrweg Richtung Pass da Val Viola.

Obwohl Arnoga bereits auf 1870 Meter Höhe liegt, ist der Aufstieg zum Pass da Val Viola nicht zu unterschätzen. Die Steigung verändert sich dauernd, und die Strassenunterlage wird zum Pass hin ruppig und grob. Erstaunlicherweise führt ein Fahrweg bis zur Passhöhe. Nach dem Rifugio Val Viola, einem beliebten Ausflugsziel für Wanderer und Mountainbiker, wird der Fahrweg nicht mehr von Fahrzeugen benützt.

Nach der Passhöhe muss das Mountainbike auf dem Wanderweg durch das steinige Gelände geschoben werden. Vor der Steilstufe, nicht weit von der Passhöhe entfernt, teilt sich der Wanderweg. Da auf dem schlechten, steilen Weg links das Mountainbike mühsam hinunterzutragen wäre, empfiehlt sich der Wanderweg rechts. Dieser Umweg ist zwar schlecht markiert, und auch hier sind nur kurze Stücke fahrbar, doch das Mountainbike muss zumindest nicht getragen werden. Beim malerischen Lago da Val Viola treffen die beiden Wege wieder aufeinander.

Bis zum Anfang der Fahrstrasse in Camp ist ein ruppiger Downhill durch eine unberührte Naturlandschaft zu bestehen. Dafür ist die nun folgende abwechslungsreiche Abfahrt ins Val Poschiavo ein voller Genuss. Nach dem Überqueren der Berninastrasse führt die Etappe auf der alten Passstrasse über imposante Steilstufen bis auf den Talboden des Val Poschiavo hinunter.

Der renovierte Dorfkern von Poschiavo strahlt südländischen Charme aus. Die herrschaftlichen Häuser wurden von zurückgekehrten Auswanderern erbaut, meist Zuckerbäcker, die in der Lombardei gutes Geld verdient hatten. Le Prese am Lago di Poschiavo rückt auf Nebenstrassen schnell näher.

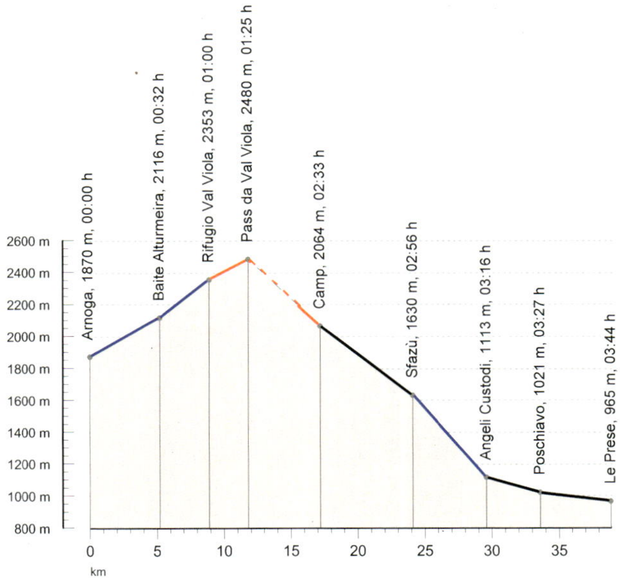

Der Umweg kurz nach der Passhöhe wäre wohl einfacher gewesen ...

Schwierigkeitsgrad 3
Distanz 38,9 km
Höhendifferenz ↑610 m, ↓1515 m
Zeitbedarf 3:45 h
Übernachtung Rifugio Val Viola (2310 m), Lago di Val Viola, Telefon +39 0342 98 51 36; Restaurant Alpe Campo (2064 m), Camp, 7742 Sfazù, Telefon 081 844 04 82; CAS Rifugio Saoseo (1985 m), Lungacqua, 7742 Poschiavo, Telefon 081 844 07 66; Hotel Zarera (1630 m), 7742 Sfazù, Telefon 081 844 12 82; San Carlo, Poschiavo, Le Prese
Restaurant –
Variante/Abkürzung –
Öffentlicher Verkehr Poschiavo
Karte Blatt Nr. 269, 279, Kompass Nr. 93 Bernina-Sondrio
Besondere Hinweise
⚠1 Vor der Steilstufe Wegspuren (Umweg) rechts benützen, bedingt im Unterschied zum steilen, jedoch kürzeren Weg links keine Tragepassage.
⚠2 In Sfazù Berninastrasse überqueren und die Nebenstrasse benützen, die nach Angeli Custodi führt.
Information Pro Loco Valdidentro, I-23038 Isolaccia Valdidentro, Telefon +39 0342 98 53 31; Ente Turistico Valposchiavo, 7742 Poschiavo, Telefon 081 844 05 71
Anschlussroute 7.06 Lago di San Giacomo di Fraéle–Tirano

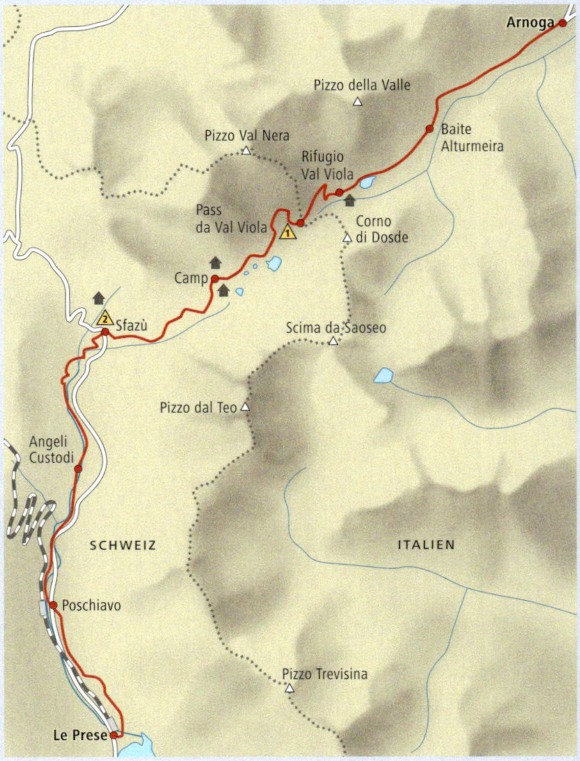

Auf Schmugglerpfaden nach Italien

Noch liegt ein hauchdünner Morgennebel über dem idyllischen Lago di Poschiavo. Miralago am anderen Seeende wird entlang der Bahnlinie und Strasse zügig erreicht. Bis nach Campascio muss etwas Höhe preisgegeben werden. Von dort aus schraubt sich die steile Asphaltstrasse zum hoch oben am Hang klebenden Dorf Cavajone hinauf. Die Alp Pescia ist durch eine Naturstrasse erschlossen. Beim nicht bewarteten Rifugio Pescia Alta zweigt der Wanderweg zum Col d'Anzana ab. Den markierten Wegspuren entlang geht es nicht allzu steil zur Passhöhe. Das prächtige Panorama über das Veltlin entschädigt für das zu Fuss zurückzulegende Schlussstück.
Der mühsame, steile Abstieg auf dem Wanderweg verlangt Vorsicht. Nach den beiden Wegkreuzungen mit Wanderwegweisern folgt ein sehr schlechtes, teilweise verwachsenes Wegstück direkt Richtung Nemina hinunter. Auf den etwa 200 Höhenmetern wird Trittsicherheit mit geschultertem Mountainbike vorausgesetzt.
Für dieses schwierige Wegstück entschädigt die folgende Abfahrt, die ihresgleichen sucht. Nach einem ersten abwechslungsreichen Downhill auf wenig befahrenen Fahrwegen mit Steilstücken, Bachpassagen und vielem mehr schlängelt sich

Nasse Füsse bei einer Bachpassage unterhalb Nemina.

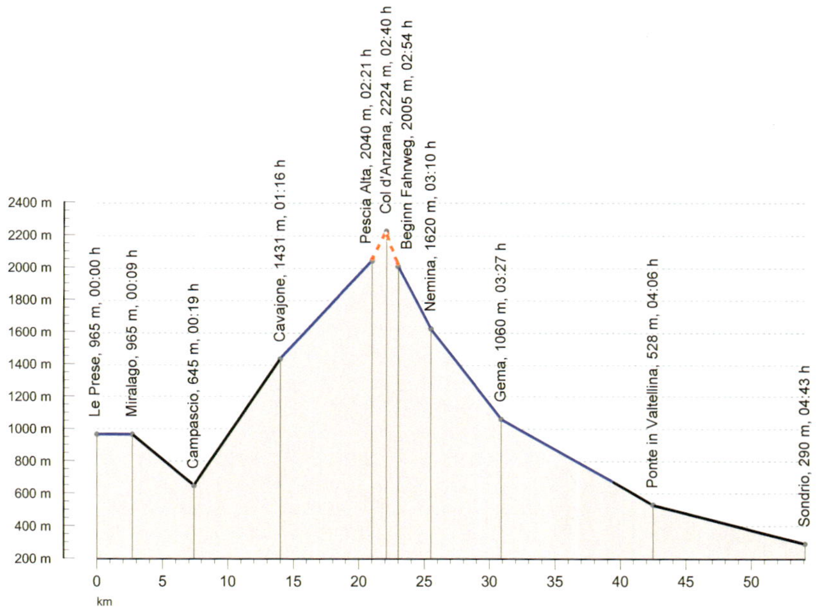

die Nebenstrasse durch Rebberge und ursprüngliche Dörfer der rechten Talflanke des Veltlins entlang. Mit kleinen Gegensteigungen ist die spektakuläre Abfahrt erst in Sondrio zu Ende.

Oben: Variante: Schlecht gepflegte Strassen im Val Malenco.
Unten: Variante: Am Pass da Cancian, durch das Valle Poschiavina.

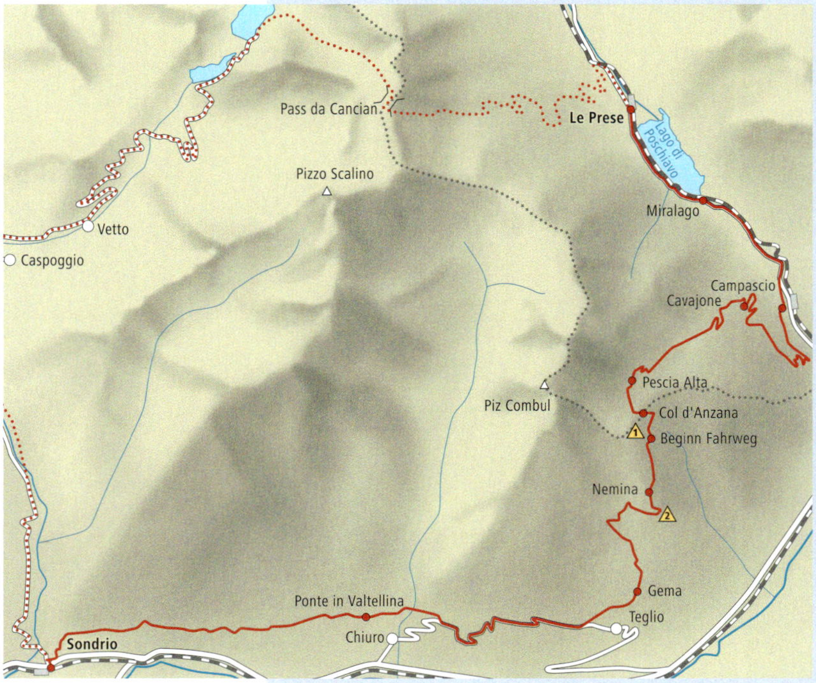

Schwierigkeitsgrad 3
Distanz 53,1 km
Höhendifferenz ↑1629 m, ↓2304 m
Zeitbedarf 4:45 h
Übernachtung Brusio, Ponte in Valtellina, Sondrio
Restaurant –
Variante/Abkürzung Abkürzung: Miralago–Piazzo–Viano–Baruffini–Tirano– Sondrio
Variante (sehr schwierig): Li Curt–Madreda–Pass da Cancian–Val Malenco–Sondrio
Öffentlicher Verkehr Brusio, Sondrio
Karte Blatt Nr. 279, 278, Kompass Nr. 93 Bernina-Sondrio
Besondere Hinweise
⚠ Beim Abstieg vom Col d'Anzana beim ersten Wegweiser rechts, beim kurz darauf folgenden Wegweiser nach links hinunter Richtung Nemina.
⚠ Unterhalb Nemina bei der Kreuzung geradeaus, anschliessend über kurzen, steilen Fahrweg rechts halten.
Information APT Ufficio di Tirano, I-23037 Tirano, Telefon +39 0342 70 60 66; APT Ufficio Informazioni di Sondrio, I-23100 Sondrio, Telefon +39 0342 51 25 00
Anschlussroute 10.05 Alp Flix–Sondrio, 10.06 Sondrio–Valtorta

3.05 Sondrio–Gravedona

Erholung und Abwechslung

Nach den Strapazen der vergangenen beiden Tage führt diese Etappe auf direktem Weg zum Comersee und bietet reichlich Zeit für Erholung und Abwechslung. Nach dem Start in Sondrio wechseln wir auf die linke Seite der Adda. Dort beginnt der asphaltierte Radweg, der nach rund zehn Kilometern bereits wieder endet. Bei Cedrasco unterbricht ein verbauter Bachlauf den Radweg. Kurz danach führt der Radweg wortwörtlich ins Schilf hinaus. Auf wenig befahrenen Nebenstrassen geht es weiter bis nach Morbegno. Die köstlichen Veltliner Spezialitäten locken zu einem Abstecher in das lauschige Städtchen. Nach Morbegno wird die Strasse verkehrsreicher. Rechts der Adda wird die Ebene am Comersee schnell erreicht. In den Sommermonaten quält sich eine endlose Autoschlange dem See entlang. Das südliche Ambiente lädt zu einem kühlenden Bad im See ein.
Als Variante bietet sich bis Morbegno die Fahrt der rechten Talflanke entlang. 500 Höhenmeter sind von Sondrio über Sant' Anna nach Triangia auf Asphalt zu bewältigen. Die Abfahrt führt durch malerische Dörfer nach Berbenno di Valtellina auf den Talboden zurück.

Schwierigkeitsgrad 1
Distanz 56,6 km
Höhendifferenz ↑80 m, ↓167 m
Zeitbedarf 3:15 h
Übernachtung Zahlreiche Möglichkeiten von Morbegno bis zum Comersee
Restaurant Siehe Übernachtung
Variante/Abkürzung Variante: Sondrio–Sant' Anna–Triangia–Castione Andevenno–Berbenno di Valtellina–Ronco–Ardendo–Masino–Morbegno
Öffentlicher Verkehr Morbegno
Karte Blatt Nr. 277, 278, Kompass Nr. 92 Chiavenna-Val Bregaglia
Besondere Hinweise
⚠ In Sondrio die Adda überqueren und den Radweg benützen.
⚠2 Kurz nach dem Überqueren des Bachlaufs bei Cedrasco endet der Radweg, links abbiegen.
⚠3 Autostrasse und Adda überqueren und auf schmaler Strasse dem rechten Addaufer entlang Richtung Morbegno.
Information APT Ufficio Informazioni di Sondrio, I-23100 Sondrio, Telefon +39 0342 51 25 00; Consorzio Turistico Porte di Valtellina, I-23017 Morbegno, Telefon +39 0342 60 11 40; Ufficio Turistico - Pro Loco, I-22015 Gravedona, Telefon +39 0344 89637; Ufficio Turistico Imago, I-22014 Dongo, Telefon +39 0344 82572
Anschlussroute 10.05 Alp Flix–Sondrio, 10.06 Sondrio–Valtorta

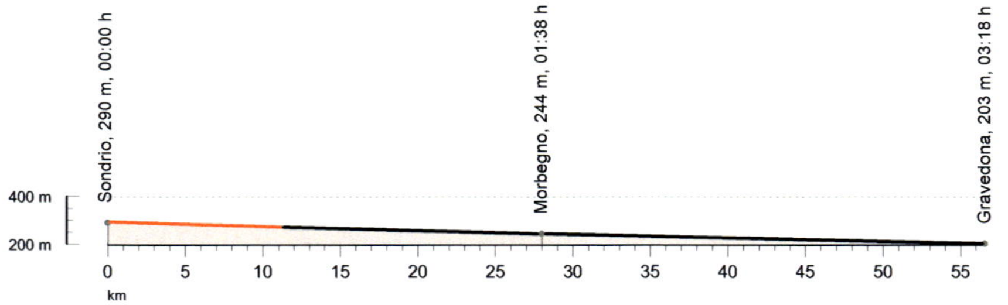

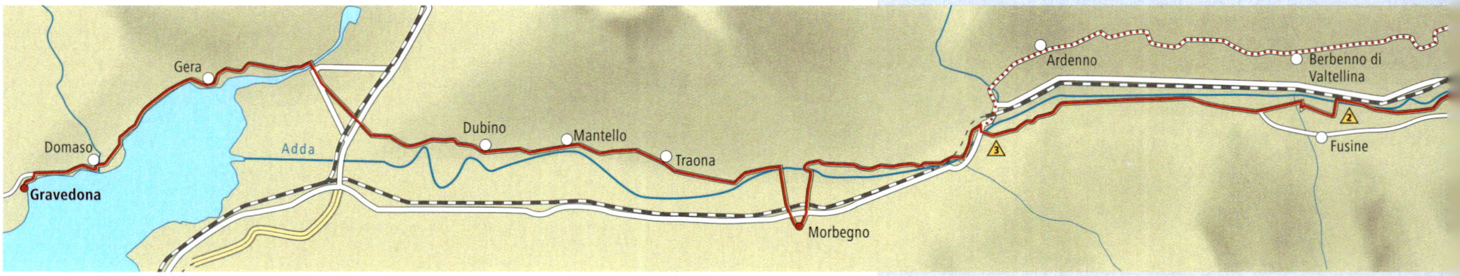

Extreme Schlussetappe

Der Berghang hinauf zum Pass San Jorio liegt bereits in der Morgensonne. In den Sommermonaten ist es ratsam, sich frühzeitig auf den Weg zu machen. Allein für den Aufstieg sind dreieinhalb Stunden reine Fahrzeit zu rechnen. Im ersten Teil des Aufstiegs schweift der Blick immer wieder über den Comersee. Die steigende Sonne vertreibt die dunklen Schatten am gegenüberliegenden Ufer und taucht es in ein stetiges Wechselspiel der Farben. Die Strasse steigt bis auf 1200 Meter mässig an, wo sie auf die andere Hangseite des Berges wechselt. Nach einem flacheren Teilstück wird die Strasse nach der darauf folgenden grösseren Abzweigung auf 1333 Meter zur steilen Piste mit grobem Schotter. Auf Il Giovo ist der Bergkamm erreicht. Bis zum Pass wird die Schotterpiste schmaler und nochmals steiler und ruppiger. Im Rifugio San Jorio steht die ersehnte Erfrischung bereit.
Wie bereits auf dem Pass da Val Viola ist auf der Schweizer Seite weit und breit keine Strasse zu sehen. Doch wurde in den letzten Jahren eine Erschliessungsstrasse zur Alpe di Giumello erstellt. Knapp 400 Höhenmeter sind daher auf dem Wanderweg zurückzulegen, die ersten paar Meter auf dem Wanderweg sind noch fahrbar, doch auf dem folgenden, steileren Wegstück ist das Mountainbike zu schieben oder zu tragen. Nach der Einmündung in den breiten Alpweg folgt ein kurzer, holpriger Ritt bis zu den Gebäuden der Alpe di Giumello. Die letzten zwanzig Kilometer der Route können in vollen Zügen genossen werden. Lautlos und ohne Anstrengung geht es der Tessiner Kantonshauptstadt entgegen.

Verschnaufpause kurz vor der Passhöhe auf Il Giovo.

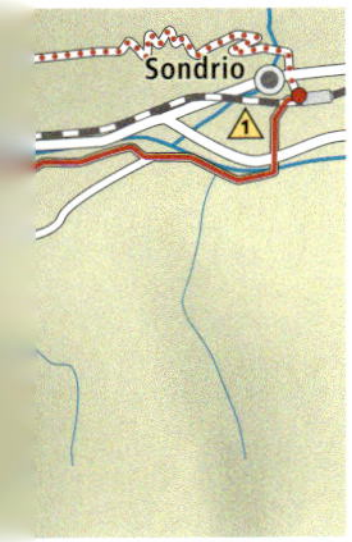

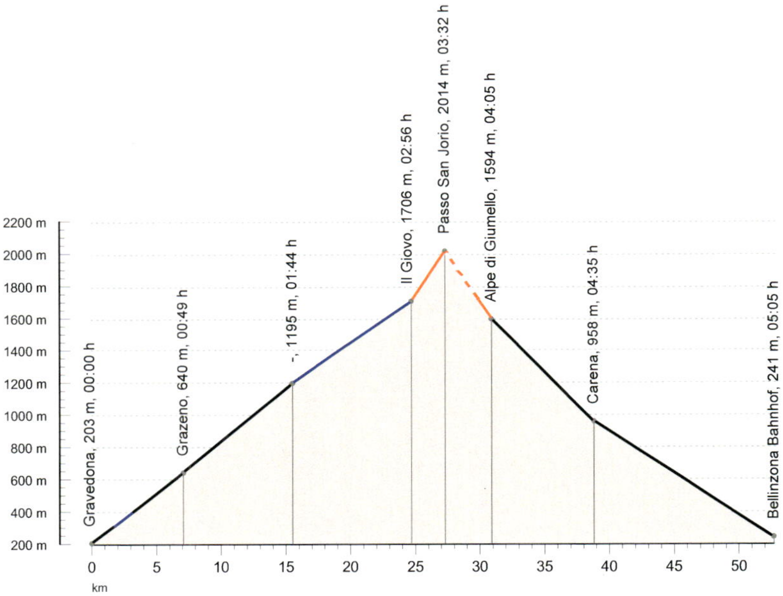

Panoramablick auf den letzten Teil der Etappe. Rechts durch das Valle Morobbia erreicht man in der Talebene Giubiasco und schliesslich etwas weiter nördlich Bellinzona.

Schwierigkeitsgrad 3
Distanz 52,7 km
Höhendifferenz ↑1811 m, ↓1773 m
Zeitbedarf 5:00 h
Übernachtung Rifugio San Jorio (1980 m), Passo San Jorio, Telefon +39 0348 812 43 56; Giubiasco, Bellinzona
Restaurant Carena
Variante/Abkürzung Variante: Passo San Jorio–Alpe di Gesero–Valle d'Arbedo–Arbedo–Bellinzona
Öffentlicher Verkehr Bellinzona
Karte Blatt Nr. 277, 276, 5007
Besondere Hinweise
⚠1 Kurz nach Dongo oberhalb der grossen Fabrikhallen links die Hauptstrasse in Richtung Catasco verlassen, nach ca. 500 m wieder rechts abzweigen und weiter auf grober, nicht mehr unterhaltener Strasse Richtung Stazzona.
⚠2 In Garzeno rechts abzweigen in Richtung Sant'Anna.
Information Ufficio Turistico Imago, I-22014 Dongo, Telefon +39 0344 82572; Ente turistico di Bellinzona e dintorni, 6500 Bellinzona, Telefon 091 825 21 31
Anschlussroute 6.03 Rif. Monte Bar–Olivone

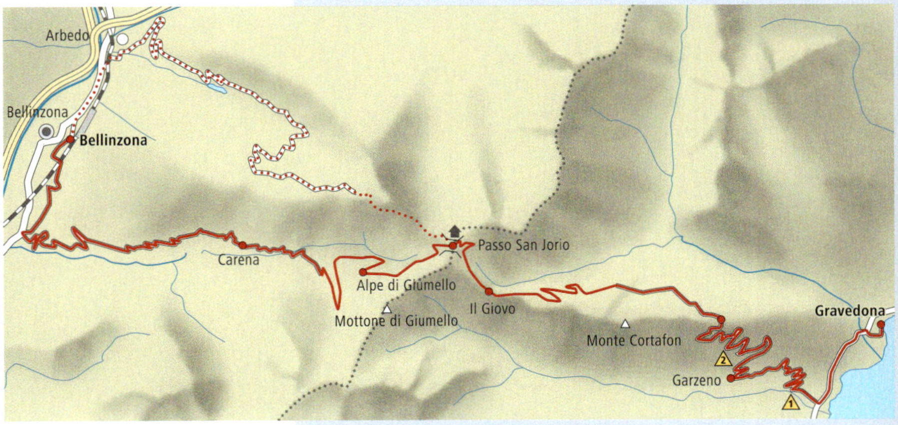

Bündner-Ferienorte-Route

Schwierigkeitsgrad	2 bis 4
Distanz	451 km
Höhendifferenz	↑14 258 m, ↓14 258 m
Anzahl Tagesetappen	7
Fahrzeit	42:15 h
Beste Jahreszeit	Juli bis Oktober
Anreise	Bahnhof Chur
Rückreise	Bahnhof Chur

Tschiertschen, Klosters, Davos, Arosa, Parpan, Valbella, Lenzerheide, Bad Alvaneu, Bergün, Savognin, Splügen, Andeer, Heinzenberg, Safien, Vals, Val Lumnezia, Obersaxen, Brigels, Laax, Flims – Eine aussergewöhnliche Bündnerreise: Es werden stille Dörfer, mondäne Ferienorte, trendige Wintersportdestinationen, heilkräftige Kurorte und vergessene Weiler besucht.

Entlang bekannter und kaum bekannter Mountainbikerouten lernen wir das Land der hundertfünfzig Täler auf ungewohnte Art und Weise kennen. Um auch noch die Bündner Südtäler abzufahren, reichen sieben Tage natürlich nicht aus (siehe dazu die Sonnenstubenroute, Seite 62).

Die Rundreise beginnt und endet in der Kantonshauptstadt Chur. Nach dem Start wird durch das Schanfigg Höhe gewonnen. Viel benutzte Trails führen von Klosters über Davos und Arosa auf die Lenzerheide. Weiter locken das wildromantische Albulatal, malerische Seen im Rheinwald, abgelegene Wege durch das Safiental zur Felsentherme nach Vals, die weiten, sanften Hänge des Val Lumnezia und der Surselva, bis rheinabwärts bereits wieder Chur in Sicht ist.

Lange Streckenabschnitte verlaufen auf Naturstrassen und Fahrwegen. Die einzelnen Etappen mit täglich durchschnittlich über 2000 Höhenmeter und 60 Kilometer haben es in sich. Schiebe- und Tragepassagen sind anspruchsvoll, aber vergleichsweise kurz. Gute Techniker finden zahlreiche Herausforderungen, um ihr Können unter Beweis zu stellen. Zahlreich bieten sich auch einfache Abkürzungen ebenso wie schwierigere Varianten, was besonders Gruppen mit unterschiedlichen Ansprüchen entgegenkommt. Zudem sind viele der Täler mit der Rhätischen Bahn (RhB) erschlossen, die fast ausnahmslos Mountainbikes im Selbstverlad transportiert. Übernachtet wird in den Ferienorten; so unterschiedlich diese sind, so verschieden sind auch die Unterkunftsmöglichkeiten.

Gemütliches Beizli am Durannapass.

Über das heimelige Tschiertschen in den klassischen Ferienort Klosters

Aufstieg in der Fondei, vor den ersten sonnengebräunten Häusern der Walsersiedlung Strassberg.

Über dem tiefen Einschnitt der Plessur öffnen sich die Talflanken des Schanfigg. Ausgedehnte Alpweiden locken zum Biken.

Der Weg aus Chur hinaus folgt den Gleisen der Rhätischen Bahn (RhB) Chur–Arosa. Bei der letzten Brücke über die Plessur trennen sich Bahnlinie und Strasse. Nach dem Zivilschutzzentrum Meiersboden steigt die Strasse zum Kurhaus Passugg hinauf. Die Hauptstrasse nach Tschiertschen hat eine ansprechende Steigung. Eingangs des schmucken Ortes zweigt links eine wenig befahrene Asphaltstrasse ab, die angenehm nach Molinis hinunter führt. Von dort steigt die Strasse in den Prätschwald hinauf wieder an.

Um in Litzirüti dem Autoverkehr auf der Aroser Hauptstrasse auszuweichen, kann die Kiesstrasse zum imposanten Langwieser Viadukt eingeschlagen werden. Vom Plessurtobel aus ist er in seiner vollen Grösse zu bestaunen. Der im Jahr 1914 erbaute Viadukt ist die erste Stahlbetonbrücke der Welt (Höhe 42 m, Länge 284 m). Das Überqueren des Eisenbahnviadukts ist verboten.

In Langwies beginnt der Anstieg zum Durannapass. (Wer Kräfte sparen will, kann bis hierher auch bequem mit der RhB fahren.) Im gut erhaltenen Weiler Strassberg, einer hauptsächlich im Sommer noch bewohnten Walsersiedlung, öffnet sich das Hochtal Fondei. Zum Pass hin wird die Naturstrasse zum Wanderweg. Auf der Passhöhe, gleich nach dem Grüensee, sind wieder Fahrspuren sichtbar, die zu den Alpgebäuden der Fideriser Duranna führen.

Die gut ausgebaute Strasse nach Küblis verlassen wir bereits nach kurzer Fahrt in Richtung Klosters. Über Alpwiesen und durch lichten Wald führt ein für Mountainbiker reservierter Weg zur Talstation der Gondelbahn Schifer hinunter. Das Schlussstück folgt der Strecke des Swiss Bike Masters nach Klosters Platz.

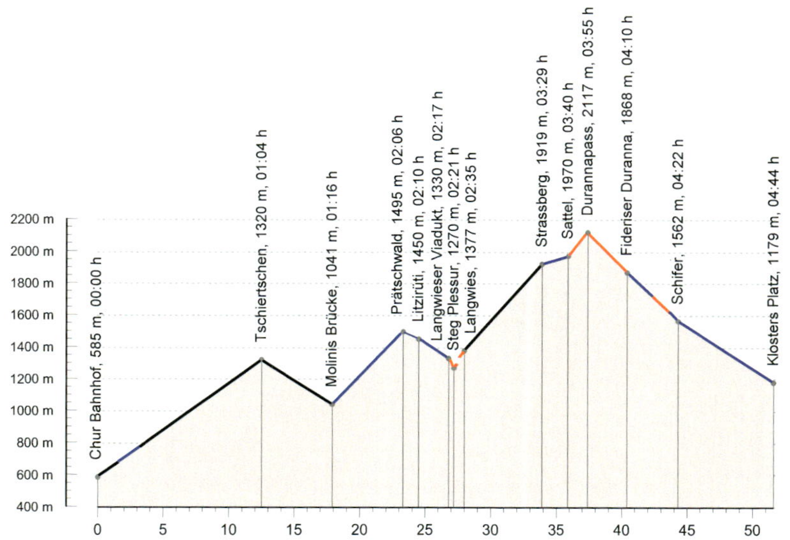

Über ausgedehnte Alpweiden dem Durannapass entgegen.

Schwierigkeitsgrad 3
Distanz 51,6 km
Höhendifferenz ↑2076 m, ↓1482 m
Zeitbedarf 4:45 h
Übernachtung Tschiertschen, Litzirüti, Langwies; Berghaus Strassberg Fondei (1919 m), 7057 Langwies, Telefon 081 374 22 32; Skihaus Casanna (1944 m, oberhalb Strassberg), 7057 Langwies, Telefon 081 374 20 82; Berggasthaus Schwendi (1682 m), Conterser Schwendi, 7250 Klosters, Telefon 081 422 12 89; Blockhütte Erezsäss (1562 m), Schifer, 7249 Serneus, Telefon 081 332 36 00
Restaurant –
Variante/Abkürzung Mit der Rhätischen Bahn (RhB) bis Langwies
Öffentlicher Verkehr Langwies
Karte Blatt Nr. 248, 5002
Besondere Hinweise
⚠ Achtung Rutschgefahr: glitschige ausbetonierte Bachrinnen unterhalb der Fideriser Duranna. Gleich anschliessend Wanderweg rechts Richtung Schifer nicht verpassen.
⚠ In der Conterser Schwendi auf der Naturstrasse bleiben, links bei den Berggasthäusern vorbei, zuerst in ausholender Linkskurve, anschliessend nach rechts zurück zum Schifer.
Information Chur Tourismus, 7000 Chur, Telefon 081 252 18 18; Schanfigg-Tourismus, 7064 Tschiertschen, Telefon 081 373 10 10; Touristikinformation, 7057 Langwies, Telefon 081 374 22 55; Klosters Tourismus, 7250 Klosters, Telefon 081 410 20 20
Anschlussroute 1.07 Monstein–Heuberg, 7.03 Heilbronner Hütte–Klosters, 7.04 Klosters–Varusch, 10.04 Heuberg–Alp Flix

Über die Alpenmetropole Davos in die Höhenlage von Arosa

Der verkehrsreichen Strasse zwischen Klosters und Davos lässt sich sehr gut ausweichen. Gleich nach der Brücke über die Landquart biegt man rechts ab. Bis zur Unterführung der Rhätischen Bahn (RhB) ist das steile Fahrsträsschen durchwegs fahrbar. Der weitere Aufstieg auf dem markierten Weg weist unterschiedliche Steigung und Beschaffenheit auf, ist aber immer sehr abwechslungsreich. Im steilen Wegstück nach der Querung der Hauptstrasse bei Unter Laret sind viele gezwungen abzusteigen. Die anschliessende kupierte Strecke durch den Wald zum Wolfgangpass ist Mountainbike-Genuss pur, gefolgt von einer interessanten Abfahrt zum Davoser See hinab. Hier ist die Geschwindigkeit wegen der Spaziergänger etwas zu drosseln. Der Einbahnstrasse entlang geht es durch die Alpenmetropole bis zur Abzweigung zur Schatzalp.
Wie bereits auf der Walserroute (1.07) wird nun der Strelapass bezwungen. Dieser steile Übergang ist eine anspruchsvolle Herausforderung. Vor allem der Downhill über 300 Höhenmeter zur Brücke des Sapünerbachs hinunter stellt hohe Anforderungen an die Fahrer. Können werden bis auf die ersten paar Meter durch die steilen Wegkurven ohne Absteigen hinunterfahren beziehungsweise -rutschen. Wer nur eine Spur weniger Erfah-

Von Sapün Dörfji hat man einen herrliche Aussicht ins Schanfigg.

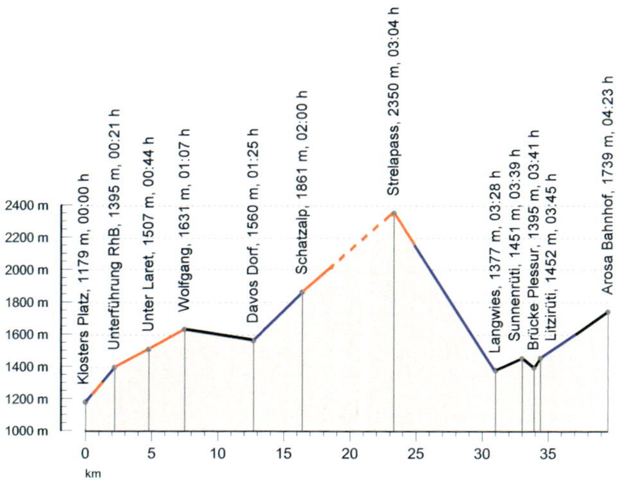

rung besitzt, muss bis zur Brücke auf das Fahren verzichten. Je besser die Fahrtechnik, desto grösser ist die persönliche Risikobereitschaft. Je höher die Risikobereitschaft, desto höher ist auch die Unfallgefahr. Daher Vorsicht, und lieber etwas länger schieben!
Um von Langwies nicht nochmals das gleiche Wegstück wie am Vortag zu benützen, geht es der Hauptstrasse entlang nach Litzirüti. Der schöne Schlussaufstieg entlang der schäumenden Plessur nach Arosa krönt die Etappe.

Schwierigkeitsgrad 3
Distanz 39,5 km
Höhendifferenz ↑1690 m, ↓1130 m
Zeitbedarf 4:30 h
Übernachtung Davos Laret, Davos; Berghotel Schatzalp (1861 m), 7270 Davos Platz, Telefon 081 415 51 51; Berggasthof Heimeli (1831 m), Jatz, 7057 Langwies, Telefon 081 374 21 61; Langwies, Litzirüti, Arosa
Restaurant Strelapass (2350 m)
Variante/Abkürzung –
Öffentlicher Verkehr Langwies, Litzirüti
Karte Blatt Nr. 248, 5002
Besondere Hinweise
⚠1 Nach der Lichtung Ried vor Unter Laret teilt sich der Fahrweg. Nicht nach links zur Bahnlinie (RhB) hinunter abzweigen, sondern nach rechts halten.
⚠2 Nach Unter Laret die Hauptstrasse überqueren, den Bike-Wegweisern Richtung Wolfgang folgen.
⚠3 In Litzirüti die Hauptstrasse verlassen, dem Wanderweg entlang der Plessur nach Isel folgen.
Information Klosters Tourismus, 7250 Klosters, Telefon 081 410 20 20; Touristikinformation, 7057 Langwies, Telefon 081 374 22 55; Arosa Tourismus, 7050 Arosa, Telefon 081 378 70 20
Anschlussroute 1.07 Monstein–Heuberg, 10.04 Heuberg–Alp Flix

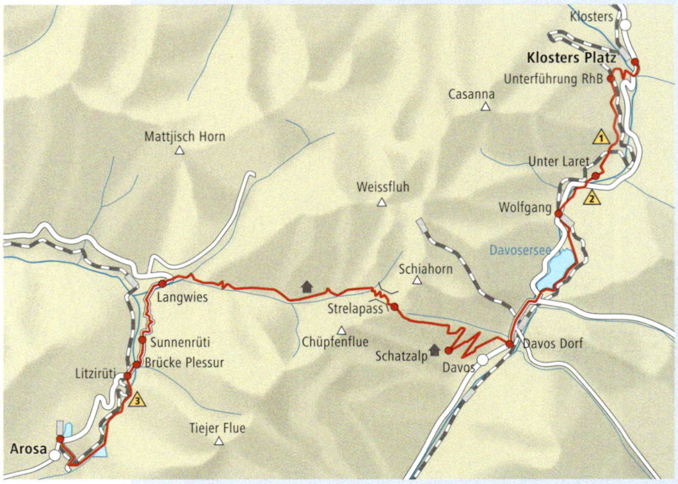

Panoramafahrt auf die Lenzerheide und Bahnromantik in Bergün

Die ersten paar Kilometer führen auf einer viel befahrenen Moutainbikestrecke vorbei am höchstgelegenen Golfplatz Europas zur Ochsenalp. Auf dem Alpweg bietet sich eine herrliche Aussicht über das Schanfigg, wo nochmals Rückschau auf die Taten der Vortage gehalten werden kann.

Nach der Ochsenalp wird der Alpweg etwas schmaler. Die Abfahrt nach Clüs ist für jedermann ein Vergnügen.

Der Aufstieg zum Churer Joch führt auf der Fahrstrasse über die Alp Farur. Der Fahrweg kann bis zur Bergstation der Sesselbahn befahren werden, die Traverse zum Churer Joch hinüber ist jedoch nur am Anfang und am Ende fahrbar. Statt der direkte Aufstieg zum Churer Joch wird ein Umweg gewählt, der durch die herrliche Aussicht und die etwas kürzere Schiebepassage belohnt.

Die Abfahrt nach Parpan auf der übersichtlichen Strasse ist schnell zu Ende. Nach einer kurzen Wanderwegpassage leiten Mountainbikewegweiser durch die lichten Wälder zur Lenzerheide und weiter auf abwechslungsreichen Wegstrecken nach Lantsch Baratschaungs.

Der tiefste Punkt der Etappe liegt gegenüber der RhB-Station Surava auf 940 Meter ü. M. Der zweite Teil der Etappe führt teilweise der einmaligen Bahnstrecke der Rhätischen Bahn (RhB) entlang nach Bergün. Nach Filisur steigt die Strasse in unzähligen Kehren durch den steilen Bergwald hinauf nach Pnez, ein Aufstieg, der nicht zu unterschätzen ist, werden bis nach Bergün doch noch einmal fast zwei Stunden benötigt. Der schön angelegte Höhenweg nach Stugl/Stuls, hoch über dem wildromantischen Albulatal, entschädigt für die geleisteten Strapazen.

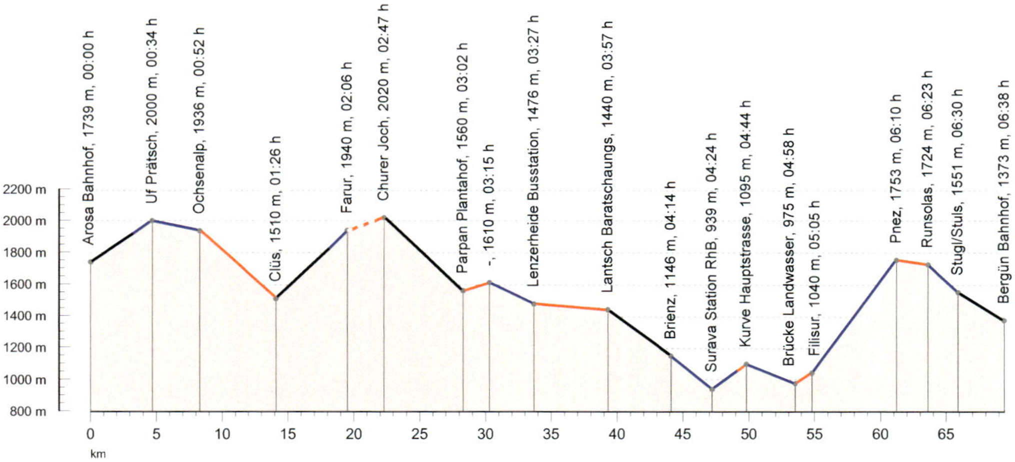

Rasante Abfahrt von der Ochsenalp Richtung Tschiertschen.

Schwierigkeitsgrad 3
Distanz 68,5 km
Höhendifferenz ↑1885 m, ↓2251 m
Zeitbedarf 6:45 h
Übernachtung Bergrestaurant und Massenlager Furgglis (1663 m), 7064 Tschiertschen, Telefon 081 373 14 14; Bergrestaurant und Skihaus Hühnerköpfe (1970 m), 7064 Tschiertschen, Telefon 081 373 11 88; Berghaus Jochalp (2020 m), Churer Joch, 7075 Churwalden, Telefon 081 382 12 38; Parpan, Lenzerheide, Brienz, Alvaneu, Filisur, Bergün
Restaurant Restaurant Ochsenalp (1936 m)
Variante/Abkürzung Variante: Arosa–Hörnlihütte–Urdenfürggli–Lenzerheide
Öffentlicher Verkehr Station Surava, Filisur, Bergün
Karte Blatt Nr. 248, 258, 5002
Besondere Hinweise
⚠ Komplizierte Wegführung von Brienz bis Filisur! Unterhalb Brienz zweigt scharf links ein schmaler Fahrweg Richtung RhB-Station Surava ab.
⚠2 Nach der RhB-Station Surava der Hauptstrasse nach Davos folgen; vor der ersten Haarnadelkurve Richtung Alvaneu zweigt ein Wanderweg ab, der den Aufstieg bis zur Kurve der Hauptstrasse (Punkt 1095) abkürzt. Dort verwachsenem Fahrweg bis RhB-Station Alvaneu Bad folgen und weiter auf dem Fahrweg der Bahnlinie entlang.
⚠3 Ein kurzes Stück auf der Hauptstrasse Richtung Filisur bis nach der Brücke über die Landwasser, dann links Wanderweg (Abkürzung) nach Filisur einschlagen.
Information Arosa Tourismus, 7050 Arosa, Telefon 081 378 70 20; Schanfigg-Tourismus, 7064 Tschiertschen, Telefon 081 373 10 10; Tourismus-Verein Lenzerheide-Valbella, 7078 Lenzerheide/Lai, Telefon 081 385 11 20; Filisur Tourismus, 7477 Filisur, Telefon 0848 000 148; Bergün Ferien, 7482 Bergün/Bravuogn, Telefon 081 407 11 52

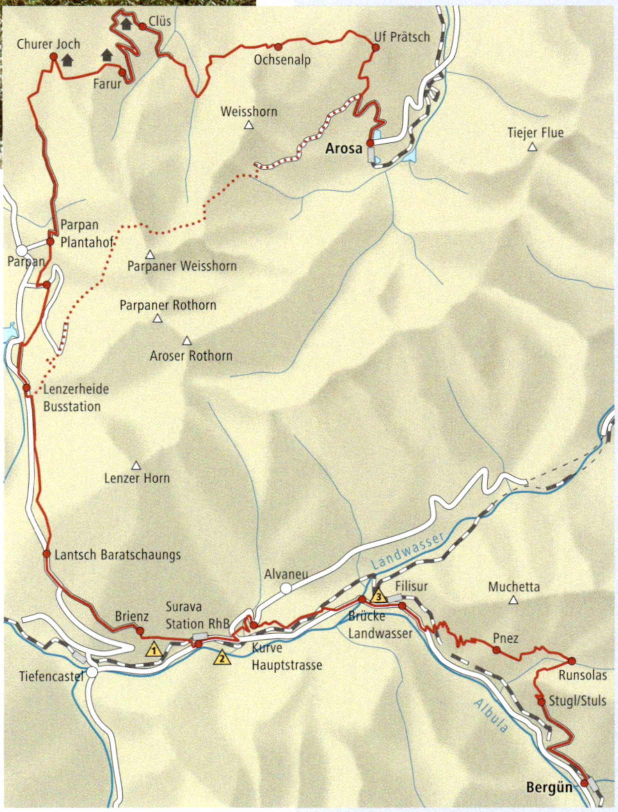

Anschlussroute
1.06 Glaspass–Monstein, 10.04 Heuberg–Alp Flix

Auf einsamen Wegen von Savognin nach Splügen

Das erste Ziel des Tages ist Savognin im Oberhalbstein (Sursés). Der Ferienort an der Julierpassstrasse kann mit dem Mountainbike nur über die Täler erreicht werden, entweder vom Engadin über den Albula- und Julierpass oder naheliegender über Tiefencastel. Wer den Autoverkehr vermeiden will, entscheidet sich für die über Nebenstrassen führende Route über Tiefencastel.
Nach dem Start ist auf der linken Talflanke zuerst eine kleine Gegensteigung zu überwinden. Anschliessend geht es auf einem steilen, ruppigen Wanderweg über den imposanten Talriegel hinunter. Bis Tiefencastel folgt die Route ohne nennenswerte Steigungen dem Lauf der Albula. Auf ruhigen Nebenstrassen durch verschlafene Ortschaften rückt Savognin näher.
Um von Savognin ins Schons oder Schams mit den Ferienorten Andeer und Splügen zu gelangen, bietet sich für den Mountainbiker einzig der wenig frequentierte Pass da Schmorras an. Die Alp Schmorras auf 2274 Meter ü. M. ist durch eine Fahrstrasse erschlossen. Nur die letzten 300 Höhenmeter zum Pass sind zu Fuss zurückzulegen. Der Downhill zur Alp Sut Fuina, wo die Fahrstrasse beginnt, ist sehr anspruchsvoll. Hier kann ungestört an der Fahrtechnik gefeilt werden. Das Erreichen der Fahrstrasse lässt wahre Glücksgefühle aufkommen. Atemberaubend schön ist die schmale Naturstrasse, die nach Ausserferrera hinunter führt. Wie aus der Vogelperspektive fällt der Blick über die engen Kurven hinaus tief in das enge Val Ferrera.
Der Abstecher nach Splügen lohnt sich auf jeden Fall. Der angenehme Aufstieg auf der alten Passstrasse entlang der Veloroute Nr. 6 (Veloland Schweiz) bildet den Ausklang eines anstrengenden Tages. Früher war Splügen eine bedeutende Pferdewechselstation, um mit frischen Pferdestärken die bevorstehende Passüberquerung zu meistern. Schade, dass ein Wechsel des «Stahlrosses» nicht denselben Erfolg hatte.

Im Rheinwald kurz vor Splügen.

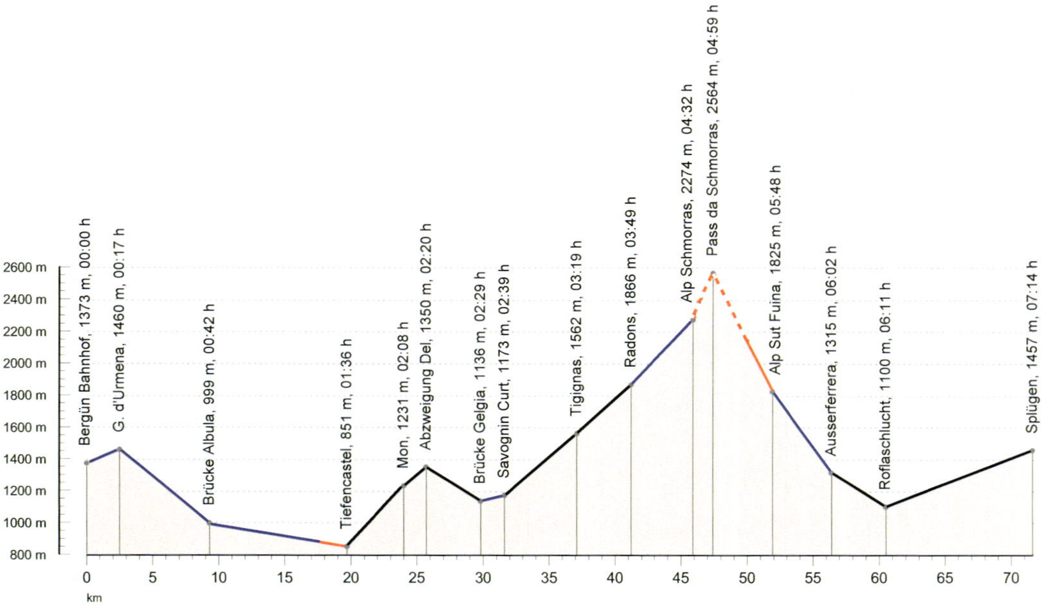

Der malerische Dorfkern von Splügen.

Schwierigkeitsgrad 4
Distanz 71,6 km
Höhendifferenz ↑2391 m, ↓2307 m
Zeitbedarf 7:15 h
Übernachtung Filisur, Tiefencastel, Savognin; Berghaus Radons (1866 m), 7460 Savognin, Telefon 081 659 10 10; Ausserferrera; Hotel Rofflaschlucht (1100 m), 7440 Andeer, Telefon 081 661 11 97; Sufers, Splügen
Restaurant Bergrestaurant Tigignas (1562 m), 7463 Riom, Telefon 081 684 21 27
Variante/Abkürzung Abkürzung: Mon–Stierva/Stürvis–Mutten–Obermutten–Zillis (siehe Etappe 1.06) Sesselbahn Savognin–Tigignas
Öffentlicher Verkehr Bergün, Filisur, Tiefencastel
Karte Blatt Nr. 258, 257, 268, 267
Besonderer Hinweis ⚠ Ausser einem Stück auf der Hauptstrasse zwischen Bergün und Filisur verläuft die Etappe bis Tiefencastel links der Albula.
Information Bergün Ferien, 7482 Bergün/Bravuogn, Telefon 081 407 11 52; Savognin Tourismus im Sursés, 7460 Savognin, Telefon 081 659 16 16; Viamala Ferien, 7440 Andeer, Telefon 081 661 18 77; Splügen/ Rheinwald Tourismus, 7435 Splügen, Telefon 081 650 90 30
Anschlussroute 1.06 Glaspass–Monstein, 10.04 Heuberg–Alp Flix

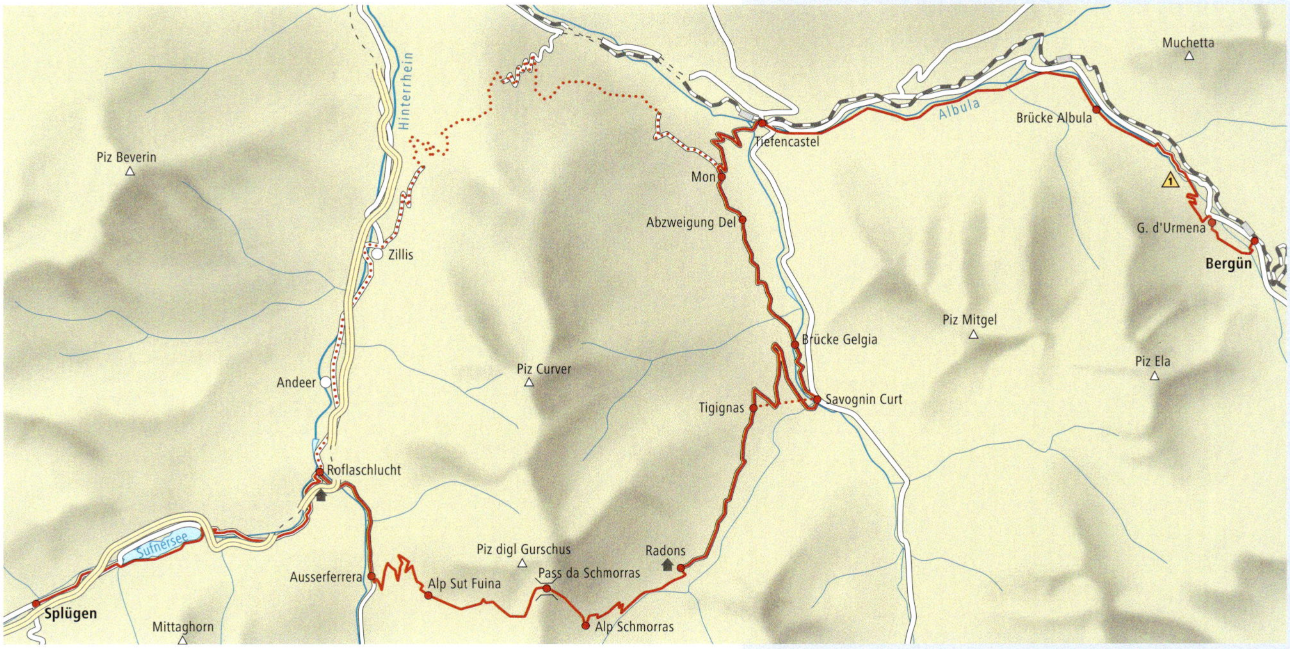

Der Piz Beverin von allen Seiten

Diese Tagesetappe ist eine der physisch anstrengendsten in diesem Buch. Sie führt über drei Übergänge: Lai da Vons, Glaspass und Tomülpass. Die Strecke kann aber auch sehr gut in zwei Tagesetappen unterteilt werden. Der Schwierigkeitsgrad reduziert sich so auf 2 beziehungsweise 3. Übernachtungsmöglichkeiten zwischen Glaspass und Tomülpass sind vorhanden. Zwischen Zillis und Vals wird dieselbe Strecke wie auf der Walserroute (Etappen 1.05 und 1.06), jedoch in entgegengesetzter Richtung befahren. Im Mountainbiking ist die Fahrtrichtung ein zentraler Punkt in der Tourenplanung (siehe Tipps Seite 16). Einen Übergang von der richtigen Seite zu überqueren entscheidet oft über Genuss oder Verdruss. Der Glaspass ist in dieser Richtung um einiges interessanter. Die Abfahrt nach Safien Platz ist technisch schwierig, bringt aber nur kurze Schiebepassagen mit sich. In der Gegenrichtung ist das Mountainbike 400 Höhenmeter zu schieben.
Die Naturstrasse von Splügen nach Sufers bildet eine ideale Einfahrstrecke. Nach Sufers überwinden wir zuerst auf einer gut ausgebauten Strasse den steilen Talhang. Nach dem Lai da Vons wird es flacher, und der Blick öffnet sich auf das tief unten liegende Andeer. Fast endlos scheint die Fahrt nach Thusis, dem tiefsten Punkt der Etappe. Die folgende Umstellung auf den

Im Aufstieg zum Lai da Vons gewinnt man schnell an Höhe.

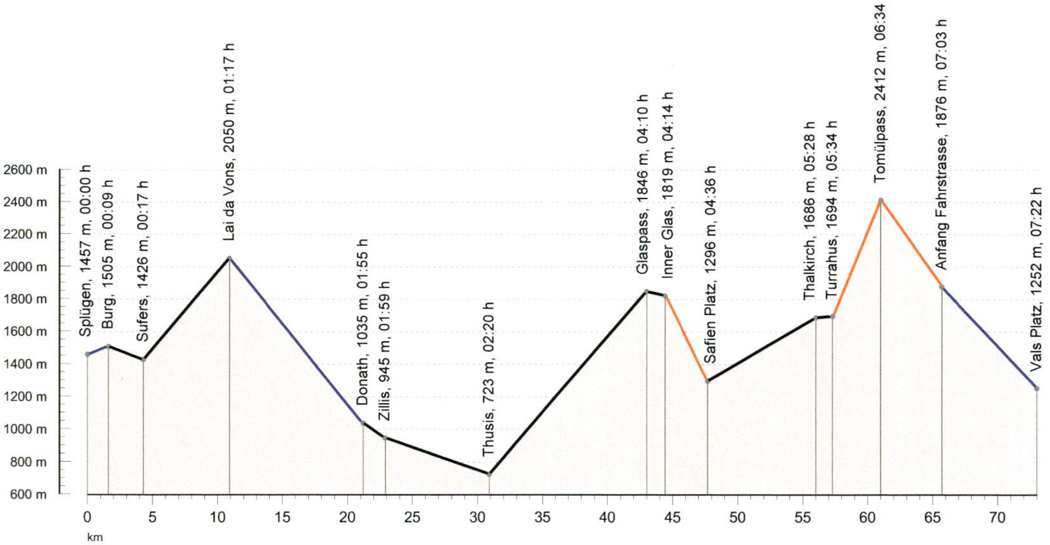

Aufstieg fällt schwer, die Beine müssen sich erst daran gewöhnen, dass sie nun plötzlich wieder arbeiten müssen. Bis zum Glaspass hinauf säumen satte Wiesen den Weg. Wie die sanften Hänge am Heinzenberg sind auch die Strassen angenehm in der Steigung. Der ungestörte Aufstieg auf Nebenstrassen wird immer wieder durch kurze Streckenabschnitte auf der Hauptstrasse unterbrochen. Zahlreiche Strassen durchziehen den Heinzenberg. Neben der beschriebenen Strecke gibt es zahlreiche Aufstiegsvarianten zum Glaspass. Statt der Umrundung des Piz Beverin wäre das Safiental von Splügen direkter über den Safierberg zu erreichen. Da auf diesem Weg der Anteil an

4.05 Splügen–Vals

Schwierigkeitsgrad 4
Distanz 73,0 km
Höhendifferenz ↑2911 m, ↓3116 m
Zeitbedarf 7:30 h
Übernachtung Donath, Zillis, Thusis; Berggasthaus Beverin (1846 m), 7428 Glaspass, Telefon 081 651 13 23; Safien Platz; Turrahus (1694 m), 7109 Thalkirch, Safiental, Telefon 081 647 12 03; Vals
Restaurant –
Variante/Abkürzung Abkürzung: Sufers–Roflaschlucht–Andeer–Zillis
Variante für den Aufstieg zum Glaspass: über Masein–Portein–Flerden–Oberurmein–Ober Gmeind
Öffentlicher Verkehr Thusis
Karte Blatt Nr. 257
Besonderer Hinweis ⚠ Von Thusis führt die Strecke über Dalaus–Urmein-Unter- und Obertschappina grösstenteils über Nebenstrassen.
Information Splügen/Rheinwald Tourismus, 7435 Splügen, Telefon 081 650 90 30; Viamala Ferien, 7440 Andeer, Telefon 081 661 18 77; Verkehrsverein Thusis, 7430 Thusis, Telefon 081 651 11 34; Verkehrsverein Cazis-Heinzenberg, 7423 Sarn, Telefon 081 651 23 48; Verkehrsverein Safien, 7107 Safien Platz, Telefon 081 647 12 09; Visit Vals, 7132 Vals, Telefon 081 920 70 70
Anschlussroute 1.05 Vals–Glaspass, 1.06 Glaspass–Monstein

Downhill-Spass am Glaspass.

Tragestrecken jedoch grösser ist als der an Fahrstrecken, ist der Safierberg für Mountainbiker nicht zu empfehlen.
Auf der ruhigen Talstrasse geht es bis zum Turrahus. Hier beginnt der im Zweiten Weltkrieg ausgebaute Passweg über den Tomülpass, der fast durchwegs Wagenbreite hat. Zum Pass hinauf kann über weite Strecken gefahren werden; ab und zu zwingen Wegschäden und Passagen von über 20 Prozent Steigung zum Schieben. Ein richtiger Fahrspass ist die Strecke hinunter nach Vals. Erfrischung und Erholung von der anspruchsvollen Etappe verspricht die dortige Felsentherme.

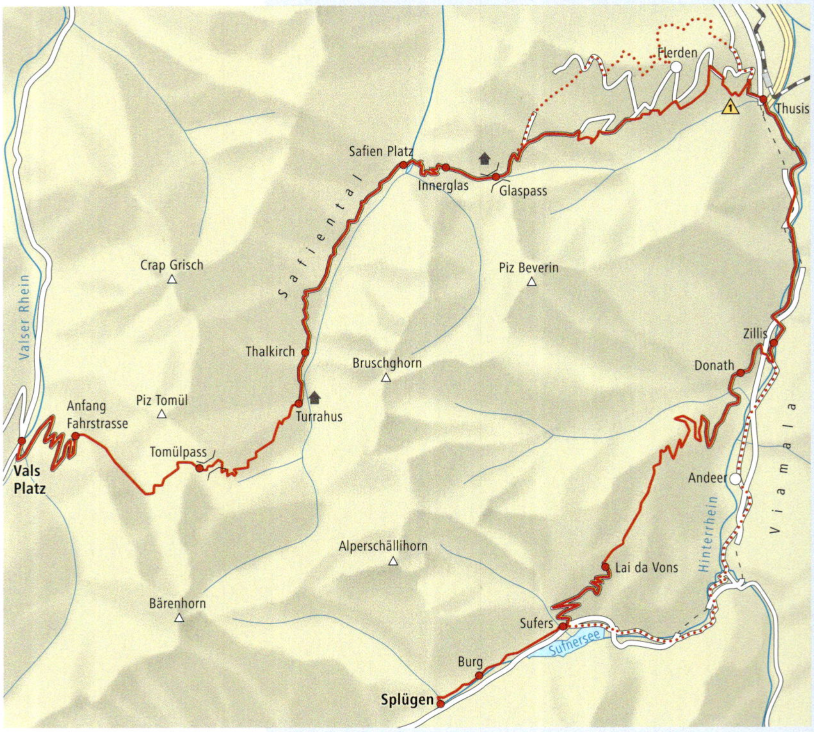

Sonnen- und Schattenseiten zwischen Obersaxen und Brigels

Im Vordergrund Surcasti mit den ausgedehnten Alpweiden des Val Lumnezia.

Das erste Stück auf der Hauptstrasse durch das Valser Tal hinaus nach Uors ist schnell zurückgelegt. Von Surcasti, imposant auf einem Felssporn gelegen, bis zum abgeschiedenen Weiler Silgin geniesst man der rechten Talflanke des Val Lumnezia entlang ungestörtes Bikevergnügen. Die Route folgt hier stellenweise der Strecke des Bike Marathon Val Lumnezia. Durch das Bachtobel des Glogn wechseln wir zu dem malerisch gegenüber auf einer sonnigen Terrasse liegenden Dorf Lumbrein. Danach führt die Etappe über ausgedehnte Weiden zur Alp Nova, die den Übergang nach Obersaxen bildet. Bis zur Alp Stavonas fällt der grasbewachsene Alpweg nur leicht ab. Nur die Viehzäune zwischen den Alpweiden zwingen zum Absteigen. Von Obersaxen aus gilt es, möglichst kräftesparend ins gegenüberliegende Brigels zu gelangen. Von Meierhof bis Chriegli werden nicht viele Höhenmeter preisgegeben. Nach dem Gegenanstieg zum Weiler Hanschen

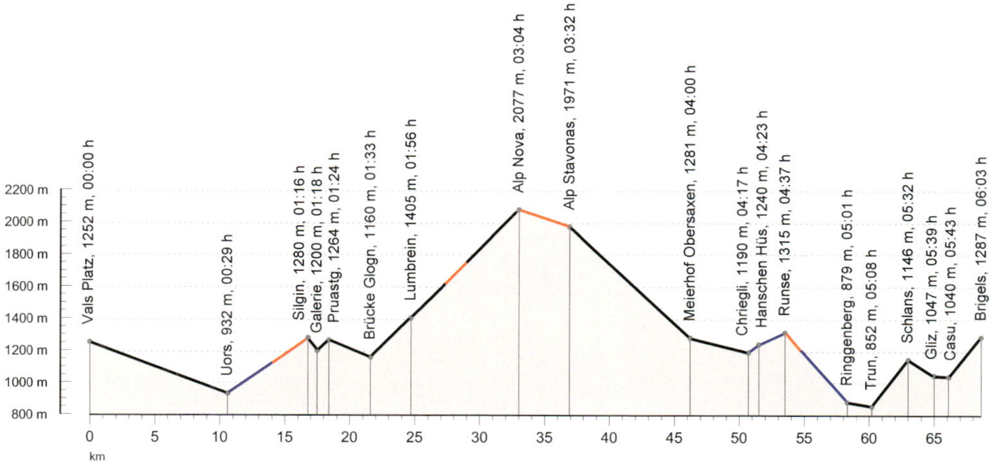

4.06 Vals–Brigels

Schwierigkeitsgrad 3
Distanz 68,6 km
Höhendifferenz ↑2025 m, ↓1990 m
Zeitbedarf 6:00 h
Übernachtung Lumbrein, Obersaxen, Trun, Brigels
Restaurant Surin
Variante/Abkürzung Abkürzung: Uors–Peiden–Cumbel–Alp Nova
Abkürzung: In Wali (1693 m ü. M.) links direkt nach Sankt Martin–Hanschen Hüs und weiter nach Trun
Öffentlicher Verkehr Trun
Karte Blatt Nr. 257, 256
Besonderer Hinweis ⚠ Im Aufstieg Richtung Alp Nova zweigt auf ca. 1730 m Höhe (kurz nach der fünften Haarnadelkurve) eine Strasse rechts ab. Nimmt man den nach dem Kulminationspunkt dieser Strasse wiederum links abzweigenden Weg, können ein paar Höhenmeter gespart werden. Die Abzweigung ist mit dem Bike-Marathon-Wegweiser markiert.
Information Visit Vals, 7132 Vals, Telefon 081 920 70 70; Verkehrsverein Val Lumnezia, 7144 Vella, Telefon 081 931 18 58; Tourismus Obersaxen, 7134 Obersaxen Meierhof, Telefon 081 933 22 22; Center Turistic, 7165 Breil/Brigels, Telefon 081 941 13 31
Anschlussroute 1.04 Obersaxen–Vals, 1.03 Airolo–Obersaxen

Viele Wege führen zu den Weilern von Obersaxen hinunter.

Hüs verschlechtert sich die Strasse und wird vor dem schattigen Runsentobel zum Wanderweg, der zur Erschliessungsstrasse hinunter nach Ringgenberg führt. In Trun beginnt der Rückweg auf der Sonnenseite der Surselva. Schnell wird auf ruhigen Nebenstrassen Höhe gewonnen.

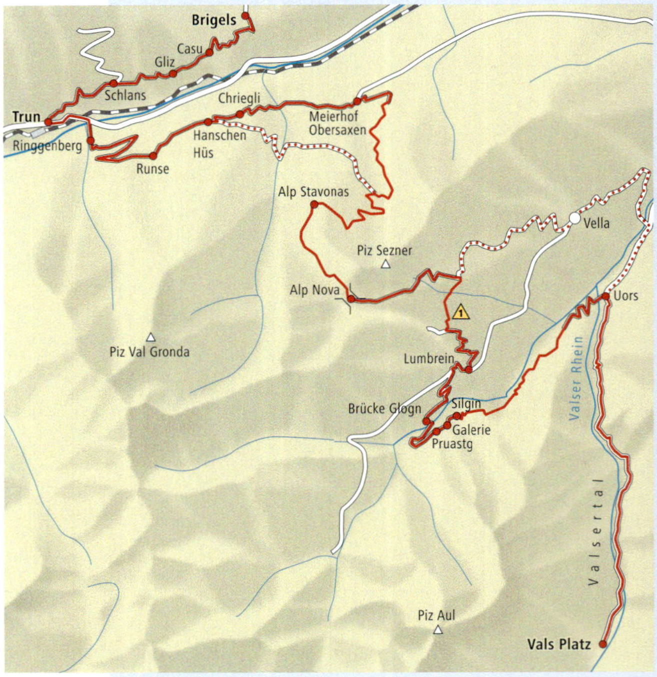

Auf Höhenwegen nach Laax/Flims und dann rheinabwärts

Kurz nach dem Start in Brigels sind alle noch frisch.

Auf den nächsten 35 Kilometern bis nach Murschetg wird nichts an Höhe preisgegeben. Stellenweise folgt die Strecke der Senda Sursilvana. Die abwechslungsreiche Etappe führt auf traumhaften Höhenwegen der sonnigen Talflanke der Surselva entlang. Die kleinen, schmucken Dörfer auf den Sonnenterrassen, an denen die Etappe vorbeiführt, sind jeweils durch Seitentäler getrennt. Meistens werden diese Seitentäler in einem weiten Bogen durchfahren, um keine Höhenmeter zu verlieren. Die Perspektive ändert sich dadurch fortlaufend, an vielen Aussichtspunkten geht der Blick zurück auf den letzten Rastplatz. Auf den Wanderweg-Abschnitten kann durchwegs gefahren werden.
In Staderas an der Hauptstrasse zwischen Laax und Flims beginnt der letzte Höhepunkt der Route, die Durchquerung der Rheinschlucht. In den lang gezogenen Kurven hinunter zum Vorderrhein kann ab und zu ein Tiefblick in den gewaltigen Einschnitt eingefangen werden. Nach der Passage des Vorderrheins folgt die Etappe durch die wilde Rheinschlucht der Veloroute Nr. 2 (Veloland Schweiz). Gemütlich ist der Ausklang der Route; bis nach Chur folgt man den Velowegweisern.

Zwischen Panix/Pigniu und Siat.

Imposante Tiefblicke in die Rheinschlucht, den «Grand Canyon» der Schweiz.

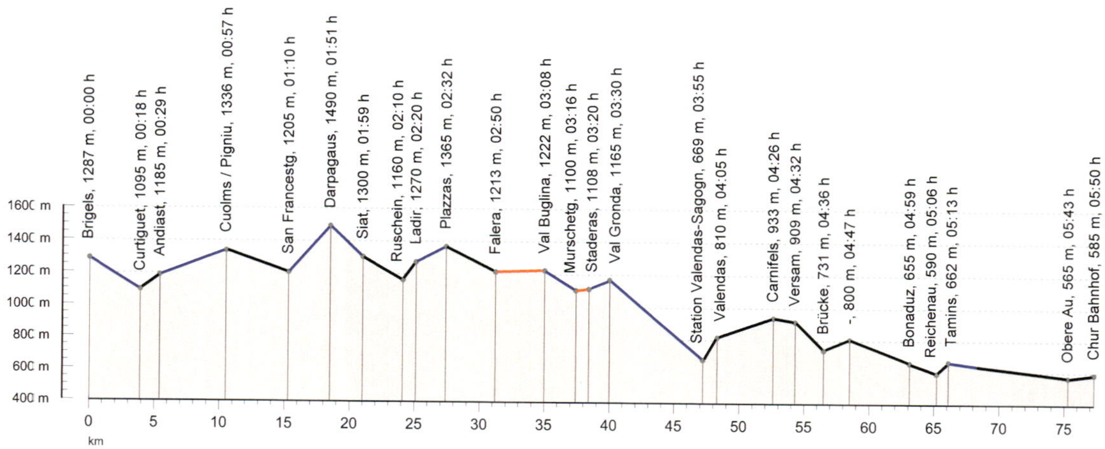

Schwierigkeitsgrad 2
Distanz 77,3 km
Höhendifferenz ↑1280 m, ↓1982 m
Zeitbedarf 5:45 h
Übernachtung Unzählige Übernachtungsmöglichkeiten fast in jedem Ort bis Chur
Restaurant Siehe Übernachtung
Variante/Abkürzung –
Öffentlicher Verkehr Station Valendas-Sagogn, Bonaduz, Chur
Karte Blatt Nr. 256, 257, 247, 5002
Besondere Hinweise
⚠1 Nach der kurzen Abfahrt von Panix/Pigniu zweigt bei der kleinen Kapelle San Francestg auf 1205 m Höhe eine neue Strasse nach Darpagaus ab. Die Senda Sursilvana zwischen Panix/Pigniu und Darpagaus ist nicht fahrbar.
⚠2 Siat und Ruschein sind durch eine neue Strasse verbunden. Die Senda Sursilvana verläuft praktisch entlang des neuen Strassentrassees.
⚠3 In Murschetg kann hinter der Talstation der Luftseilbahn der Fussweg nach Flims benutzt werden.
Information Center Turistic, 7165 Breil/Brigels, Telefon 081 941 13 31; Alpenarena.ch, 7031 Laax, Telefon 081 920 81 81; Chur Tourismus, 7000 Chur, Telefon 081 252 18 18
Anschlussroute 6.05 Vella–Elm

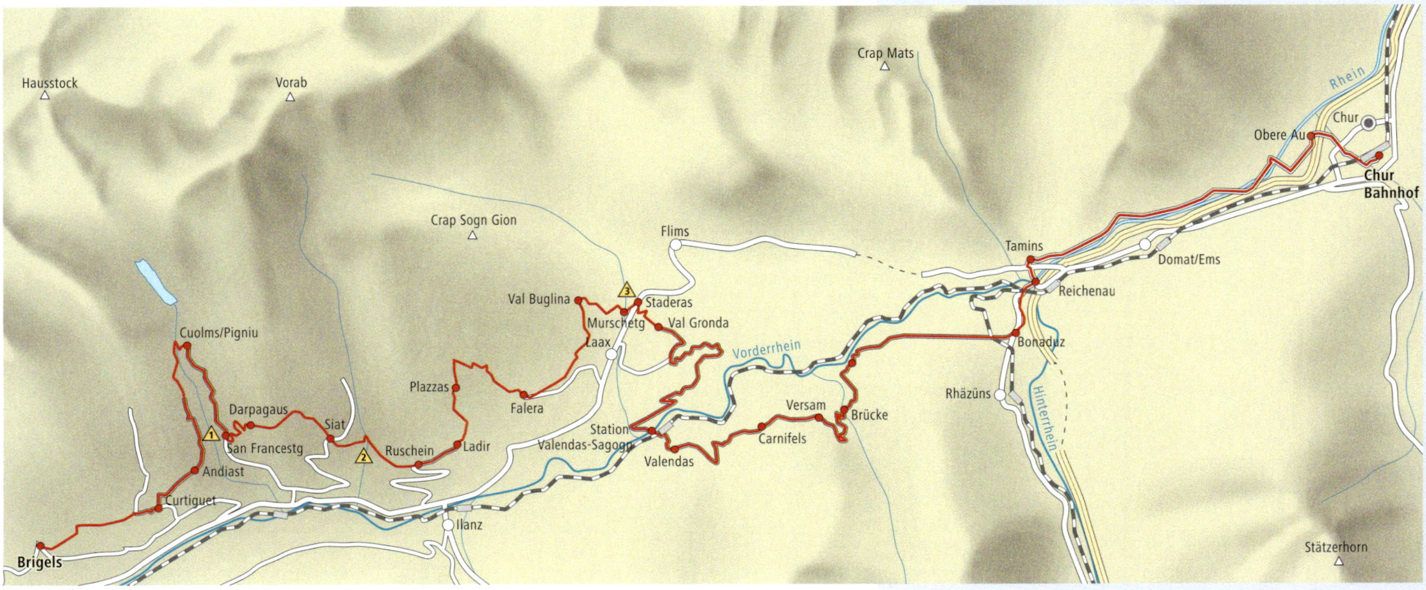

Transalp Italo-Suisse

Auf eindrückliche Art und Weise werden auf dieser Route die Alpen bezwungen. Sie startet am südlichen Alpenrand bei Turin im Piemont, durchquert den Alpenbogen und endet am nördlichen Alpenrand in Fribourg. Superlative sind auf der Transalp Italo-Suisse garantiert. Sie führt durch zwei mächtige Alpentäler, durch das Val d'Aosta und durch das Walliser Rhonetal. Mit dem Gran Paradiso und dem Grand Combin säumen zwei gewaltige Viertausender-Bergmassive den Weg nach Norden.
Beeindruckend lange Aufstiege gehören dazu: Die Anfahrt zum Colle del Nivolet (2612 m) und der Aufstieg zur Fenêtre du Durand (2797 m) weisen jeweils über 2000 Höhenmeter in einem einzigen Aufstieg auf. Man kann aber auch unendlich lange Downhills geniessen. Ein kleiner Schönheitsfehler dieser Tour der Superlative sind lediglich die langen Streckenabschnitte auf gut ausgebauten Asphalt- und Naturstrassen.

Schwierigkeitsgrad	1 bis 4
Distanz	345 km
Höhendifferenz	↑9688 m, ↓9509 m
Anzahl Tagesetappen	6
Fahrzeit	27:30 h
Beste Jahreszeit	Juli bis Oktober
Anreise	Bahnhof Torino Porta Susa, Verbindung nach Stazione Pont Canavese
Rückreise	Bahnhof Fribourg

Die Route ist, An- und Rückreise eingerechnet, sehr gut in einer Woche durchführbar. Die erste Etappe nach Ceresole Reale kann in drei Stunden bewältigt werden, sodass die Anreise am gleichen Tag möglich ist. Auch die letzte Etappe ist so angelegt, dass die Rückreise am letzten Etappentag erfolgen kann.
Die Anreise mit der Bahn nach Turin gestaltet sich etwas umständlich, da die italienischen Staatsbahnen (Ferrovie dello Stato, FS) im grenzübergreifenden Verkehr zwischen der Schweiz und Italien nur in wenigen Zügen Mountainbikes transportieren. Daher kann ein Mietauto für eine kleine Gruppe durchaus eine sinnvolle Alternative sein. In der Stadt Turin haben sämtliche grössere Autoverleiher Filialen, wo das Mietauto zurückgegeben werden kann. Mit der den Städtischen Verkehrsbetrieben unterstellten Schmalspurbahn der Ferrovia del Canavese kann die Agglomeration von Turin durchquert werden.
Die Homepage www.satti.it informiert ausführlich über Haltestellen und Fahrpläne. Von der Stazione Porta Susa in Turin fährt der Zug bis Pont Canavese. Da die Züge nicht mit speziellen Radabteilen ausgestattet sind, ist der Veloselbstverlad nur möglich, wenn genügend Platz vorhanden ist.
Die Route kann durchaus auch in der Gegenrichtung von Fribourg nach Pont Canavese gefahren werden, die Schiebepassagen sind jedoch länger. Am Sanetschpass kann in der Gegenrichtung die Luftseilbahn als Aufstiegshilfe benützt werden.

Über die Alpweiden am Gross Schwyberg geht es dem Zielort Fribourg entgegen.

Aus der Ebene ins Hochgebirge

Der Landstrich des Canavese liegt in die sanften Hügel zwischen Turin und dem Südrand der Alpen gebettet. Das Hügelvorland der Alpi Graie, reich an geschichtlichen und kulturellen Schmuckstücken, kann gemütlich mit der Schmalspurbahn Ferrovia del Canavese durchfahren werden. Die Bahnlinie beginnt im Süden Turins und endet in Pont Canavese. Das Streckenstück von Rivarolo bis Pont Canavese war lange Zeit stillgelegt; heute verkehrt die Bahn wieder bis zu dem Ort am Eingang des Valle di Locana (auch Valle dell'Orca genannt). Mountainbikes werden nur transportiert, wenn genügend Platz vorhanden ist. Die Fahrt mit der Bahn von der Stazione Porta Susa bis Pont Canavese dauert rund anderthalb Stunden. Wer bereits früher auf das Mountainbike umsteigen will, sollte dies erst ab Rivarolo tun. Ab Rivarolo gelingt es mit etwas Glück in der Wegwahl, auf Nebenstrassen bis Pont Canavese zu gelangen.
Von Pont Canavese bis Ceresole Reale ist vor allem in den italienischen Sommerferien im August mit viel Verkehr zu rechnen. Die dem Fluss Orco entlang führende Strecke steigt bis Locana fast unbemerkt an; erst nach Noasca wird es steiler.
Noasca und Ceresole Reale sind Eingangstore in den Gran-Paradiso-Nationalpark. Obwohl nur vierzig Kilometer von den Olivenhainen und Weinbergen entfernt, liegt das Etappenziel bereits inmitten einer hochalpinen Landschaft.

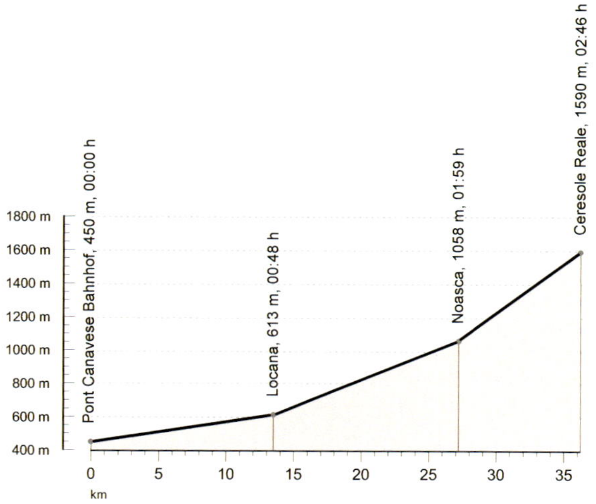

Schwierigkeitsgrad 1
Distanz 36,2 km
Höhendifferenz ↑1160 m, ↓20 m
Zeitbedarf 2:45 h
Übernachtung Ceresole Reale
Restaurant Locana, Noasca
Variante/Abkürzung –
Öffentlicher Verkehr Torino Porta Susa, Pont Canavese
Karte Il Parco Nazionale del Gran Paradiso No. 3 (Istituto Geografico Centrale)
Besonderer Hinweis ⚠ Achtung: Die Route führt fast vollständig der Hauptstrasse entlang, viel Autoverkehr zwischen Pont Canadese und Locana.
Information http://www.satti.it (Verkehrsbetriebe Turin und Ferrovia del Canavese); Informazione Accoglienza Turisti di Ceresole Reale, I-10080 Ceresole Reale, Telefon +39 0124 953 186 oder 953 121
Anschlussroute –

Im Parco Nazionale del Gran Paradiso

Die Strasse auf den Colle del Nivolet unterscheidet sich nicht von anderen grossen Passstrassen in den Alpen, nur dass nach der Passhöhe bei einer Barriere die Asphaltstrasse endet.
Nach dem Lago di Ceresole Reale zieht sich die Strasse gemächlich dem Talboden entlang aufwärts. Zuhinterst im Tal auf rund 2000 Meter Höhe beginnen die Haarnadelkurven. Hier sind auch Spuren der alten, verwachsenen Passstrasse sichtbar. Wer sich vor den «Gümmelern» und gefährlicheren Strassenrowdies in Sicherheit bringen will, kann diese Abkürzung einschlagen. Der Weg ist jedoch nur auf wenigen Abschnitten fahrbar. Es kann zur Abwechslung auch einmal Vergnügen bereiten, sich auf einer regelmässig steigenden Passstrasse mit vergleichsweise wenig Kraftaufwand in die Höhe zu schrauben.

Das Rifugio Citta di Chivasso nach der Passhöhe und das Albergo Savoia bei den Laghi del Nivolet bieten im Hochsommer Übernachtungsmöglichkeiten an. Nach der Barriere beginnt das ungestörte Bikevergnügen durch das einmalige Hochtal Piano del Nivolet.
Der Talabbruch ins Val Savarenche hat es in sich. In den sechziger Jahren des vergangenen Jahrhunderts scheiterten die Bestrebungen, eine durchgehende Strassenverbindung über den Colle del Nivolet herzustellen, am felsigen Talabbruch. Das abrupte Ende der Strasse auf dem Piano del Nivolet zeugt von diesem Unterfangen. So bleibt dieses schwierige Stück auch heute den Fussgängern vorbehalten. Auf dem steilen, steinigen Wanderweg nach Pont muss das Mountainbike fast ununterbrochen geschoben oder

Die Laghi del Nivolet auf 2500 Meter ü. M.

getragen werden. Dafür entschädigt der Anblick des vergletscherten Gran Paradiso in seiner majestätischen Grösse. In Pont immer noch auf fast 2000 Meter beginnt eine komfortable Abfahrt auf der Asphaltstrasse durch das Val Savarenche ins Val d'Aosta. Reben und Obstplantagen säumen den letzten Teil der Etappe auf ruhigen Nebenstrassen in die geschichtsträchtige Alpenstadt Aosta.

Kurz nach dem Start befindet man sich am Colle del Nivolet bereits mitten im Hochgebirge.

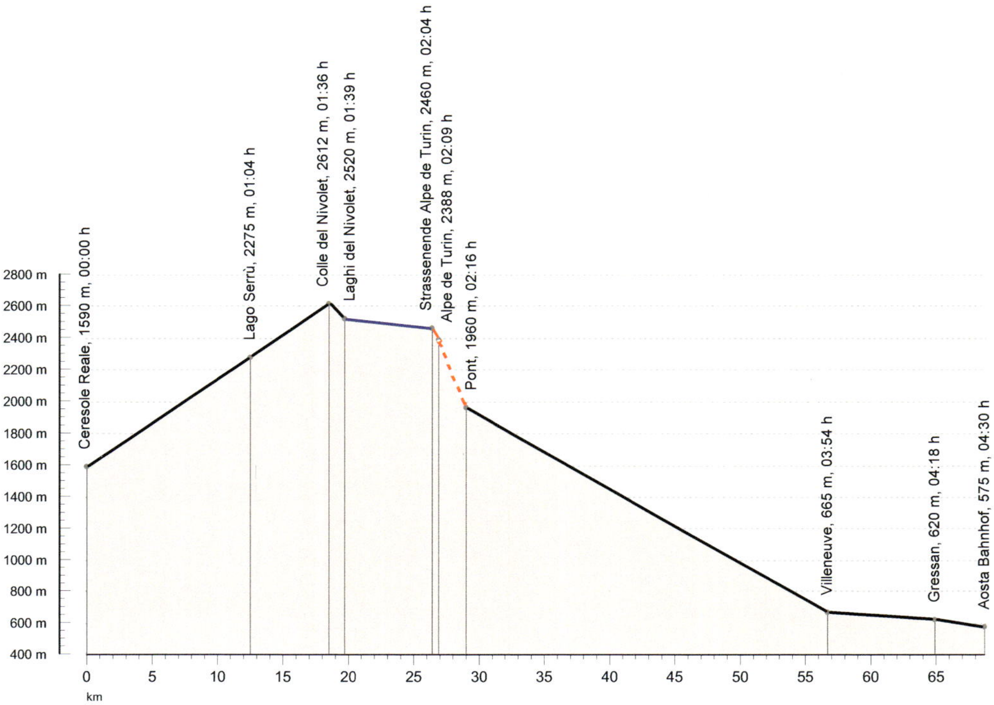

Kurze Rast vor dem Talabbruch ins Val Savarenche mit dem imposanten Gran Paradiso.

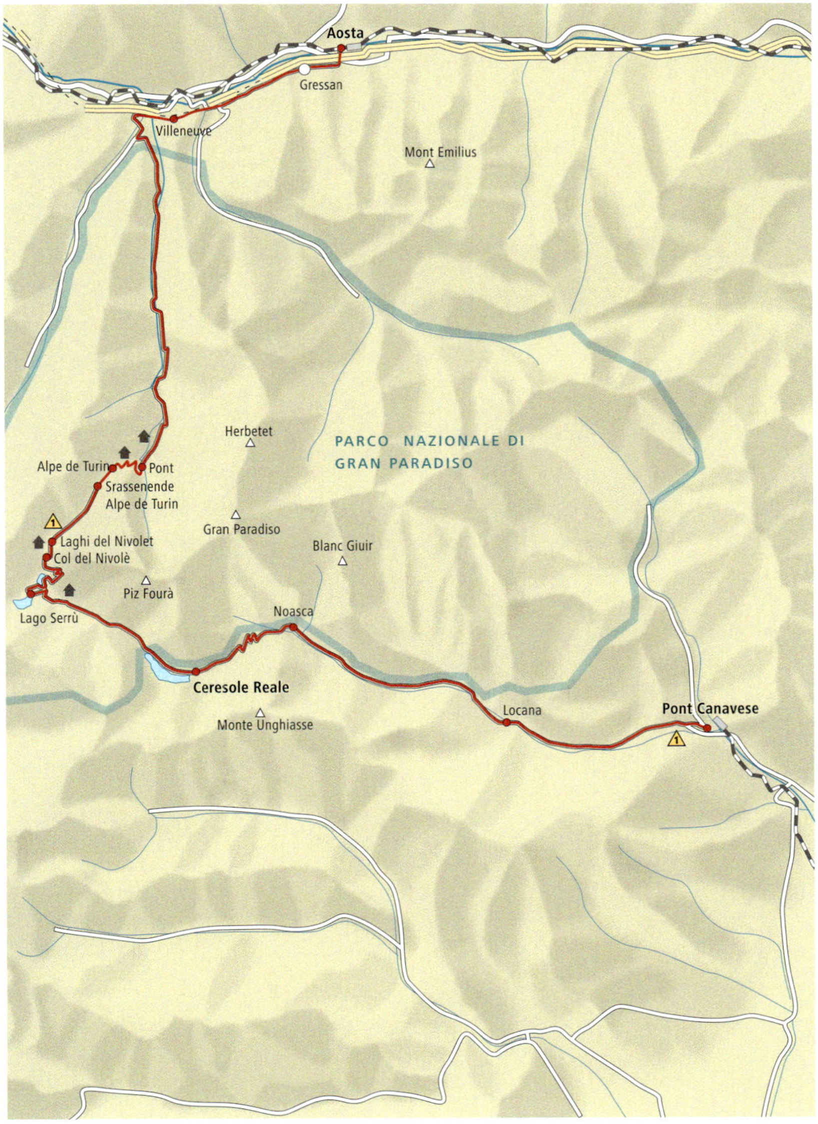

Schwierigkeitsgrad 3
Distanz 68,7 km
Höhendifferenz ↑1072 m, ↓2087 m
Zeitbedarf 4:30 h
Übernachtung Rifugio Citta di Chivasso (2612 m), Colle del Nivolet, I-11010 Valsavarenche, Telefon +39 0124 953 150; Albergo Savoia (2520 m), Laghi del Nivolet, I-11010 Valsavarenche, Telefon +39 0165 94141; Albergo Gran Paradiso (1960 m), Pont, I-11010 Valsavarenche, Telefon +39 0165 95454; Hotel Genzianella (1960 m), Pont, I-11010 Valsavarenche, Telefon +39 0165 95393; Valsavarenche, Villeneuve, Gressan, Aosta
Restaurant –
Variante/Abkürzung –
Öffentlicher Verkehr Aosta
Karte Il Parco Nazionale del Gran Paradiso No. 3 (Istituto Geografico Centrale)
Besonderer Hinweis ⚠ Kurz nach der Barriere teilt sich die Schotterpiste. Die eine steigt der linken Talflanke entlang leicht an und endet vor dem Talabbruch. Anschliessend sind wenige Höhenmeter zu den Alpgebäuden der Alpe de Turin hinunter auf einem Wanderweg zu überwinden. Die Schotterpiste durch den Talboden wird zum mühsamen Wanderweg und führt direkt zur Alpe de Turin.
Information Informazione Accoglienza Turisti di Ceresole Reale, I-10080 Ceresole Reale, Telefon +39 0124 953 186 oder 953 121; Pro Loco di Valsavarenche, I-11010 Valsavarenche, Telefon +39 0165 905816; Azienda di Promozione Turistica, I-11100 Aosta, Telefon +39 0165 33352
Anschlussroute –

Das Nonplusultra: ein Aufstieg über 2360 Höhenmeter

Downhill am Fenêtre de Durand.

Die imposante Etappe beginnt gemächlich. Bis hinauf auf 2078 Meter ü. M. ist die Strecke asphaltiert und weist nur selten steile Passagen auf. Auch die lange, fantastisch angelegte Naturstrasse bis zur Alpe Thoules ist in gutem Zustand. Auf dem ersten Stück der Naturstrasse müssen etwas mehr als hundert Höhenmeter preisgegeben werden. Nach der kurzen Erholungsphase zieht sich die Strasse in angenehmer Steigung der Talflanke entlang. Jeder Seitenarm des Tals wird ausgekostet. Für Käseliebhaber bieten sich verschiedene Verpflegungsmöglichkeiten in den Alphütten entlang der Strasse.

Nach der Alpe Thoules beginnt der Passweg. Das erste Wegstück dem Bach entlang ist noch fahrbar, doch dann bleiben 400 Höhenmeter zum Schieben. Das Gelände ist steinig und die Vegetation auf dieser Höhe karg. Trotz der Müdigkeit nach den grossen Anstrengungen steigen auf der Passhöhe Glücksgefühle auf. Der Passweg hinunter ins Val de Bagnes ist flacher als der Aufstieg. Auch ist der Weg weniger steinig und kann fast durchwegs befahren werden.

Nur auf den letzten Metern zur Grande Charmotane hinunter muss einige Male abgestiegen

Im Frühsommer wird der Lac de Mauvoisin wieder mit reichlich Gletscherwasser gefüllt.

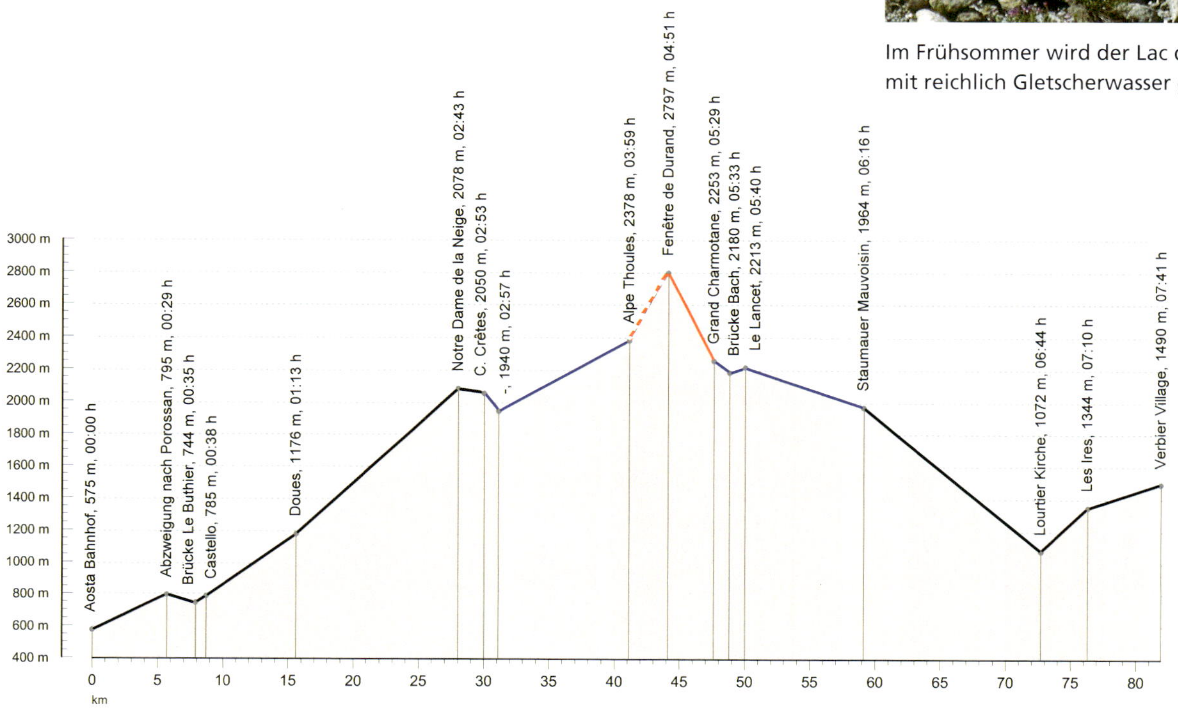

werden. Mit zwei Gegensteigungen führt eine Naturstrasse durch das unwirtliche Tal auswärts, bis bei der imposanten Staumauer von Mauvoisin die ausgebaute Strasse erreicht wird. Die ersten Tunnels entlang des Sees sind kurz und erfordern keine künstliche Beleuchtung; die folgenden Tunnels kurz vor der Staumauer sind elektrifiziert. Auf der breiten Werkstrasse nach Lourtier müssen nur die Bremsen arbeiten. In Lourtier zweigt nach der Kirche eine Strasse ab, die über Les Ires auf die Sonnenterrasse von Verbier führt. Die Strasse gewinnt der rechten Talflanke entlang schnell an Höhe und lädt an verschiedenen schönen Aussichtspunkten zu willkommenen Ruhepausen ein.

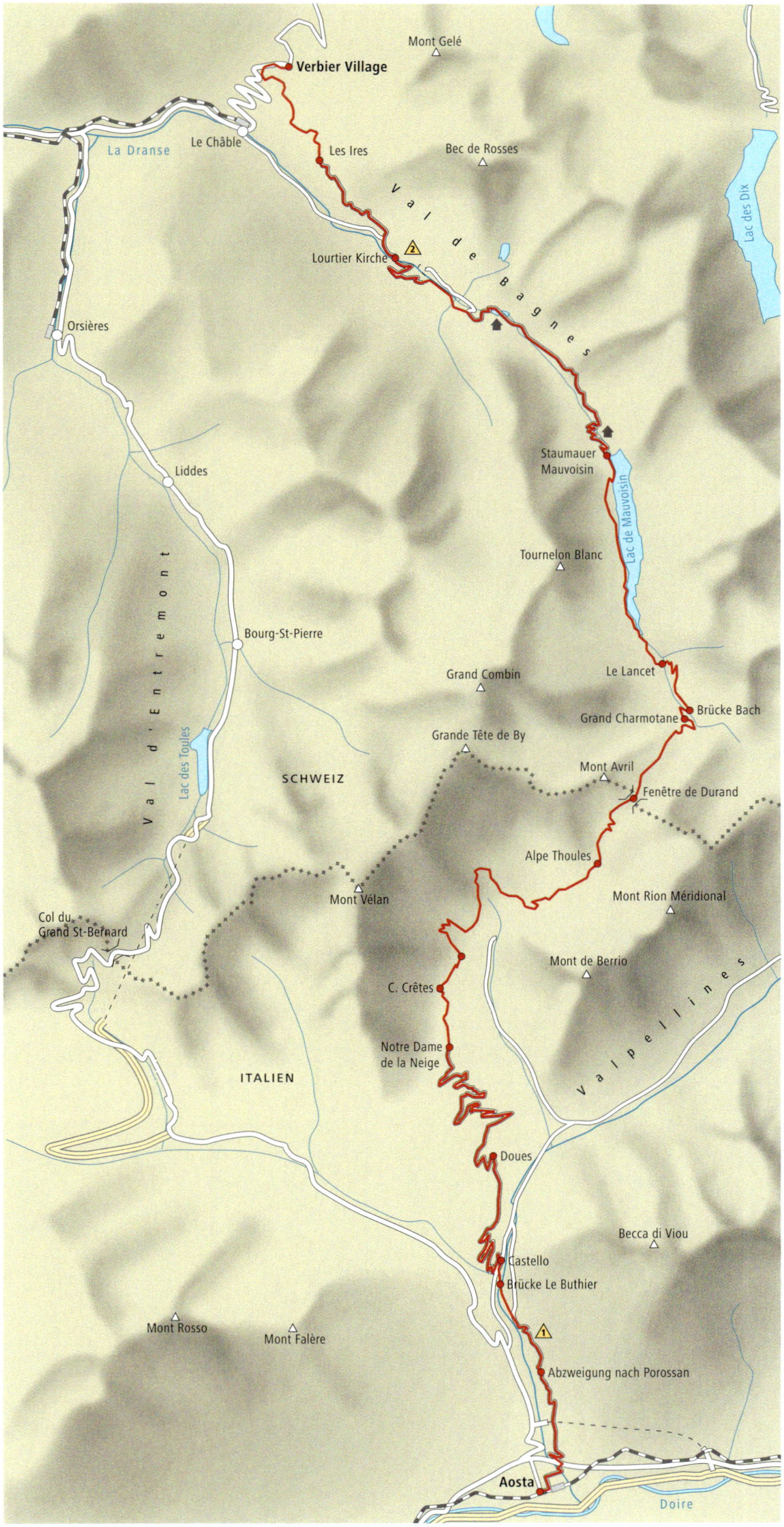

Schwierigkeitsgrad 4
Distanz 81,9 km
Höhendifferenz ↑2962 m, ↓2047 m
Zeitbedarf 7:45 h
Übernachtung Douès, Verbier; Hotel Mauvoisin (1850 m), unterhalb Staumauer Mauvoisin, 1948 Fionnay, Telefon 027 778 11 30; Hotel du Grand Combin (1490 m), 1948 Fionnay, Telefon 027 778 11 22; Lourtier, Verbier
Restaurant –
Variante/Abkürzung –
Öffentlicher Verkehr Le Châble
Karte Blatt Nr. 293, 283
Besondere Hinweise
⚠ Nach Closellinaz wird die Hauptstrasse flacher; dort, wo die Strasse nach Roisan ansteigt, links die Abzweigung nach Massinod nicht verpassen.
⚠ In Lourtier bei der Kirche der Nebenstrasse nach Sarreyer folgen.
Information Azienda di Promozione Turistica, I-11100 Aosta, Telefon +39 0165 33352; Office du Tourisme Val de Bagnes, 1934 Le Châble VS, Telefon 027 776 16 82; Office du Tourisme Verbier, 1936 Verbier, Telefon 027 775 38 88
Anschlussroute 8.07 Orsières–Verbier, 8.08 Verbier–Les Collons

Auf dem Mountainbike fühlt und spürt man die Natur hautnah. Viele Eindrücke bleiben bei der Fahrt durch das Val de Bagnes hängen.

Mächtiges Rhonetal, mächtiger Down- und Uphill

Zwischen Verbier und dem Rhonetal liegt ein wunderbarer Mountainbikepass. Der erste Teil des Aufstiegs führt durch Chaletsiedlungen, die sich hangaufwärts ausbreiten. Stets mit Aussicht auf Verbier und den Grand Combin geht es im zweiten Teil in einer grossen Schleife zum Croix de Coeur. Von der Passhöhe aus ist bereits der nächste Aufstieg auf der gegenüberliegenden Seite des mächtigen Rhonetals sichtbar: In der Ferne zeigt sich der Einschnitt des Sanetschpasses.
Die Abfahrt über Isérables bis nach Aproz wird fast ohne Kraftaufwand zurückgelegt. An schönen Aussichtspunkten und Rastplätzen entlang der Strecke fehlt es nicht. Von Verbier bis nach Drotse führt die Strecke dem Grand Raid Cristalp entlang; Wegweiser des Mountainbike-Klassikers kennzeichnen den Weg.
Im Rhonetal herrschen andere klimatische Bedingungen als auf dem 2173 Meter hohen Croix de Coeur. Die meist warme, trockene Luft macht den nächsten Aufstieg zum schweisstreibenden und anstrengenden Unterfangen. Terrassen mit schön angelegten Weinbergen säumen den Aufstieg durch die Südhänge über Conthey.
Der Sanetschpass ist nur auf der Walliser Seite für den Fahrzeugverkehr freigegeben. Aus diesem Grund trifft man die Ausflugsfahrer meist zwei-

Das Rhonetal bei Ardon.

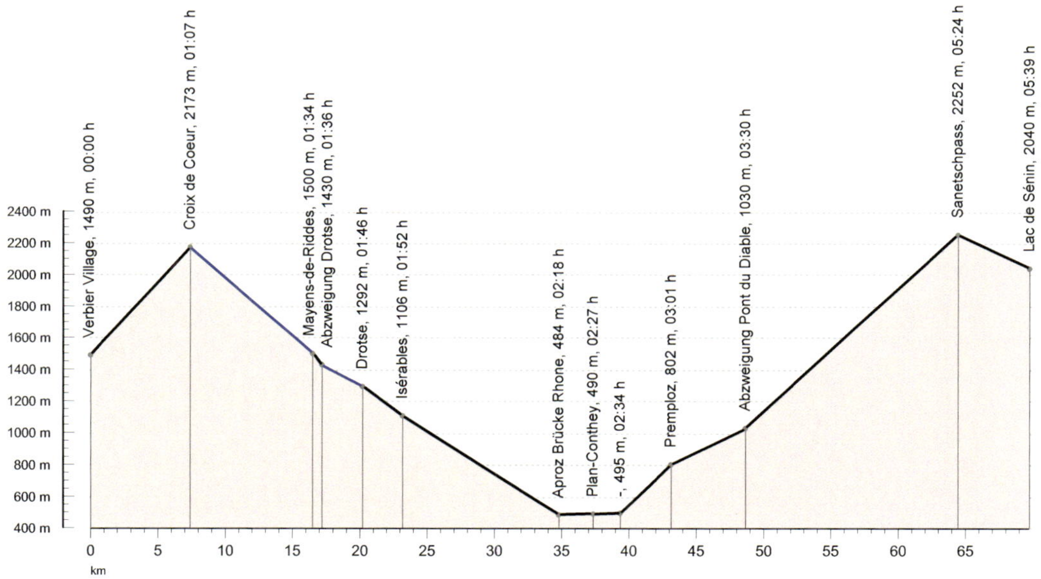

5.04 Verbier–Sanetsch

Auf dem Sanetschpass heisst es: warm anziehen! Extremer Temperatursturz auf den letzten 25 Kilometern.

mal an: Einmal überholen sie hinauf zum Sanetschpass, und ein zweites Mal kreuzen sie einen bei der Rückfahrt. Der Anstieg auf der Asphaltstrasse ist fast dreissig Kilometer lang und weist unregelmässige Steigungen auf. Um den Sanetschpass wird das Gelände flacher, ein weites Gebirgsplateau breitet sich aus. In der Senke nach dem gestauten Lac de Sénin befindet sich das Etappenziel.
Aufgeteilt in zwei Etappen reduziert sich der Schwierigkeitsgrad auf 2.

Schwierigkeitsgrad 3
Distanz 69,8 km
Höhendifferenz ↑2491 m, ↓1941 m
Zeitbedarf 5:45 h
Übernachtung Mayens-de-Riddes, Isérables, Aproz, Conthey; Auberge Barrage du Sanetsch (2040 m), Lac de Sénin, 3785 Gsteig bei Gstaad, Telefon 033 755 12 32
Restaurant –
Variante/Abkürzung –
Öffentlicher Verkehr Conthey
Karte Blatt Nr. 283, 272, 273, 5009
Besondere Hinweise
⚠1 Nach der Dorfdurchfahrt in Mayens-de-Riddes die Abzweigung in der Kurve beim Wanderwegweiserbaum Richtung Drotse nicht verpassen.
⚠2 Von Conthey bis Daillon kann auf Nebenstrassen durch die Rebberge gefahren werden.
Information Office du Tourisme, 1936 Verbier, Telefon 027 775 38 88; Office du Tourisme, 1918 Mayens-de-Riddes Telefon 027 306 18 51; Office du Tourisme, 1964 Conthey, Telefon 027 346 72 01
Anschlussroute 8.07 Orsières–Verbier, 8.08 Verbier–Les Collons

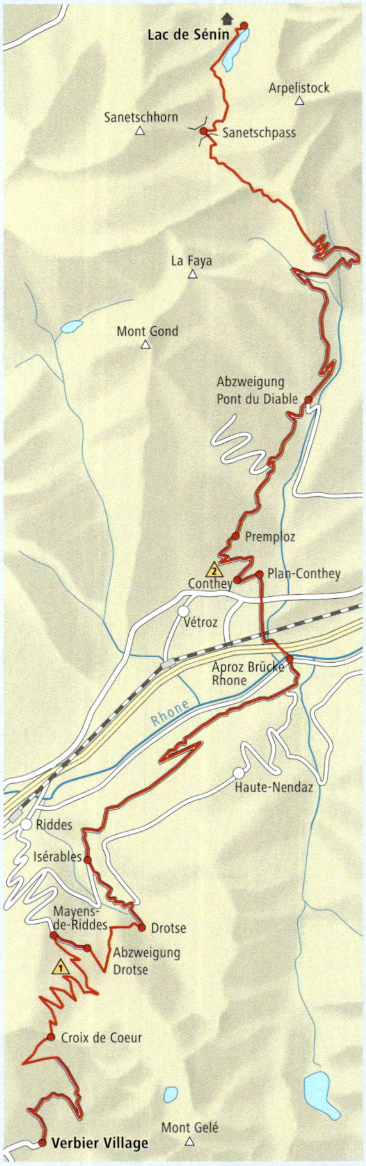

Downhill vom Feinsten

Bereits am Morgen wird volle Konzentration verlangt. Der Downhill nach Gsteig ist kein Zuckerschlecken. Das erste Wegstück bis nach dem Wasserfall ist mit vielen Treppen durchsetzt. Geübte Fahrer können anschliessend auf dem weiterhin steilen, schotterigen Wanderweg einen adrenalintreibenden Downhill erleben. Erst bei der Talstation der Luftseilbahn beginnt die Fahrstrasse nach Gsteig und weiter talabwärts in den renommierten Ferienort Gstaad. Durch das Tal der Saane, ruhig und gemütlich wie seine Bewohner, wird Saanen erreicht. Hier an der Sprachgrenze zwischen Deutsch und Französisch beginnt der Aufstieg durch das Grischbachtal oder Vallée des Fenils zum Mittelberg. Die Asphaltstrasse wird erst zur Passhöhe hin steil. Der Mittelberg lässt sich von Schönried aus um einiges anspruchsvoller auch über den Rellerligrat und weiter über Mittler und Hinter Schneit erreichen.

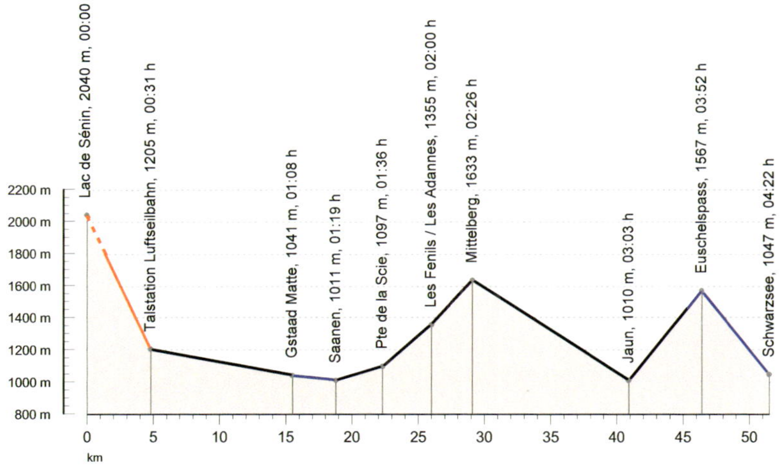

Bis nach Jaun hinunter kann man gemütlich rollen. Der zweite Aufstieg des Tages, zum Euschelspass, ist um einiges steiler als der Mittelberg. Vom Chalet Ritzli-Alp zur Passhöhe kann auf dem Wanderweg ein steiles Strassenstück abgekürzt werden. Vom Euschelspass führt ein Alpweg an den Alpgebäuden vorbei nach Schwarzsee hinunter.

Auf dieser Etappe lassen wir die hohen Berge endgültig hinter uns. Eine liebliche voralpine Landschaft breitet sich aus. Ausser dem Downhill durch das schroffe Gelände am Sanetschpass ist die gesamte Etappe fahrbar.

Aufstieg durch das Girschbachtal oder Vallée des Fenils den Dents de Ruth entgegen.

5.05 Sanetsch–Schwarzsee

Die letzten Meter zum Euschelspass kürzen wir auf dem Wanderweg ab, im Hintergrund die Gastlosen.

Schwierigkeitsgrad 3
Distanz 51,5 km
Höhendifferenz ↑1259 m, ↓2252 m
Zeitbedarf 4:30 h
Übernachtung Gsteig, Gstaad, Saanen, Jaun; Chalet Ritzli-Alp am Euschelspass (1510 m), 1656 Jaun, Telefon 026 929 81 24; Schwarzsee
Restaurant –
Variante/Abkürzung Variante: Schönried–Rellerligrat–Mittler und Hinter Schneit–Mittelberg
Öffentlicher Verkehr Gstaad, Saanen
Karte Blatt Nr. 263, 253, 5009
Besondere Hinweise
⚠1 In Gsteig dem Wanderweg Richtung Gstaad folgen. Nach Feutersoey kreuzt der Wanderweg die Hauptstrasse und wechselt auf die linke Talseite. Ab Grund führt die Route ausschliesslich auf Nebenstrassen nach Gstaad.

⚠2 Nach der Talstation der Gondelbahn aufs Eggli, gleich vor der Brücke über die Saane, dann dem linken Flussufer entlang bis Saanen.
Information Gstaad Saanenland Tourismus, 3780 Gstaad, Telefon 033 748 81 81; Tourismusbüro Jaun, 1656 Jaun, Telefon 026 929 81 81; Tourismusbüro Schwarzsee, 1716 Schwarzsee, Telefon 026 412 13 13
Anschlussroute 2.02 Les Diablerets–Lenk, 9.07 Thun–Schwarzsee, 9.08 Schwarzsee–Gruyères

Erholt ins Ziel

Zum Ausklang gibt es eine einfache Etappe über Ausläufer der Voralpen in die Universitätsstadt Fribourg/Freiburg. Nach der kurzen Abfahrt in den Seeschlund ist ein Aufstieg von 550 Höhenmetern zum Gross Schwyberg zu bewältigen. Auf dem letzten Höhenzug der Alpen öffnet sich der Blick nach Fribourg und über das Mittelland hinaus bis zu den Jurahöhen hinter dem Neuenburger- und Bielersee. Die Fahrspuren, die ziemlich steil über den Bergrücken hinunterführen, werden als Abfahrtsstrecke benützt. Auf Unter Bareta erleichtert die neue Forst- und Alpstrasse die Fahrt durch den Oberschrotwald Richtung Plasselb. Durch das Hügelland Richtung Fribourg können die Hauptstrassen gut gemieden werden. Im Gegensatz zu den einsamen Aufstiegen der vergangenen Tage muss man sich in den Gassen der Freiburger Altstadt einen Weg durch die Fussgänger bahnen.

Der allerletzte Aufstieg des Transalp Italo-Suisse zum Gross Schwyberg.

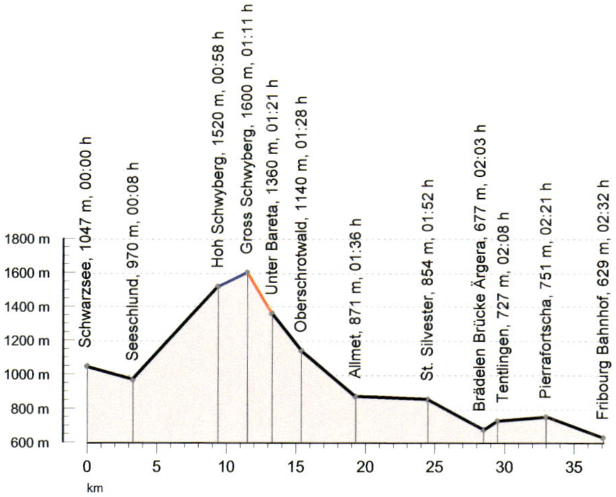

Schwierigkeitsgrad 1
Distanz 37,1 km
Höhendifferenz ↑744 m, ↓1162 m
Zeitbedarf 2:30 h
Übernachtung Plasselb, Fribourg
Restaurant Alphütte Gross Schwyberg (1600 m)
Variante/Abkürzung –
Öffentlicher Verkehr Fribourg
Karte Blatt Nr. 253, 252
Besondere Hinweise
⚠1 Von Unter Bareta führt eine neue Forst- und Alpstrasse, die in den meisten Karten noch nicht eingezeichet ist, durch den Oberschrotwald nach Allmet/Plasselb.
⚠2 Die beschriebene Streckenwahl von Sankt Silvester nach La Nesslera und über die Brücke bei Brädelen ist etwas direkter als der offizielle Radweg.
⚠3 Ab Tentlingen wieder den offiziellen Radwegweisern nach Fribourg folgen.
Information Tourismusbüro Schwarzsee, 1716 Schwarzsee, Telefon 026 412 13 13; Verkehrsbüro der Region Freiburg, 1700 Fribourg, Telefon 026 321 31 75
Anschlussroute 9.07 Thun–Schwarzsee, 9.08 Schwarzsee–Gruyères

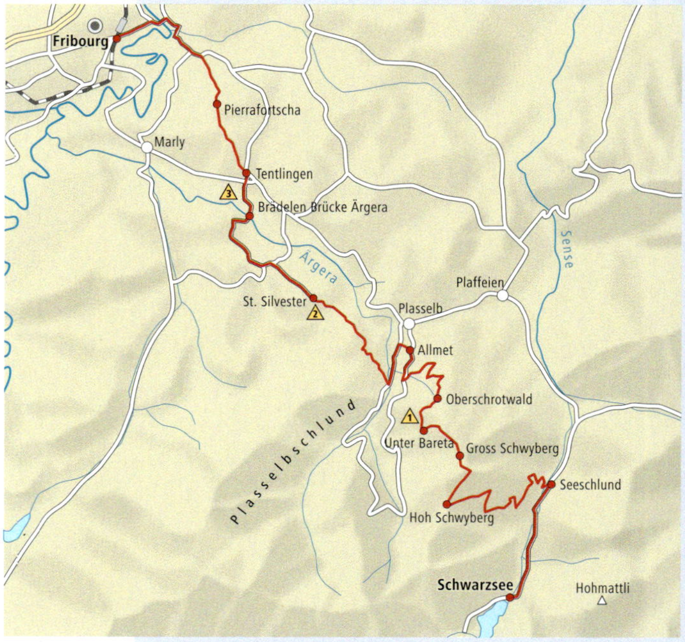

Swiss Transalp

Schwierigkeitsgrad	2 bis 4
Distanz	397 km
Höhendifferenz	↑12 137m, ↓11 974 m
Anzahl Tagesetappen	7
Fahrzeit	35:15 h
Beste Jahreszeit	Juli bis Oktober
Anreise	Bahnhof Chiasso
Rückreise	Bahnhof Rorschach

Auf nur knapp 400 Kilometern kann die Schweiz von Süden nach Norden durchquert werden. Dabei wird kein Meter Flachland durchfahren.
Abseits der grossen Alpentransversalen lässt sich auf dieser Route die Vielfalt der Schweiz hautnah erleben. Während der ersten drei Tage steht die Durchquerung des Tessins auf dem Programm, mit dem Valle di Muggio und dem Val Colla, zwei abgelegenen Tälern im südlichsten Zipfel der Schweiz. Landschaftliches Highlight der Route ist die Durchquerung der Greina-Hochebene, gefolgt vom romanischsprachigen Val Lumnezia und dem Zigerschlitz, der seinem Namen alle Ehre macht. Quer durch die gepflegte Kulturlandschaft des Toggenburgs und Appenzellerlands und weiter durch die Voralpen rund um den Säntis klingt die Route zum Bodensee hin gemächlich aus.
Die Strecke bietet mehrere knifflige, anspruchsvolle Downhills, zum Teil auf wahre Cracks zugeschnitten. Die Aufstiege erfolgen auf besseren Strassen und Wegen als im Abstieg. Aus diesem Grund ist die Strecke auch von Süden nach Norden beschrieben. In der Gegenrichtung ist sie nicht zu empfehlen, da am Panixerpass, Diesrut, und Monte Calbiga sehr lange Schiebestrecken in Kauf zu nehmen wären.

Hoch über der Magadinoebene mit Blick auf Lago Maggiore und Locarno.

Mediterranes Ambiente

Tiefblick auf den Comersee, darüber thront im Hintergrund die Grigna Settentrionale.

Im südlichsten Zipfel der Schweiz beginnt die erste Etappe. Zuerst wird das malerische Valle di Muggio durchfahren. Die Dörfer auf beiden Seiten des Tals sind mit Strassen erschlossen. Der kürzeste Weg nach Muggio führt auf der Hauptstrasse der linken Talseite entlang. Nach dem Dorf Muggio zweigt rechts eine Nebenstrasse zum Passo di Bonello ab. Bis auf die Alpe della Bolla ist die steile Strasse asphaltiert; Fahrzeuge können nur bis zur Barriere auf halber Höhe verkehren. Ungestört erreichen wir die Alp mit schöner Aussicht auf das Muggiotal und den Monte Generoso. Nach der Landesgrenze ist ein kurzes Stück, bis

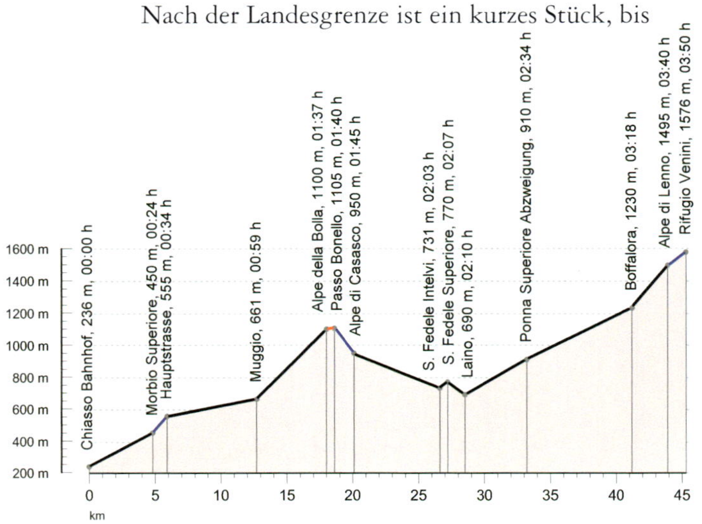

auf die Alpe di Casasco, auf einer breiten, groben Schotterstrasse zurückzulegen. Auf der Strecke nach Intelvi passiert man schöne Aussichtspunkte mit Blick auf den Lago di Como.
In der Region Intelvi besitzen viele Mailänder, die im Sommer in den auf 700 Meter gelegenen Dörfern Abkühlung suchen, ihre Zweitwohnungen. In San Fedele wird das Etappenziel, der Monte Calbiga, anvisiert. Nach Laino führt die Etappe auf einer traumhaft schön angelegten alten Militärstrasse durch Kastanienwälder aufwärts. Ausser kurzen Stücken den Berghängen entlang ist die Strasse bis auf die Alpe di Lenno asphaltiert. Je näher das Etappenziel rückt, desto schöner wird die Aussicht. Der Berg scheint ringsum von Seen umgeben. Im Westen wird der Lago di Lugano sichtbar, im Osten und Süden umschlingt der Lago di Como den Monte Calbiga.

Das Etappenziel, das Rifugio Venini, ist bereits in Sicht, rechts der Monte Tremezzo.

Schwierigkeitsgrad 2
Distanz 45,3 km
Höhendifferenz ↑1794 m, ↓454 m
Zeitbedarf 3:45 h
Übernachtung Bruzella, Cabbio, San Fedele Intelvi; Rifugio Venini (1576 m), Monte Calbiga, I-22016 Lenno, Telefon +39 034 456 671
Restaurant –
Variante/Abkürzung Abkürzung: Laino–Claino–Porlezza
Öffentlicher Verkehr Chiasso
Karte Blatt Nr. 5009, 296, 286, 287
Besonderer Hinweis ⚠ Die alte Militärstrasse zweigt 500 Meter vor dem Dorfeingang von Ponna Superiore ab.
Information Ente Turistico del Mendrisiotto e Basso Ceresio, 6850 Mendrisio, Telefon 091 646 57 61; Informazioni Turistiche Como, I-22100 Como, Telefon +39 031 3300111; Informazione Turistica, I-22028 S. Fedele Intelvi, Telefon +39 031 832498
Anschlussroute –

Durch südliches Gebirge

Im Aufstieg zum Passo San Lucio.

Ein einmaliger Downhill steht bevor. Im scheinbar unbezwingbaren Berghang gibt es bis heute keine einzige Strasse. Das erste Stück auf dem Wanderweg bis auf die Alpe Bene di sopra ist hindernisreich, nur kurze Stücke sind fahrbar. Von hier an ist den orangen und roten Punkten und Pfeilen zu folgen. Auf endlos scheinenden Wegen leiten die Markierungen durch den Bergwald bis nach Bene Lario hinunter. Nur wenige Passagen sind auf den anspruchsvollen 1000 Höhenmetern Downhill nicht fahrbar.

Von Bene Lario nach Porlezza steht zur verkehrsreichen Hauptstrasse keine sinnvolle Alternative zur Verfügung. Wer die Ufer des Lago di Lugano nicht besuchen möchte, kann über Carlazzo die Strecke abkürzen.

Gestärkt sollte der Aufstieg Richtung Passo San Lucio in Angriff genommen werden. Ein kurzer Zwischenhalt in Porlezza zahlt sich auf den letzten Höhenmetern vor der Passhöhe aus. Vor allem in den heissen Sommermonaten geht im sonnigen, steilen Berghang viel Flüssigkeit verloren. Die zu überwindenden Höhenunterschiede sind nicht zu unterschätzen und physisch annähernd so hart wie in hochalpinem Gelände. Von beiden Seiten führt eine Naturstrasse zur Passhöhe, die fahrtechnisch gut zu meistern ist. Auf einer Erschliessungsstrasse wird das Dorf Bogno zuhinterst im Val Colla erreicht, wobei die Höhe der Hauptstrasse entlang gehalten wird. Auf abgelegenen Forst- und Alpstrassen geht es dem Monte Bar entgegen. Im Schlussaufstieg öffnet sich ein überwältigender Panoramablick über den Lago di Lugano. An aussichtsreicher Südhanglage steht das ersehnte Etappenziel, das Rifugio Monte Bar.

Vom Passo San Lucio kann das Rifugio Monte Bar mit wenig Höhenunterschied auf dem Höhenweg über die Alpe Pietrarossa erreicht werden. Dann wird die Strecke zwischen dem Rifugio und Piandanazzo allerdings zweimal befahren.

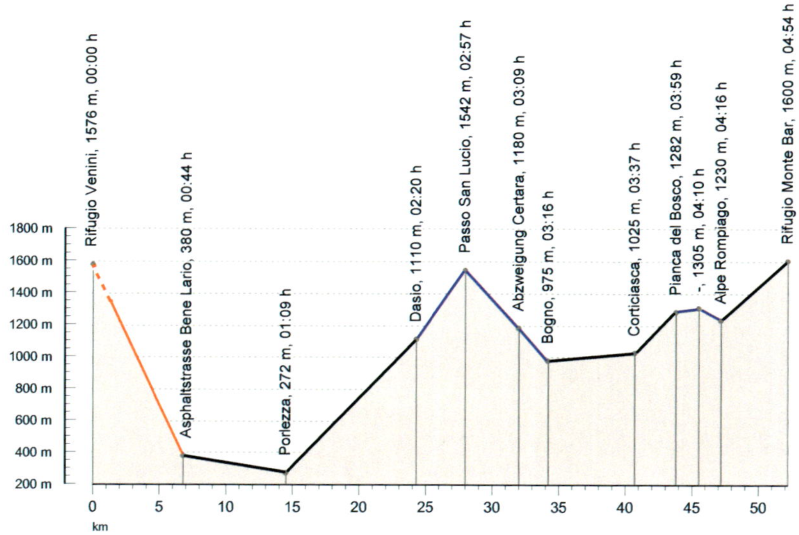

Die einsame und verlassene Kirche San Lucio auf der Passhöhe.

Schwierigkeitsgrad 4
Distanz 54,7 km
Höhendifferenz ↑2090 m, ↓2066 m
Zeitbedarf 5:00 h
Übernachtung Porlezza; Rifugio San Lucio (1542 m), Passo San Lucio, 6951 Bogno, Telefon 091 944 18 29; Bogno; Rifugio Monte Bar CAS (1600 m), Monte Bar, 6934 Bioggio, Telefon 091 966 33 22
Restaurant –
Variante/Abkürzung
Abkürzung: Bene Lario–Carlazzo–Molzano
Abkürzung: Höhenweg Passo San Lucio–Alpe Pietrarossa–Piandanazzo–Rifugio Monte Bar
Öffentlicher Verkehr –
Karte Blatt Nr. 287, 286, 276, 5009
Besonderer Hinweis ⚠ Ab der Alp Bene di sopra konsequent den orangen beziehungsweise roten Punkten und Pfeilen folgen.
Information Informazioni Turistiche Como, I-22100 Como, Telefon +39 031 3300111; Lugano Turismo, 6900 Lugano, Telefon 091 913 32 32
Anschlussroute –

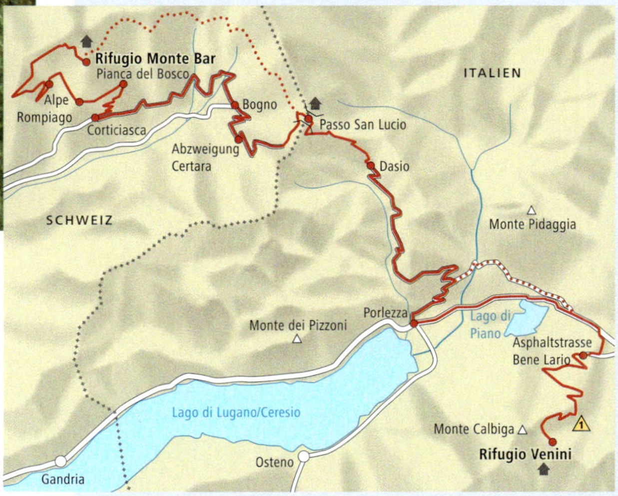

Ticino vicino

Hoch über dem Lago di Lugano braut sich in der Wetterküche etwas zusammen.

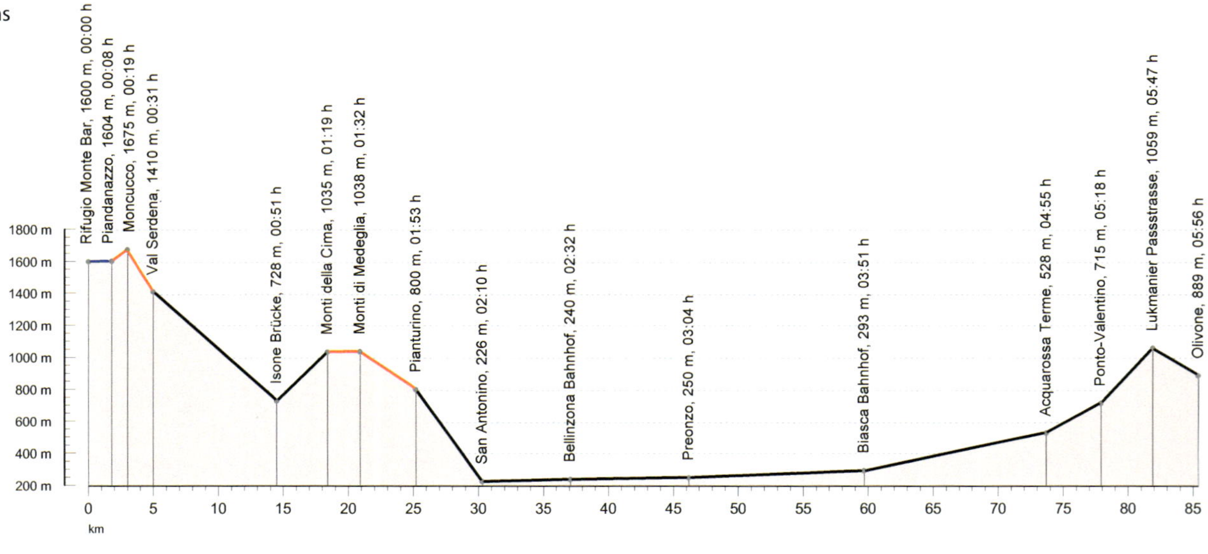

Abwechslungsreicher Downhill zwischen den Monti di Medeglia und Pianturino.

Der Aufstieg zum Bergkamm der Cima Moncucco ist kurz. Das letzte Stück nach den Alpgebäuden verläuft auf dem Wanderweg. Auf der Strecke ins Val Serdena hinunter teilt sich der Weg auf der Alpe Matro: Der kürzere Weg zur Asphaltstrasse zweigt rechts ab. Bedeutend anspruchsvoller ist der Weg, der links abzweigt und in engen Kehren durch den Wald hinunterführt. Das ganze Tal hinter Isone wird von der Armee als Übungsgelände genutzt. Wenn der Übergang ins Val Serdena gesperrt ist, kann man als Alternative über die Gola di Lago nach Isone fahren. Diese Strecke führt über längere Wanderwegstücke und enthält ebenfalls Schiebepassagen.
Nach der Ankunft in Isone ist es vorteilhaft, die vordere Strasse zur Cima hinauf zu benützen, da die hintere bei der Kaserne durch ein Militärgebiet verläuft.
Auf der alten Militärstrasse rund um den Matro bietet sich eine beeindruckende Aussicht auf die Magadinoebene. Wunderbares Bikegelände präsentiert sich von der Cima bis Pianturino. Nur kurz vor Pianturino führt der Wanderweg durch felsiges Gelände. Auf der Abfahrt nach San Antonino werden Autobahn und Bahnlinie

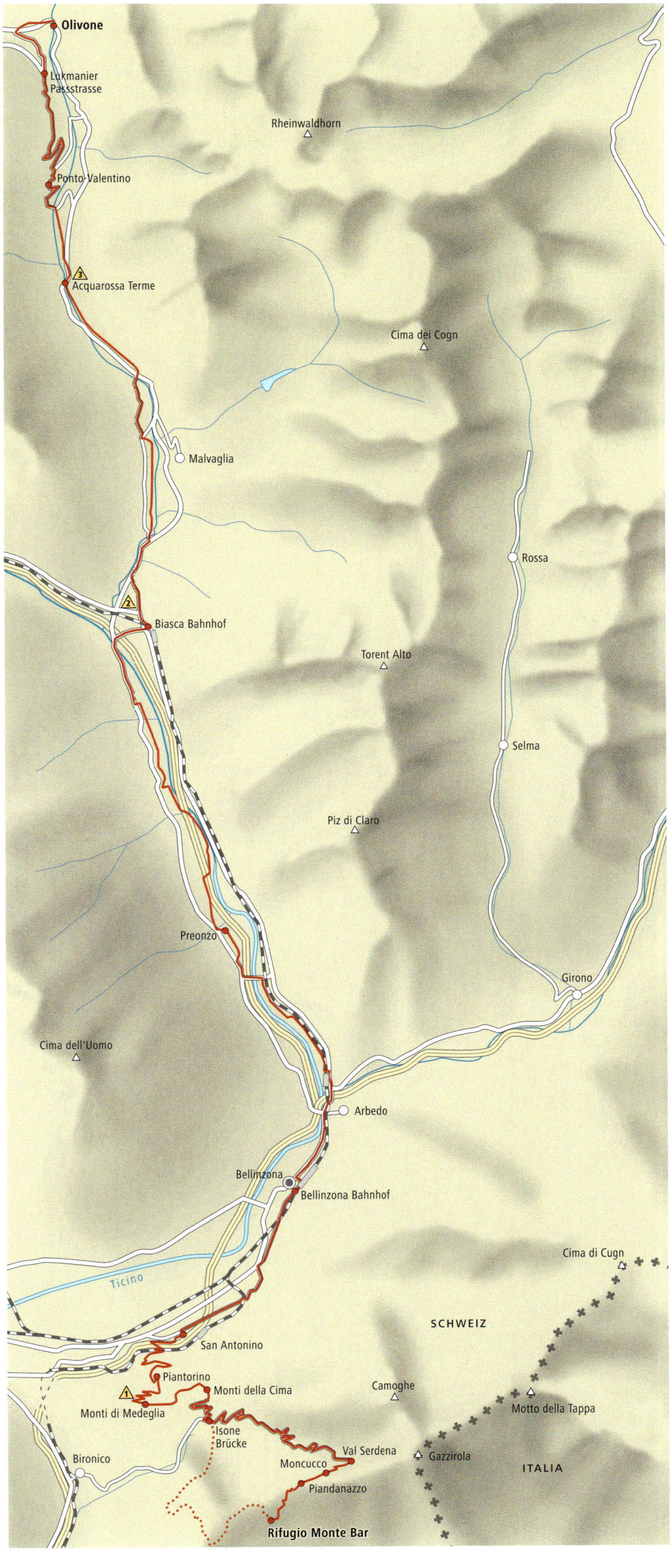

unterquert. Auf Nebenstrassen durch Giubiasco wird der Bahnhof Bellinzona angesteuert. Vergnügt kann bis nach Biasca den Wegweisern der Veloroute Nr. 3 (Veloland Schweiz) gefolgt werden.

Auf ruhigen Nebenstrassen wird das Bleniotal erkundet. Von Ponto-Valentino über Largario werden einige zusätzliche Höhenmeter überwunden. Der kleine Umweg ist um einiges schöner als direkt der verkehrsreichen Hauptstrasse entlang.

Schwierigkeitsgrad 3
Distanz 85,4 km
Höhendifferenz ↑1318 m, ↓2029 m
Zeitbedarf 6:00 h
Übernachtung Isone, Giubiasco, Bellinzona, Biasca, Olivone
Restaurant –
Variante/Abkürzung Variante: Rifugio Monte Bar–Motto della Croce–Gola di Lago–Muricce–Isone
Öffentlicher Verkehr Giubiasco, Bellinzona, Biasca
Karte Blatt Nr. 5009, 286, 276, 266
Besondere Hinweise
⚠1 Abzweigung nach Pianturino nicht verpassen. Von den Monti di Medeglia an gezählt, in der sechsten Haarnadelkurve rechts auf Fahrweg und anschliessenden Wanderweg abzweigen. Gut fahrbar.
⚠2 Vom Bahnhof Biasca quer durch den Ort, anschliessend der Autostrasse entlang bis zur Brücke über den Fluss Brenno. Weiter auf Feldwegen bis Semione.
⚠3 In Acquarosso Terme rechts 500 Meter der Hauptstrasse entlang, anschliessend abzweigen und weiter auf der Nebenstrasse bis Ponto-Valentino.
Information Ente turistico di Bellinzona e dintorni, 6500 Bellinzona, Telefon 091 825 21 31; Ente turistico Biasca e Riviera, 6710 Biasca, Telefon 091 862 33 27; Blenio Turismo, 6718 Olivone, Telefon 091 872 14 87
Anschlussroute 3.06 Gravedona–Bellinzona

Die alte Militärstrasse hoch über der Magadinoebene hat der Biker für sich allein.

Intakt: Greina-Hochebene

Zahlreiche Höhenmeter durch das Val Camadra können angenehm auf der Asphaltstrasse überwunden werden.

Beeindruckend ist das erste Stück auf der alten, in den Fels gehauenen Strasse nach Campo Blenio. Anschliessend geht es auf gut ausgebauter Fahrstrasse bis auf die Pian Geirett. Die Strecke auf dem Wanderweg zum Passo della Greina, wo das Mountainbike geschoben oder getragen werden muss, ist relativ kurz. Doch dann folgt die genussreiche Fahrt über die Greina-Hochebene – eine eindrückliche Landschaft im abgeschiedenen Hochtal. Die Route führt dem Fluss entlang, meistens über feinen, kiesigen Boden.

Auf dem anschliessenden, steilen Wanderweg zum Pass Diesrut bleibt uns wenigstens noch der Ausblick auf die unberührte Hochebene erhalten. Zwischen der Greina-Hochebene und dem Val Lumnezia liegt ein äusserst anspruchsvolles Hindernis, der Pass Diesrut. Der steile Wanderweg ist auf beiden Seiten steinig und hindernisreich. Auch in der Abfahrt können viele Passagen nur zu Fuss zurückgelegt werden. Der Fahrweg beginnt erst kurz vor Puzzatsch. Nach der mühsamen Strecke auf dem Wanderweg kommt uns das Schlussstück der Etappe nach Vella, das ausschliesslich der Hauptstrasse entlang führt, wie gelegen.

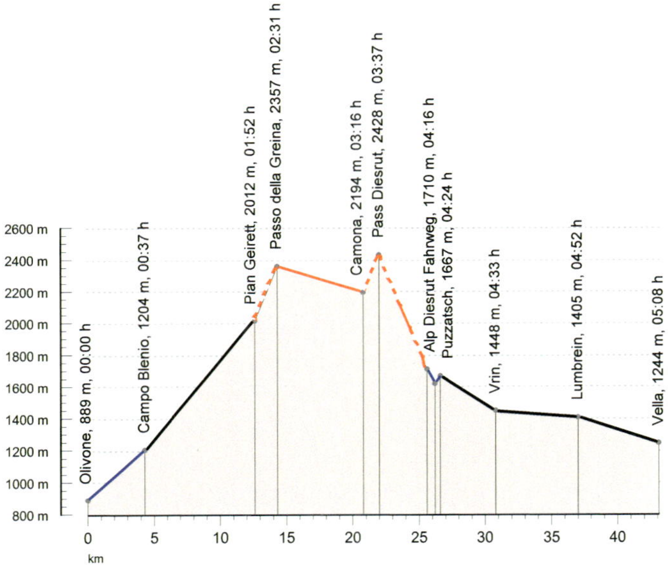

6.04 Olivone–Vella

Schwierigkeitsgrad 4
Distanz 43,1 km
Höhendifferenz ↑1829 m, ↓1474 m
Zeitbedarf 5:15 h
Übernachtung Campo Blenio; Rifugio Scaletta SAT (2205 m), Sektion Lucomagno, 6718 Olivone, Telefon 091 872 26 28; Pensiun Casa d'Albiert Tgamanada (1598 m), San Giusep, 7149 Vrin, Telefon 081 931 17 43; Vrin, Lumbrein, Vella
Restaurant –
Variante/Abkürzung –
Öffentlicher Verkehr –
Karte Blatt Nr. 266, 256, 257
Besondere Hinweise
⚠1 Bei Cozzera vor dem Bachlauf nicht die linke Abzweigung nehmen, sondern geradeaus zur Brücke.
⚠2 Vom Passo della Greina an immer rechts dem Bachlauf entlang fahren.
Information Blenio Turismo, 6718 Olivone, Telefon 091 872 14 87; Verkehrsverein Val Lumnezia, 7144 Vella, Telefon 081 931 18 58
Anschlussroute 1.04 Obersaxen–Vals, 4.06 Vals–Brigels

Das letzte Stück flacher Boden auf der Passhöhe des Diesrut wird noch ausgiebig ausgekostet, im Hintergrund der Piz Vial.

Der Talriegel nach Campo Blenio konnte früher nur auf dieser in den Fels gehauenen Strasse überwunden werden.

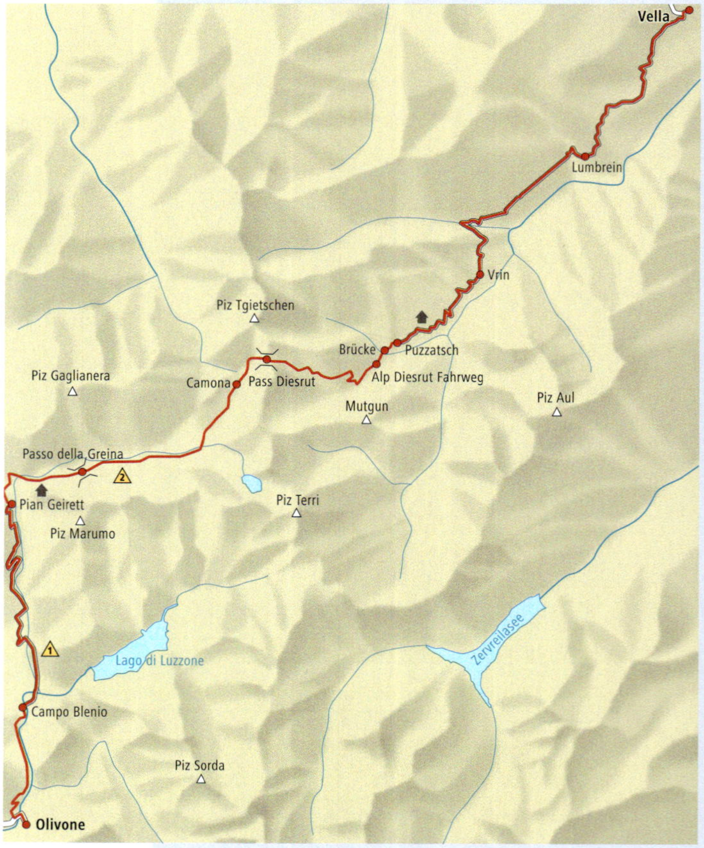

Panixerpass: Weg nach Norden

Eine Asphaltstrasse führt über Morissen um den Piz Mundaun. Herrliche Aussicht – nicht umsonst wird der Piz Mundaun auch Bündner Rigi genannt. Der Aufstieg zum Panixerpass ist bereits gut einzusehen. Auf angenehmen Strässchen werden die Weiler von Obersaxen durchquert. Unterhalb Meierhof, dem grössten der Weiler, zweigt ein Fahrweg ab, der direkt ins Tal hinunter führt. Die Strecke durch den Wald ist für Mountainbiker wie geschaffen.

Bei der Station Rueun beginnt der Aufstieg nach Pigniu/Panix, zunächst auf der Hauptstrasse, auf der aber nur wenige Autos verkehren. Nach dem Dorf zweigt ein steiler Fahrweg zur Alp Ranasca ab. Vor der Alp Ranasca-Dadens wird der Fahrweg flacher – Zeit für eine kurze Erholung. Nach den Alpgebäuden wird der Fahrweg schlechter, bleibt aber fahrbar. Schliesslich wird er zum Wanderweg. Erst nach der Bachüberquerung auf der Plaun da Cavals kann nicht mehr gefahren werden.

In früheren Zeiten wurde der Panixerpass von Säumern rege benützt. Stellenweise ist der alte, in den Fels gehauene Saumweg noch sichtbar. Das Steilstück durch die Kehren hinauf zur Passhöhe muss geschoben werden. Bei der kleinen Schutzhütte auf der flachen Passhöhe können Kräfte für den Downhill gesammelt werden. Der Passweg

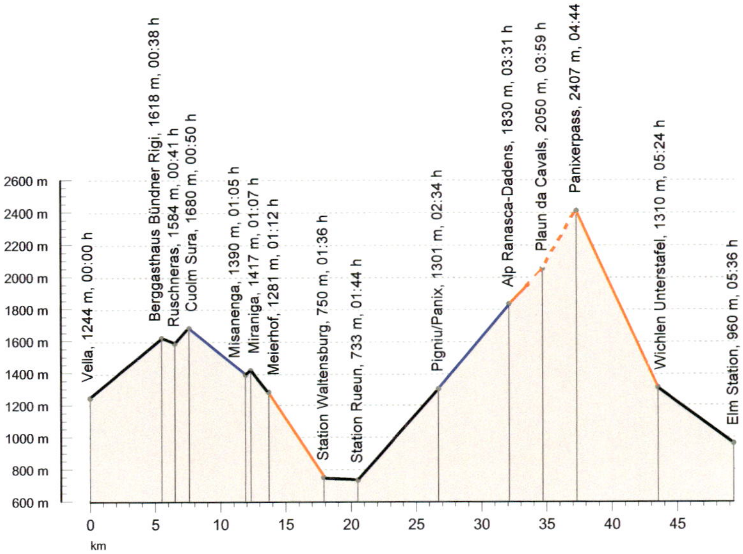

Die alte Strasse von Obersaxen ins Tal hinunter ist seit Jahrzehnten sich selbst überlassen. Ungestörtes Bikerevier!

führt über weite Strecken durch Schutthalden mit faustgrossen Steinen. Auf den 1000 Höhenmetern ist Durchhaltewillen gefordert. Vereinzelt muss bei Hindernissen und in extrem steilen Passagen abgestiegen werden.
Zum Ausklang der Etappe geht es auf angenehmer Asphaltstrasse von der Wichlenalp nach Elm.
Mit dem Panixerpass ist nach Greina und Diesrut der letzte hohe Übergang geschafft.

Bald ist die Steilstufe vor dem Panixerpass überwunden. Der Talblick zurück nach Obersaxen entschädigt für die geleisteten Höhenmeter.

Die kleine Schutzhütte auf dem Panixerpass bietet nur wenigen Personen Platz.

Richtung Panixerpass sind weite Streckenabschnitte fahrbar.

Schwierigkeitsgrad 4
Distanz 49,3 km
Höhendifferenz ↑2171 m, ↓2455 m
Zeitbedarf 5:30 h
Übernachtung Obersaxen, Elm
Restaurant Ustarias Cuolm Sura, 7138 Surcuolm, Telefon 081 933 13 02; Morissen, Rueun, Pigniu/Panix
Variante/Abkürzung –
Öffentlicher Verkehr Station Waltensburg/Vuorz, Station Rueun
Karte Blatt Nr. 257, 247
Besonderer Hinweis ⚠ Nach Cuolm Sura gleich nach der Talstation der Sesselbahn links abzweigen.
Information Verkehrsverein Val Lumnezia, 7144 Vella, Telefon 081 931 18 58; Verkehrsverein Flond-Surcuolm, 7138 Surcuolm, Telefon 081 933 15 15; Verkehrsverein, 7134 Obersaxen Meierhof, Telefon 081 933 22 22; Elm Tourismus, 8767 Elm, Telefon 055 642 60 67
Anschlussroute 4.07 Brigels–Chur

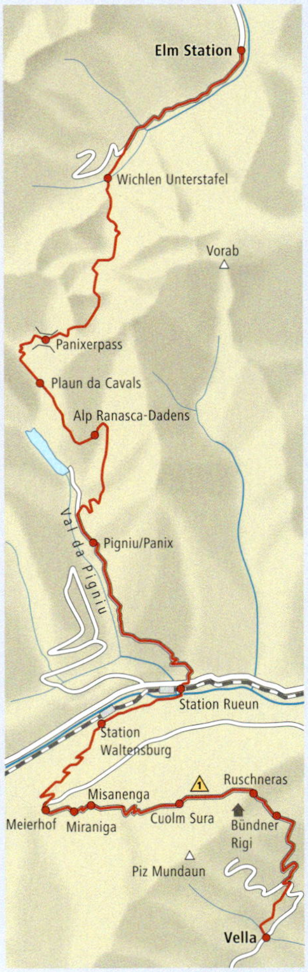

Ab in die Voralpen

Vom Risipass aus sieht man genau, wie weit es noch bis zur Schwägalp ist. Rechts Säntis, links Kronberg.

Bis nach Engi Vorderdorf folgen wir den Wegweisern des Suworow-Wegs. Nach kurzer Fahrt auf der Hauptstrasse führt eine abgelegene Forststrasse hoch über dem Sernf nach Sool. Bevor die Abfahrt nach Glarus in Angriff genommen werden kann, gilt es noch, eine kleine Gegensteigung zu überwinden. Auf dem gut ausgebauten Radweg geht es der Linth entlang Richtung Walensee.

Das auf einer Terrasse über dem Walensee gelegene Amden kann nur auf der Hauptstrasse erreicht werden. Von dort führen zwei Übergänge ins Toggenburg: die Vordere Höhi und die Hintere Höhi. Über die Vordere Höhi führt eine Asphaltstrasse (sie wird auf der Voralpenroute, siehe Seite 168/Etappe 9.01, benutzt); über die Hintere Höhi endet die Fahrstrasse auf der Passhöhe. Das erste Stück nach Stein (Toggenburg) hinunter führt über einen ruppigen Alpweg. Die Passhöhe ist ein idealer Ort, um Rück- und Vorausschau zu halten. Zwischen dem Etappenziel Schwägalp und dem Toggenburg liegt der Risi-

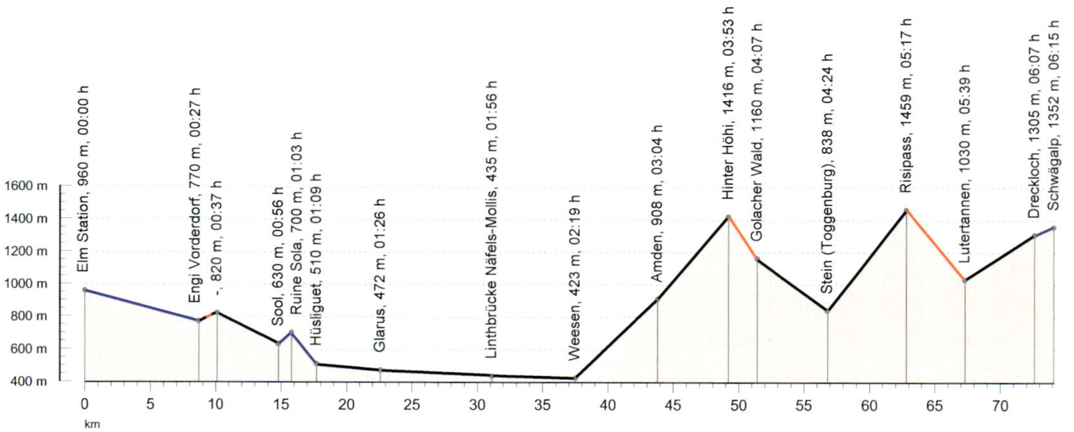

Schwierigkeitsgrad 3
Distanz 74,1 km
Höhendifferenz ↑2156 m, ↓1764 m
Zeitbedarf 6:15 h
Übernachtung Glarus, Weesen, Amden, Stein (Toggenburg); Berghotel Schwägalp (1352 m), 9107 Urnäsch, Telefon 071 365 66 00
Restaurant Zahlreiche Möglichkeiten; Bergrestaurant Strichboden (1309 m), Amden
Variante/Abkürzung Abkürzung: Engi Vorderdorf–Schwanden (Hauptstrasse)–Mitlödi–Hüsliguet (Radweg)
Öffentlicher Verkehr Glarus, Weesen
Karte Blatt Nr. 247, 236, 237, 227, 5014
Besondere Hinweise
⚠1 In Engi Vorderdorf ist ein kurzes Stück der Hauptstrasse entlang zu fahren, bis bei der Bushaltestelle rechts eine Zufahrtstrasse hochführt. Nach wenigen Metern zweigt links unterhalb der Häuser ein Wanderweg ab.
⚠2 Im Hüsliguet Radwegweisern folgen.
Information Elm Tourismus, 8767 Elm, Telefon 055 642 60 67; Glarnerland Tourismus, 8750 Glarus, Telefon 055 650 20 90; Tourismus Amden-Weesen, 8873 Amden, Telefon 055 611 14 13; Touristikinformation, 9655 Stein SG, Telefon 071 994 11 68
Anschlussroute 9.02 Amden–Unteriberg, 9.01 Buchs–Amden

pass. Wie bereits bei der Hinteren Höhi ist die Passhöhe bequem auf einer Fahrstrasse zu erreichen. Und auch die Abfahrt auf dem gepflegten Wanderweg kann ohne grosse Schwierigkeiten befahren werden. Gemächlich ist der Schlussaufstieg zur Schwägalp. In den Herbstmonaten ist das Berghotel gut belegt; in dieser Zeit empfiehlt sich eine vorgängige Reservation.
Aufgeteilt in zwei Etappen reduziert sich der Schwierigkeitsgrad auf 2 beziehungsweise 1.

Endstation Schwäbisches Meer

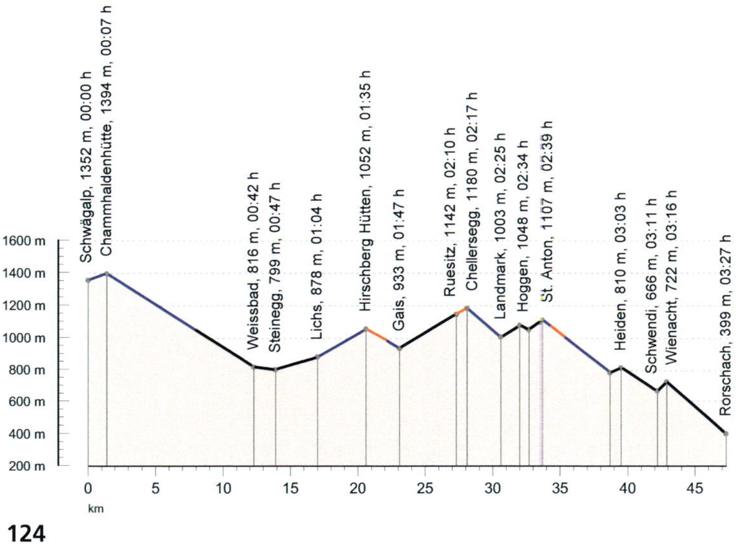

Zwischen Gais und Chellersegg.

Bereits nach weniger als zehn Minuten ist der höchste Punkt der Tagesetappe bei der Chammhaldenhütte erreicht. Zwischen Schwägalp und Bodensee liegen keine grösseren Steigungen mehr. Die Fahrt durch das voralpine Gebiet des Appenzellerlands ist ein genussvoller Ausklang der anstrengenden Alpenüberquerung. Bis Steinegg ist die Streckenführung einfach. Talauswärts führt die Route durch eine malerische Kulturlandschaft. Anschliessend wird die Streckenführung wegen der zahlreichen Möglichkeiten schwieriger. Der

An einigen Punkten bietet sich ein herrliches Panorama über das Sankt Galler Rheintal.

Hauptstrasse ausweichend wird der Hirschberg bezwungen. Vom breiten Bergrücken führt ein schmaler Fahrweg direkt nach Gais hinunter, gefolgt vom gemächlichen Aufstieg zur Chellersegg. Mit fantastischer Aussicht auf das untere Rheintal geht es in stetigem Auf und Ab bis nach Sankt Anton. Nach der Kapelle in Sankt Anton zweigt links eine Nebensträsschen Richtung Heiden ab. Nach der letzten Abfahrt von Heiden nach Rorschach sind sämtliche Strapazen vergessen. An den Ufern des Bodensees kann man bei einem Glas Bier die vergangenen Tage Revue passieren lassen.

Schwierigkeitsgrad 2
Distanz 47,3 km
Höhendifferenz ↑779 m, ↓1732 m
Zeitbedarf 3:30 h
Übernachtung Waldgasthaus Lehmen (968 m), Wissbachtal, 9057 Weissbad, Telefon 071 799 13 48; Weissbad, Steinegg, Gais, Heiden, Rorschach
Restaurant Zahlreiche Möglichkeiten
Variante/Abkürzung –
Öffentlicher Verkehr Weissbad, Steinegg, Gais, Heiden
Karte Blatt Nr. 227, 217, 5014
Besonderer Hinweis ⚠ Auf dem Bischofsberg, vor Heiden, ist ein kurzes Stück auf dem Wanderweg zurückzulegen.
Information Tourist Information, 9050 Appenzell, Telefon 071 788 96 41; Verkehrsverein, 9056 Gais, Telefon 071 793 16 44; Appenzellerland Tourismus AR, 9410 Heiden, Telefon 071 898 33 00; Tourist Information, 9400 Rorschach, Telefon 071 841 70 34
Anschlussroute –

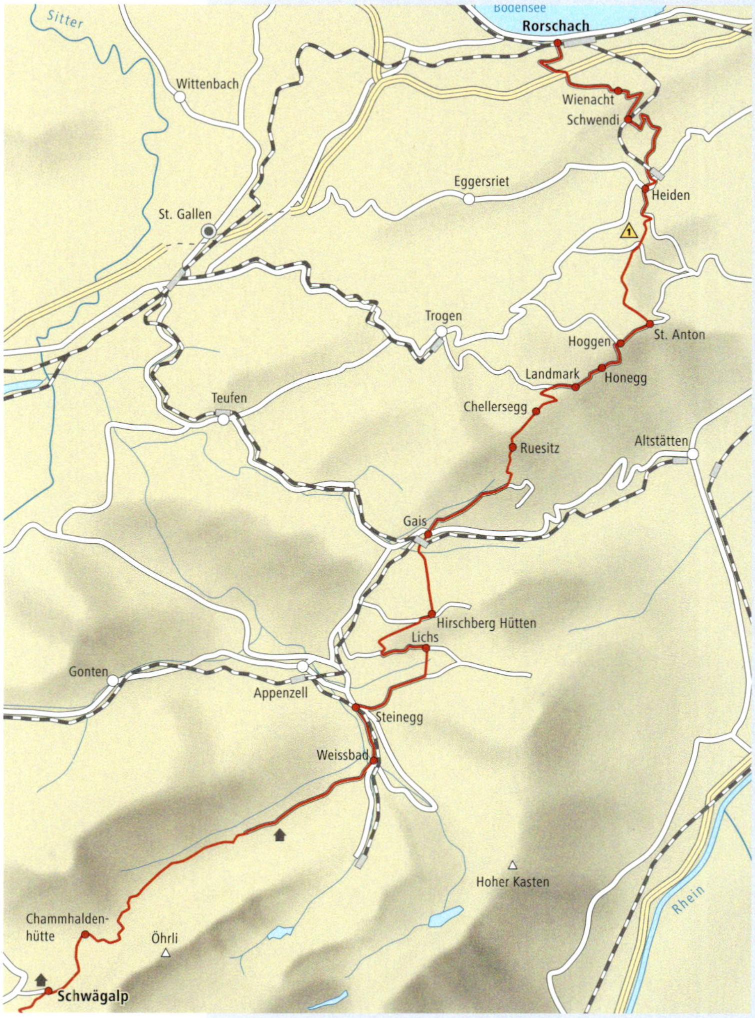

Vier-Länder-Transalp

Schwierigkeitsgrad	2 bis 4
Distanz	292 km
Höhendifferenz	↑8758 m, ↓9109 m
Anzahl Tagesetappen	6
Fahrzeit	27:15 h
Beste Jahreszeit	Juli bis Oktober
Anreise	Bahnhof Oberstdorf
Rückreise	Bahnhof Tirano

Der Start ist in Deutschland, das Ziel in Italien. Dazwischen werden Österreich an seiner engsten Stelle und die Ostzipfel der Schweiz durchquert. Da Oberstdorf Ausgangspunkt einiger bekannter Transalprouten zum Gardasee ist, trifft man bis zur Heilbronner Hütte viele Mountainbiker. Vom Prättigau bis ins obere Veltlin (Alta Valtellina) wird die Höhe von über 1500 Meter ü. M. nicht mehr preisgegeben. Die Up- und Downhills in den hoch gelegenen Tälern sind nicht allzu steil, eindrücklich aber ist die Schlussabfahrt von den Schneeresten am Passo di Verva in die Rebberge rund um Tirano.
Die sechs Etappen sind einschliesslich An- und Rückreise mit öffentlichem Verkehr in einer Woche zu bewältigen. Von der Schweiz aus ist Oberstdorf über Lindau mit der Deutschen Bahn (DB) gut erreichbar. Das Mountainbike kann im Selbstverlad in den meisten Zügen mittransportiert werden. Unproblematisch ist auch die Rückreise mit der Rhätischen Bahn (RhB).
Die Etappen sind so angelegt, dass meistens in einer Berghütte übernachtet werden kann; statt des Etappenorts Klosters bietet sich auch eine Berghütte im Schlappintal an.
Die Route enthält relativ lange Schiebepassagen auf Wanderwegen. Nur gerade der letzte Übergang, der Passo di Verva, ist beidseitig durch einen Fahrweg erschlossen. Dafür sind auf dem Vier-Länder-Transalp ausgiebig schmale Fahrwege und einsame Naturstrassen auszukosten. Die Route ist auch in der Gegenrichtung machbar.

Abfahrt durch das Val Susauna ins Engadin.

Zwei Länder zum Start

Über die Felswände zum Schrofenpass muss das Mountainbike bereits getragen werden – kein Grund, es gleich wegzuwerfen.

In Oberstdorf im Oberallgäu beginnt die sechstägige Tour. Da der Bahnhof nördlich des Dorfzentrums liegt, ist zuerst der autofreie Dorfkern zu durchqueren. Auf flachen Nebenstrassen erreicht man eingangs des Rappenalptals den Radweg. Nach Faistenoy bei der Talstation der Fellhornbahn muss auf die Asphaltstrasse gewechselt werden. Bis zur Schwarzen Hütte steigt die Strasse durch das Rappenalptal nur unwesentlich an – eine einfache Strecke zum Einfahren. Je näher die Speicher Hütte rückt, desto steiler wird die Fahrstrasse; das Tal wird enger, aufragende Felswände schliessen es gegen Süden ab.

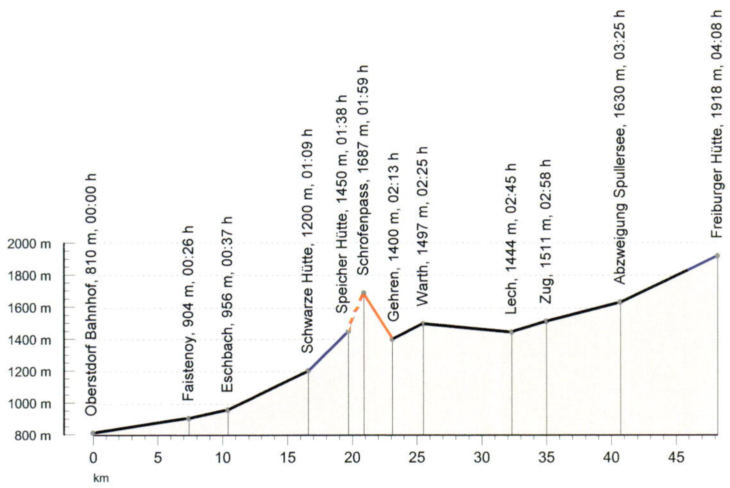

Der Weg über den Schrofenpass ist teilweise aus dem Fels gehauen und mit Drahtseilen gesichert. Auf dem Wanderweg muss das Mountainbike geschoben, auf den schmalen Wegstücken getragen werden. Auf der Passhöhe wird das Gelände flacher. Zahlreiche Mountainbikespuren leiten über den hindernisreichen, steinigen Wanderweg nach Warth hinunter. Eine ansprechende Alternative zur Hauptstrasse nach Lech steht nicht zur Verfügung. Da Lech bereits auf über 1400 Meter liegt, sind bis zur Freiburger Hütte zwar nicht mehr allzu viele Höhenmeter zu bewältigen, doch die Fahrt auf der gut ausgebauten Strasse durch das malerische Tal zieht sich in die Länge. Die Zufahrt zur Freiburger

Es bleibt Zeit, um von Oberlech aus die Aussicht über Lech in der Nachmittagssonne zu geniessen.

Hütte ist für Autos gebührenpflichtig; es verkehren jedoch Autobusse.

Der höchste Punkt der Tagesetappe ist gleichzeitig das Etappenziel. Von der Freiburger Hütte aus präsentiert sich im Süden der Bergkranz der Vorarlberger Alpen. Wer spät eintrifft, verpasst vielleicht das Nachtessen, aber nicht das prächtige Panorama.

Schwierigkeitsgrad 3
Distanz 48,2 km
Höhendifferenz ↑1498 m, ↓390 m
Zeitbedarf 4:15 h
Übernachtung Oberstdorf, Warth, Lech; Freiburger Hütte (1918 m), Rauhes Joch, A-6764 Lech, Telefon +43 5556 73540
Restaurant Schwarze Hütte (1227 m), Rappenalptal; Zug
Variante/Abkürzung –
Öffentlicher Verkehr Oberstdorf
Karte Allgäuer Alpen 1:50 000 (Bayerisches Landesvermessungsamt) Arlberg, Nördliche Verwallgruppe Nr. 33 (Kompass Wanderkarte) Blatt Nr. 238
Besonderer Hinweis ⚠ In der Abfahrt vom Schrofenpass wird ein Fahrweg passiert, der rechts zu einer Hütte hinaufführt. Hinweisschilder weisen unmissverständlich den Weg. Weiter unten teilt sich der Weg, führt rechts Richtung Gehren, links über das Bächlein Richtung Holzgauer Haus (Umweg). Beide Wege führen zur Hauptstrasse hinunter.
Information Tourist-Information, D-87561 Oberstdorf, Telefon +49 8322 7000; Lech Zürs Tourismus, Büro Lech, A-6764 Lech, Telefon +43 5583 2161-0
Anschlussroute –

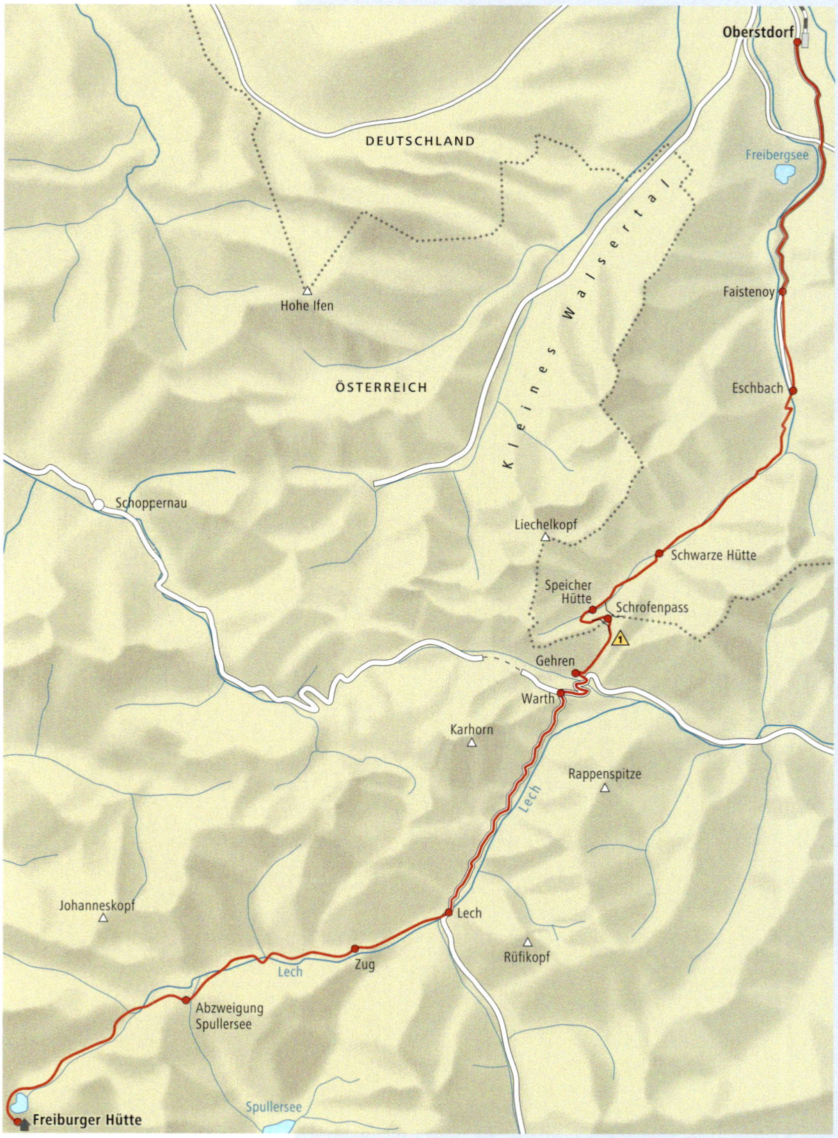

Von Hütte zu Hütte

Gleich zu Beginn steht ein anspruchsvoller Downhill auf dem Programm. Die Fahrstrasse vom Rauhen Joch endet bei den Alpgebäuden. Danach beginnt ein breiter, grobsteiniger Weg mit steilen, sehr schwierig zu fahrenden Spitzkehren. Die Rückenlast erschwert die Balance zusätzlich. Nach der ersten Steilstufe geht es etwas gemächlicher über Alpweiden, bevor der zweite schwierige Abschnitt beginnt. Stellenweise muss auf dem schmalen, über dem Bachbord verlaufenden Wanderweg geschoben werden. Das letzte Stück des Downhills verläuft auf der Fahrstrasse nach Dalaas.

Die Nordseite des Kirstbergsattels ist bewaldet und mit einer gut ausgebauten Forststrasse erschlossen. Kirstberg ist ein idealer Ort für eine kurze Rast. Anschliessend folgt der schönste Teil der Etappe: flach auf einem traumhaften Fahrweg ins Wasserstubental, gefolgt von einer abwechslungsreichen Abfahrt mit einer kleinen Gegensteigung zum Hasahüsli hinunter.

Der Anstieg durch das Silbertal sollte gestärkt in Angriff genommen werden. Gleich nach dem Überqueren der Brücke über die Litz steigt die Kiesstrasse steil an. Nach zwei Kilometern wird die Steigung angenehmer. Die Naturstrasse führt durch lichten Wald und über Alpweiden durch das abgelegene Tal. Erst beim Erreichen der Waldgrenze wird die Fahrstrasse wieder steiler.

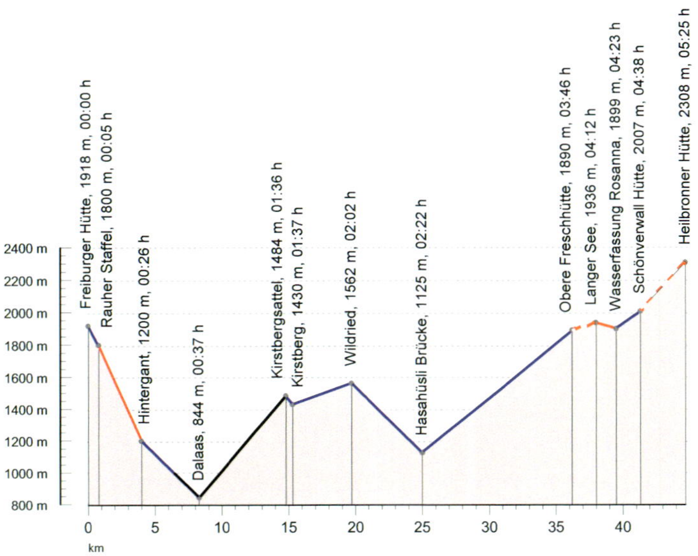

Obwohl der Wanderweg von der Oberen Freschhütte fast ohne Steigung zum Langen See führt, sind nur kurze Abschnitte fahrbar. Der Wanderweg führt an Hochmooren vorbei durch kupiertes, steiniges Gelände. Vom Langen See ins Schönverwall können wiederum längere Abschnitte gefahren werden.

Das Etappenziel ist zugleich der höchste Punkt der Etappe. Die flachen Wanderwegabschnitte von der Schönverwall Hütte zur 2308 Meter ü. M. gelegenen Heilbronner Hütte können gefahren werden, auf den längeren steilen Abschnitten ist Schieben angesagt.

Schwierigkeitsgrad 4
Distanz 44,7 km
Höhendifferenz ↑2202 m, ↓1612 m
Zeitbedarf 5:30 h
Übernachtung Dalaas, Kirstberg; Heilbronner Hütte DAV (2308 m), Verbellner Winterjöchli, Telefon +43 5446 2954
Restaurant Hasahüsli (1150 m), Silbertal
Variante/Abkürzung Abkürzung: Kirstberg–Bartholomäberg–Schruns–St. Gallenkirch
Öffentlicher Verkehr Dalaas
Karte Blatt Nr. 238, 239
Besondere Hinweise
⚠1 Im Wasserstubental auf der Fahrstrasse links dem Bachlauf talabwärts bis zur nächsten Brücke folgen. Links über Brücke und mit Gegensteigung Richtung Hasahüsli hinunter.
⚠2 Um auf die Strasse zur Schönverwall Hütte zu gelangen, kann bei der Wasserfassung der Bach überquert werden, anstatt talabwärts auf der Fahrstrasse einen Umweg zu fahren.
Information Silbertal Tourismus, A-6780 Silbertal, Telefon +43 5556 74112; Montafon Tourismus, A-6780 Schruns, Telefon +43 5556 722530
Anschlussroute 1.09 Schruns–Biberacher Hütte

Grosszügig präsentiert sich die Freiburger Hütte. Platz genug für viele Biker.

Die Scheidseen unterhalb der Heilbronner Hütte.

Für Downhill-Spezialisten

Rast auf dem Schlappiner Joch.

Da die mächtige Heilbronner Hütte vom Kopsstausee her durch eine Strasse erschlossen ist, beginnt die Etappe angenehm mit einer langen Abfahrt nach Sankt Gallenkirch im Montafon. Oberhalb der Mautstelle wird die Silvretta-Hochalpenstrasse erreicht. Bis Gargellen verläuft die Etappe entlang der Hauptstrasse. Um dem Verkehr doch etwas auszuweichen, kann durch Partenen und Gaschurn auf die Dorfstrasse ausgewichen werden.

Auf der steilen Hauptstrasse nach Gargellen hält sich der Verkehr in Grenzen. Bis auf die Ober Valzifenzalpe führt eine Fahrstrasse. Der Wanderweg zweigt vorher zum Schlappiner Joch ab. Auf dem steilen, zerfurchten Passweg muss das Mountainbike meist getragen werden. Die herrliche Aussicht vom Schlappiner Joch ins Prättigau und ins Landwassertal entschädigt für den mühsamen Aufstieg.

Das Gelände auf der Südseite des Schlappiner Jochs ist weniger steinig und steil als im Aufstieg. Der sich gut ins Gelände einfügende Passweg nach Schlappin hinunter erlaubt dem geübten Techniker einen Downhill vom Feinsten. Auch auf der Naturstrasse von Schlappin nach Klosters arbeiten vor allem die Bremsen.

In Schlappin besteht die Möglichkeit, abseits der grösseren Ortschaften in einem der beiden Berggasthäuser zu übernachten.

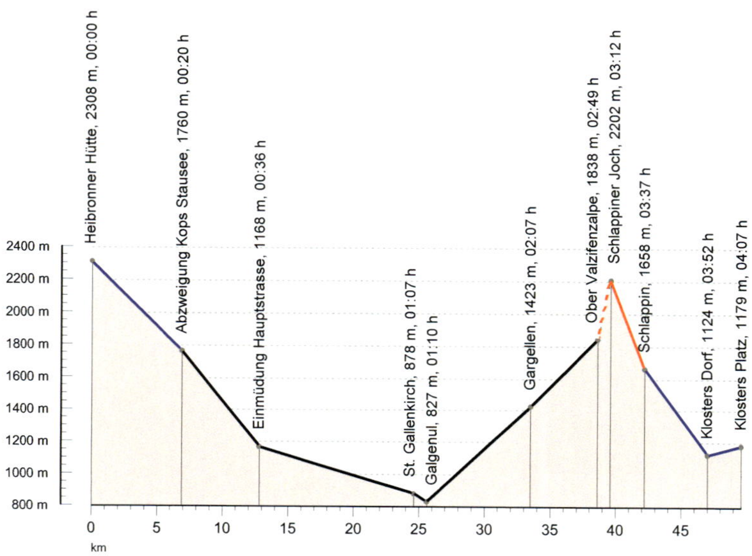

Schwierigkeitsgrad 4
Distanz 49,6 km
Höhendifferenz ↑1430 m, ↓2559 m
Zeitbedarf 4:00 h
Übernachtung Gaschurn, Sankt Gallenkirch, Gargellen; Berghaus Gemsli (1658 m), Schlappin, 7252 Klosters Dorf, Telefon 081 422 13 39; Berghaus Erika (1658 m), Schlappin, 7252 Klosters Dorf, Telefon 081 422 11 17; Klosters
Restaurant –
Variante/Abkürzung –
Öffentlicher Verkehr Klosters
Karte Blatt Nr. 239, 238, 249, 248, 5017, 5002
Besondere Hinweise
⚠ Die Strasse nach Partenen im Montafan zweigt ab, bevor der Kopsstausee erreicht wird.
⚠ Nach der Talstation der Bergbahn rechts über die Brücke und weiter links über die zweite Brücke Richtung Valzifenzalpe.
Information Sankt Gallenkirch Tourismus, A-6791 Sankt Gallenkirch, Telefon +43 5557 66000; Gargellen Tourismus, A-6787 Gargellen, Telefon +43 5557 6303; Klosters Tourismus, 7250 Klosters, Telefon 081 410 20 20
Anschlussroute 4.01 Chur–Klosters, 4.02 Klosters–Arosa

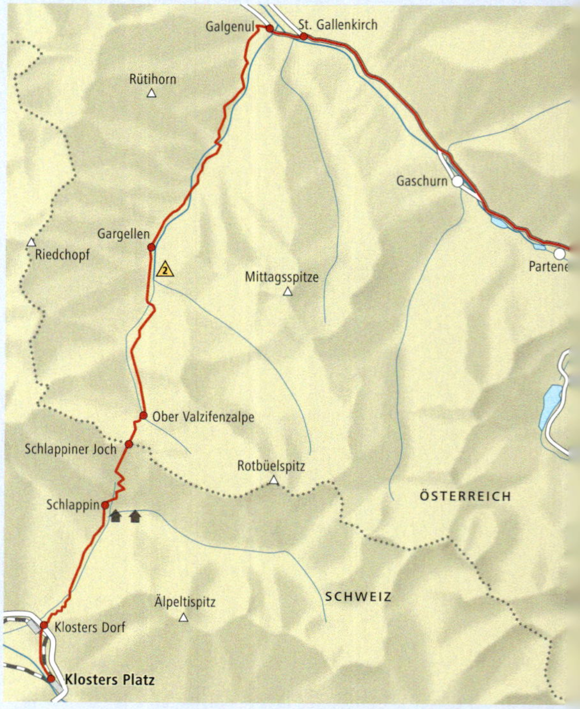

Landschaft und Natur erleben

Die verkehrsreiche Strasse zwischen Klosters und Davos lässt sich gut vermeiden. Gleich nach der Brücke über die Landquart biegt man rechts ab. Bis zur Unterführung der Rhätischen Bahn (RhB) ist das steile Fahrsträsschen durchwegs fahrbar. Der weitere Aufstieg auf dem markierten Weg weist unterschiedliche Steigung und Beschaffenheit auf, ist aber immer sehr abwechslungsreich. Im steilen Wegstück nach der Querung der Hauptstrasse bei Unter Laret sind viele gezwungen abzusteigen. Die anschliessende kupierte Strecke durch den Wald zum Wolfgangpass ist Mountainbike-Genuss pur, gefolgt von einer interessanten Abfahrt zum Davoser See hinab. Hier ist die Geschwindigkeit wegen der Spaziergänger etwas zu drosseln.
Durch das lang gezogene Dischmatal wird unbemerkt Höhe gewonnen. Im Dürrboden, auf 2007 Meter ü. M., endet die Strasse. Von hier führt ein alter, breiter Saumweg in gleichmässiger Steigung zum Scalettapass hinauf. Aufgrund der Steilheit und der Bodenbeschaffenheit ist nur ungefähr ein Viertel der Strecke bis zum Pass fahrbar. Der Passweg zur Alp Funtauna hinunter weist keine grossen Schwierigkeiten auf. In den engen Kehren kurz vor der Alp mag man sich vorkommen wie eine Kugel in einer überdimensionierten Kugelbahn. Dem schäumenden Bachlauf entlang führt die Strasse durch luftige Lärchenwälder talauswärts.

Der angenehme Teil der Etappe durch das Dischmatal ist nur allzu schnell zu Ende.

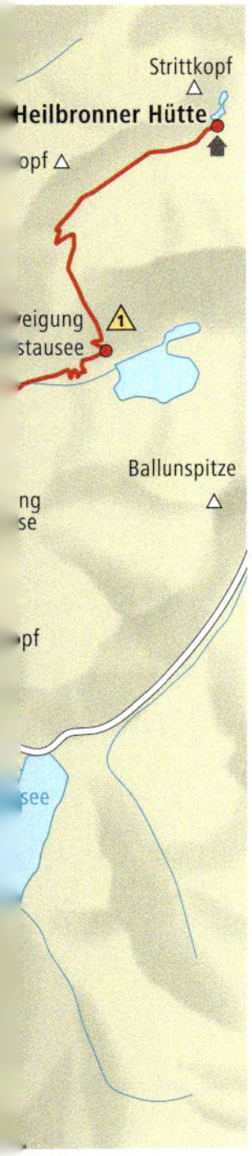

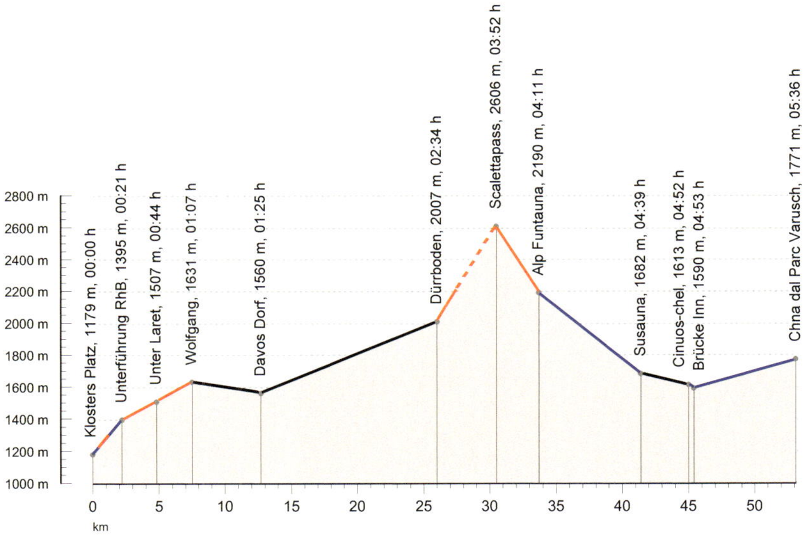

Das Schieben zum Scalettapass ist bald vorbei.

Die etwas längere Route durch Cinuos-chel wird belohnt durch den ursprünglichen Dorfkern des kleinen Engadiner Dorfes und den schönen Veloweg auf der gegenüberliegenden Talseite. Das Etappenziel ist die Chamanna dal Parc Varusch, eine ruhig gelegene Parkhütte am Eingang des Val Trupchun, die vor allem im Herbst sehr gut belegt ist.

Im Val Funtauna auf 2190 Meter ü. M. beginnt der Fahrweg talauswärts nach Cinuos-chel.

Schwierigkeitsgrad 3
Distanz 53,1 km
Höhendifferenz ↑1759 m, ↓1167 m
Zeitbedarf 5:30 h
Übernachtung Davos, Cinuos-chel; Chamanna dal Parc (Parkhütte) Varusch (1771 m), Val Trupchun, 7525 S-chanf, Telefon 081 854 31 22
Restaurant Gasthaus Dürrboden (2007 m), Dischma, 7270 Davos Platz, Telefon 081 416 34 14
Variante/Abkürzung Abkürzung: Susauna–Chapella–Hauptstrasse (vor Kaserne links abzweigen)–Varusch
Öffentlicher Verkehr Klosters, Davos
Karte Blatt Nr. 248, 258, 259, 5002, 5017
Besonderer Hinweis ⚠ Nach der Innbrücke nicht direkt rechts abzweigen, sondern zuerst talauswärts Höhe gewinnen. Auf einem schlechten Fahrweg kann rechts ein kleines Stück zum Radweg abgekürzt werden. Weiter auf dem Radweg talaufwärts bis zur Zielschlaufe des Engadin Skimarathon.
Information Davos Tourismus, 7270 Davos Platz, Telefon 081 415 21 21; Verkehrsverein S-chanf, 7525 S-chanf, Telefon 081 854 22 55

Anschlussroute
4.02 Klosters–Arosa,
1.07 Monstein–Heuberg

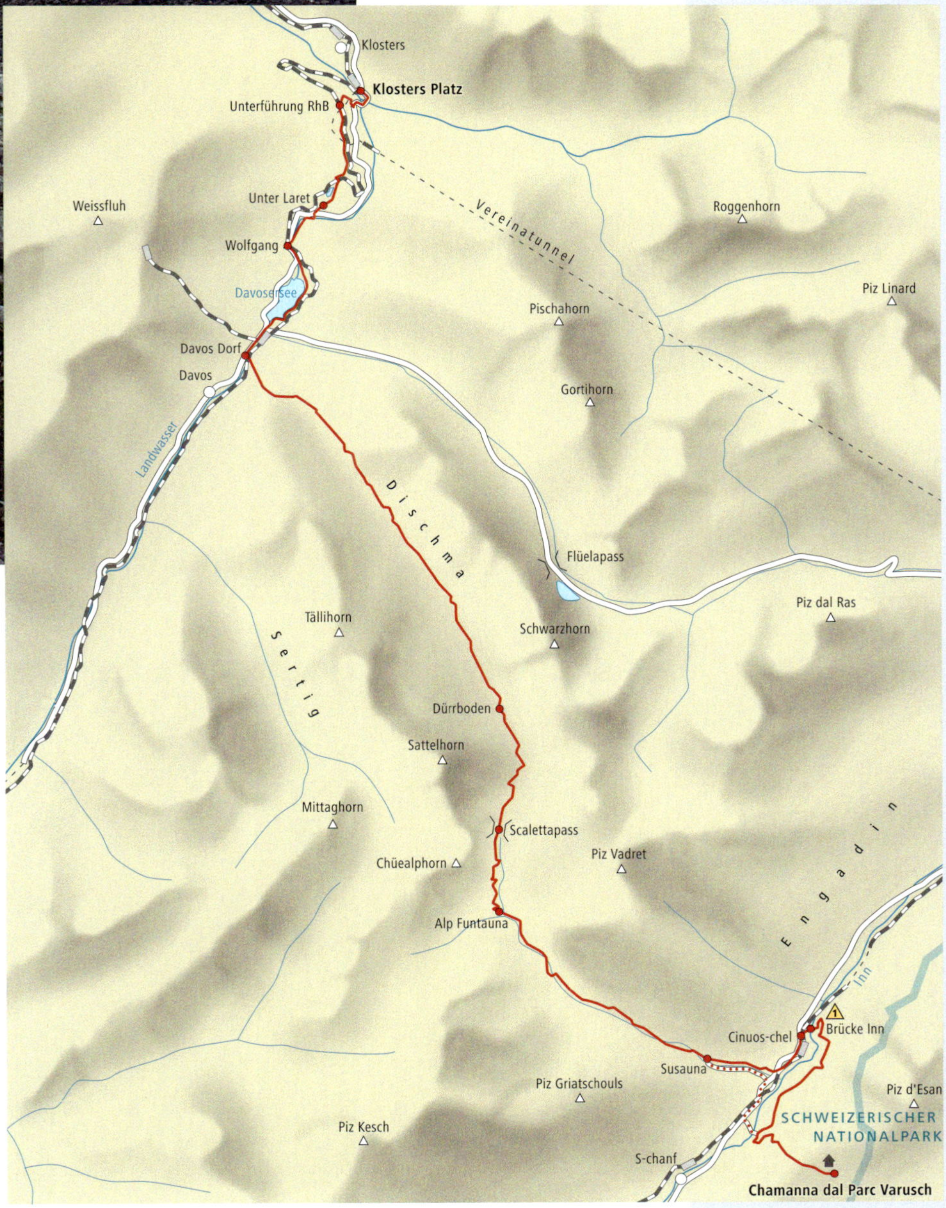

Platz für zollfreie Schnäppchen?

Auf einer Naturstrasse wird die abgelegene Alp Chaschauna erreicht. Nach den Alpgebäuden öffnet sich das Tal. Der Alpweg wird langsam zum Wanderweg. Beim Wanderwegweiser ist die Fahrt zu Ende: Etwas mehr als eine halbe Stunde muss das Mountainbike geschoben werden. Doch auf dem Pass Chaschauna kann schon wieder aufgestiegen werden. Nur knapp hundert Meter unterhalb der Passhöhe beginnt bei der Cabana TCI bereits der Fahrweg Richtung Livigno. Auf den ersten Blick mag die Überquerung des Passes in umgekehrter Richtung einfacher erscheinen, da die Strasse bis auf 2601 Meter hinaufführt. Doch während der Abfahrt zeigt der Velocomputer ein durchschnittliches Gefälle von –18 Prozent an. Nachdem der Talboden des Val di Federia erreicht ist, rollt man gemütlich nach Livigno.
Das lang gezogene Strassendorf lädt vor allem zum Einkauf zollfreier Waren ein. Da der Bikerrucksack jedoch während der vergangenen fünf Tage nicht leichter geworden ist, geht es gleich weiter dem rechten Seeufer des Lago di Livigno entlang Richtung Passo di Val Alpisella. Der in die enge Schlucht gebaute Saumweg und die imposante Strecke ins Valle di Fraéle sind durchgängig fahrbar. Vollkommener Bikegenuss in einer traumhaft schönen Landschaft. Die zwei grossen türkisfarbenen Stauseen im Valle di Fraéle lassen das Tal breit und offen erscheinen und verleihen ihm einen einzigartigen alpinen Charakter. Fahrstrassen führen auf beiden Seeseiten dem Lago di San Giacomo di Fraéle entlang.

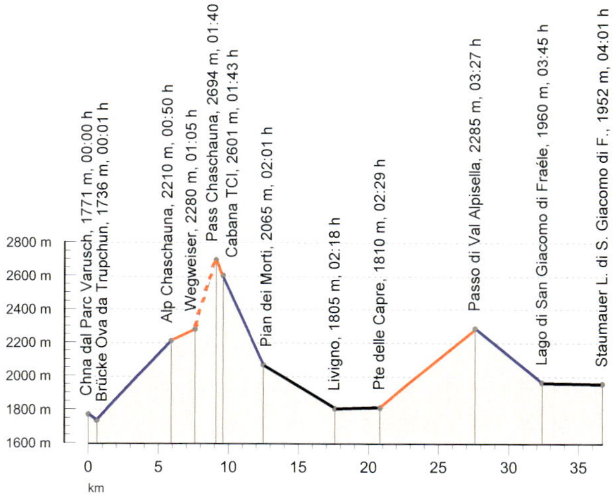

Schwierigkeitsgrad 3
Distanz 36,7 km
Höhendifferenz ↑1438 m, ↓1257 m
Zeitbedarf 4:00 h
Übernachtung Rifugio TCI/Cabana al Passo di Cassana (2601 m), Pass Chaschauna, Telefon +39 0342 997205; Livigno; Ristoro San Giacomo (1970 m), Lago di San Giacomo di Fraéle, Telefon für Reservationen +39 0342 98 55 63; Ristoro Valle Fraéle (1952 m), Lago di San Giacomo di Fraéle, Telefon +39 0342 90 24 59; Ristoro Monte Scala da Guido (1950 m), La Bocchetta, Cancano, Telefon +39 0342 90 46 60; Ristoro Villa Valania (1930 m), Lago delle Scale, Cancano, Telefon +39 0342 90 33 12
Restaurant Ristoro Val Alpisella, Lago Livigno, Telefon +39 335 526 28 28
Variante/Abkürzung –
Öffentlicher Verkehr –
Karte Blatt Nr. 259, 269, 5017
Besonderer Hinsweis ⚠ Vor dem Restaurant Val Alpisella am Lago Livigno auf einer schmalen Strasse hochfahren und anschliessend rechts Richtung Schlucht halten.
Information Verkehrsverein S-chanf, 7525 S-chanf, Telefon 081 854 22 55; Azienda Promozione Turistica Livigno, I-23030 Livigno, Telefon +39 0342 996 379; Proloco Valdidentro, I-23038 Isolaccia Valdidentro, Telefon +39 0342 98 53 31
Anschlussroute 3.02 Müstair–Arnoga

Der Lago di San Giacomo di Fraéle mit dem Pizzo del Ferro.

Im Valle di Fraéle.

Einmalige Höhenwege

Der einmalige, topfebene Panoramaweg hoch über Valdidentro scheint nicht nur für die Mountainbiker reserviert zu sein.

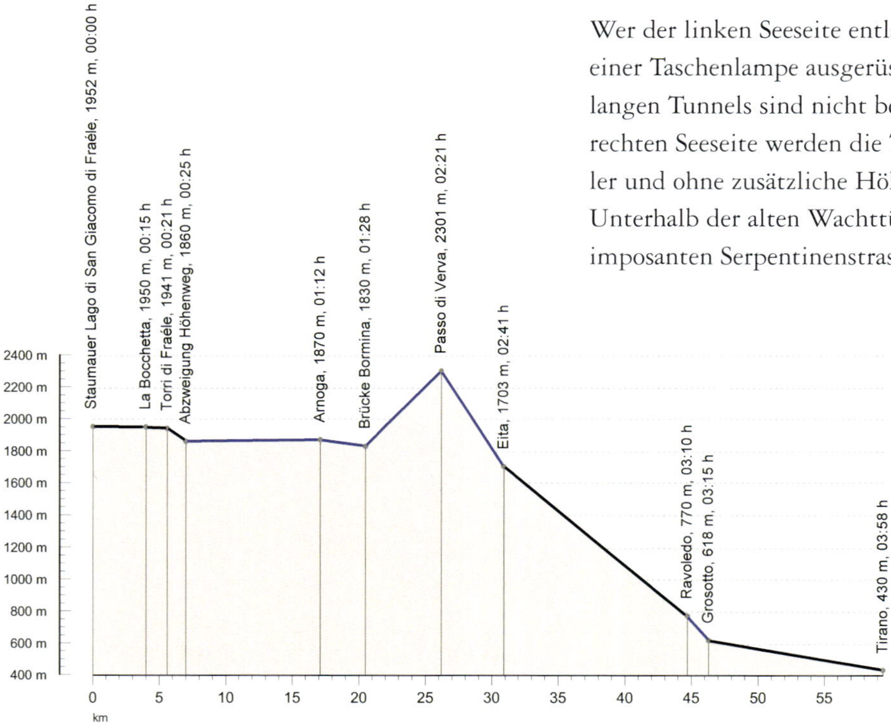

Wer der linken Seeseite entlang fährt, sollte mit einer Taschenlampe ausgerüstet sein. Die zwei langen Tunnels sind nicht beleuchtet. Auf der rechten Seeseite werden die Torri di Fraéle schneller und ohne zusätzliche Höhenmeter erreicht. Unterhalb der alten Wachttürme zweigt von der imposanten Serpentinenstrasse ein für Fahrzeuge

Am tiefsten Einschnitt in der Gebirgskette befindet sich der Pass da Val Viola. Der Weg zum Passo di Verva zweigt auf halber Strecke links vom Val Viola ab.

gesperrter Fahrweg ab. Bis Arnoga verläuft der topfebene Panoramaweg hoch über dem Talboden des Alta Valtellina. Die Aussicht über das Tal und die gegenüberliegende Cima di Piazzi kann beim mühelosen Rollen in vollen Zügen genossen werden. Nach Arnoga fällt der schlagartige Wechsel von der flachen Strasse zur kupierten Piste etwas schwer.

Über den Passo di Verva führt eine durchgehende Schotterpiste. Je näher die Passhöhe rückt, desto grösser werden die Steine auf der Fahrbahn. Die Abfahrt durch das ursprüngliche, vom Tourismus weitgehend verschonte Valle Grosina ist der letzte eindrückliche Höhepunkt der Route. In kurzer Abfolge lassen sich die unterschiedlichen Vegetationszonen hautnah erleben: Schnell verschwinden die Schneereste entlang des Fahrwegs. Kastanienwälder lösen die farbigen Magerwiesen ab und plötzlich tauchen ausgangs des Valle Grosina die ersten Weinberge auf. Von Grosotto, im Talboden des Veltlins gelegen, führt die Etappe grösstenteils über Nebenstrassen ans Routenziel Tirano.

Schwierigkeitsgrad 2
Distanz 59,4 km
Höhendifferenz ↑631 m, ↓2153 m
Zeitbedarf 4:00 h
Übernachtung Ristoro Monte Scala da Guido (1950 m), La Bocchetta, Cancano, Telefon +39 0342 90 46 60; Ristoro Villa Valania (1930 m), Lago delle Scale, Cancano, Telefon +39 0342 90 33 12; Hotel Li Arnoga (1870 m), Arnoga, I-23030 Arnoga Valdidentro, Telefon +39 0342 92 71 16; Grosotto, Tirano
Restaurant Ravoledo
Variante/Abkürzung Variante: Der linken Seeseite des Lago di San Giacomo di Fraéle und des Lago di Cancano entlang
Öffentlicher Verkehr Tirano
Karte Blatt Nr. 269, 279

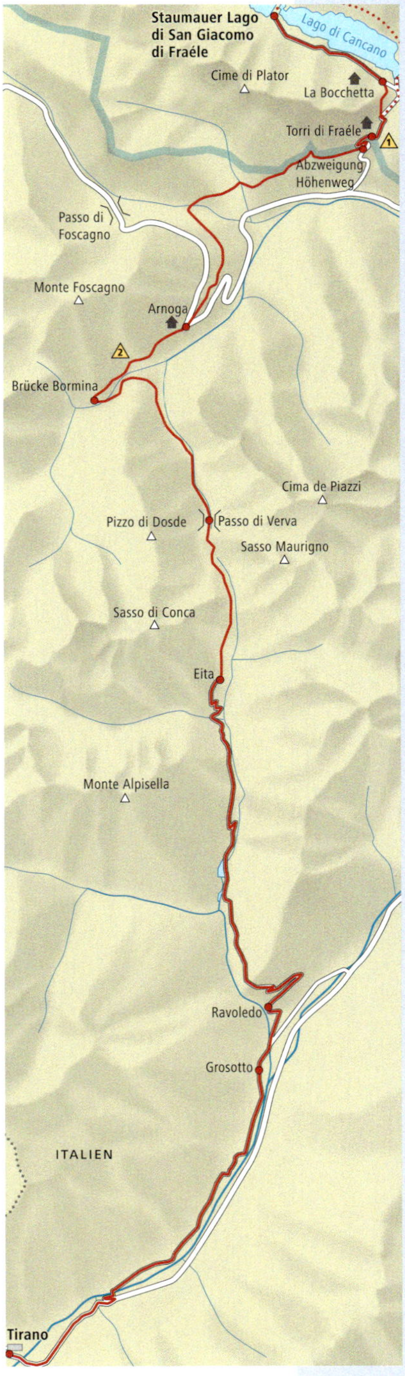

Besondere Hinweise
⚠1 Kurz nach der dritten Haarnadelkurve zweigt der Höhenweg nach Arnoga ab (mit Erdwall verbarrikadiert).
⚠2 Zirka 2 km nach Arnoga links zur kleinen Kapelle auf Alpe Campo abzweigen (zweite grössere Abzweigung nach Arnoga). Nach Alpe Campo holt die Strasse in weiter Linkskurve bis zur Brücke über die Bormina aus.
Information Proloco Valdidentro, I-23038 Isolaccia Valdidentro, Telefon +39 0342 98 53 31; Azienda Promozione Turistica, Ufficio di Tirano, I-23037 Tirano, Telefon +39 0342 706 066
Anschlussroute 3.03 Arnoga–Le Prese

Racletteroute

Obwohl nicht gerade die ideale Sportlernahrung, ist von der Haute Savoie bis ins Obergoms selbst an heissen Sommertagen die geschmolzene Käsespezialität erhältlich, die dieser Route den Namen gab. Der erste Teil der Route von Evian nach Martigny führt durch eines der grössten Skigebiete der Alpen, die «Portes du Soleil» mit ihren zahlreichen Skistationen. Im Sommer dienen die Bergbahnen als komfortable Aufstiegshilfen für Wanderer und Mountainbiker. Im zweiten Teil von Martigny nach Oberwald werden sämtliche Walliser Südtäler durchquert. Über dem Haupttal der Rhone führt die Route über hohe Pässe und durch tief eingeschnittene Täler. Zusammen ergibt sich daraus eine eindrückliche zweiwöchige Reise.

Schwierigkeitsgrad	2 bis 3
Distanz	249 km
Höhendifferenz	↑8320 m, ↓8229 m
Anzahl Tagesetappen	5
Fahrzeit	22:45 h
Beste Jahreszeit	Juni bis Oktober
Anreise	Bahnhof Lausanne: Kursschiff nach Evian
Rückreise	Bahnhof Martigny

Racletteroute Savoyen

Da auf dem Weg nach Martigny auf der Walliser Seite die Dents du Midi als ein für Mountainbiker uninteressantes Hindernis unübersehbar den Weg versperren, weicht die Streckenführung hier auf die Haute Savoie aus. So ist eine attraktive Route durch bekannte Orte wie Morzine und Chamonix und typisch französische Wintersportstationen wie Flaine entstanden. Vom Balcon du Léman bis zum Mont Blanc fährt man in kurzer Zeit aus dem voralpinen Gelände zum höchsten Alpengipfel.
Die zahlreichen Bergbahnen an der Route bieten im Sommer die Möglichkeit, das Mountainbike zu transportieren. Über 2000 der 8320 Höhenmeter können komfortabel mit Seilbahnen überwunden werden. Imposant ist die Etappe von Chamonix nach Martigny durch ideales, abwechslungsreiches Mountainbikegelände und mit einem einmaligen Downhill vom Col des Posettes durch das wilde Val de Trient nach Martigny. Die Route ist auch in der Gegenrichtung ein Erlebnis. Ausser der Strecke Chamonix-Flaine weisen alle Etappen in der Gegenrichtung ähnliche Schwierigkeiten auf wie in der beschriebenen Richtung. Die Anforderungen auf der Racletteroute Savoyen sind weniger hoch als jene im zweiten Teil von Martigny nach Oberwald.

Auf dem höchsten Punkt bei Mosettes vor der Pointe de Vorlaz.

Auf dem Balcon du Léman

Der Aufstieg vom mondänen Ferienort Evian ins Hinterland, nach Saint-Paul-en-Chablais, täuscht etwas und ist strenger als erwartet. Es sind fast 500 Höhenmeter zu überwinden. Auf Nebenstrassen geht es weiter nach Bernex, dem ersten der vielen Skiorte entlang der Route. Bis zum Bergrestaurant ist die Strasse asphaltiert, anschliessend folgt eine Schotterpiste, bis oberhalb Pré Richard ein Wanderweg Richtung Mont Baron abzweigt. Ein kurzes Stück bis zur Krete (Bergstation des Skilifts) muss das Bike geschoben werden. Ab hier folgt man den rot-weissen Markierungen des Wanderwegs GR 5 Balcon du Léman. Nicht umsonst erhielt dieser Weg seinen Namen: Der Genfersee und die bereits zurückgelegte Strecke liegen wie auf einem Präsentierteller. Vor dem Mont Baron die Abzweigung zur Fahrstrasse nach Vacheresse nicht verpassen! Nach dem Downhill nach Vacheresse geht es talaufwärts bis ans Etappenziel La Chapelle d'Abondance. Um die Hauptstrasse so weit als möglich zu meiden, führt die Strecke kurz nach Vacheresse über den Fluss Drance d'Abondance. Ein heftiger, steiler Stich zwingt zunächst zum Absteigen, doch später erweist sich die Wegwahl als richtig: Bequem fährt man auf Nebenstrassen bis zur Brücke bei Saint-Joseph. Nach Abondance verläuft parallel zur Hauptstrasse ein Wanderweg bis Richebourg.

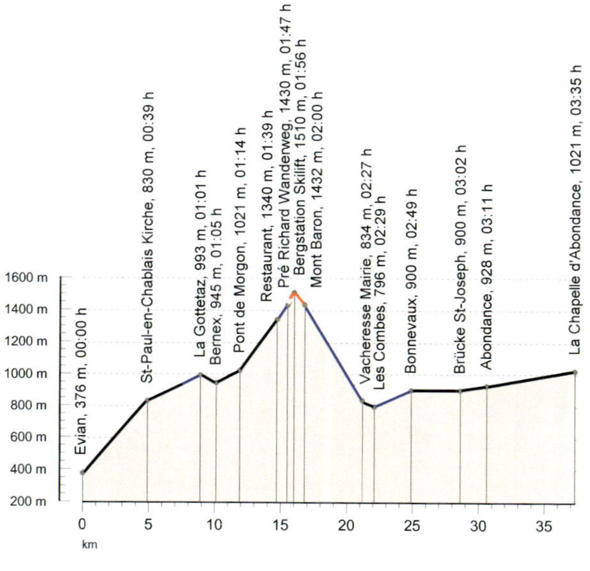

In Abondance steht die aus dem 12. Jahrhundert stammende Abteikirche Notre-Dame d'Abondance mit einzigartigen Wandmalereien.

Kurz vor dem Mont Baron beginnt der erste Downhill nach Vacheresse hinunter.

Auf dem Wanderweg GR 5 Balcon du Léman, im Hintergrund der Genfersee.

Schwierigkeitsgrad 2
Distanz 37,3 km
Höhendifferenz ↑1407 m, ↓762 m
Zeitbedarf 3:30 h
Übernachtung Evian, Abondance, La Chapelle d'Abondance
Restaurant Bergrestaurant Pré Richard
Variante/Abkürzung Abkürzung Saint-Paul-en-Chablais–Chevenoz–Vacheresse
Öffentlicher Verkehr –
Karte Blatt Nr. 261, 271, Blatt Nr. 3528 ET (Institut Géographique National, www.ign.fr)
Besondere Hinweise
⚠1 Nach Pré Richard die Schotterpiste hochfahren und an der Alphütte vorbei, bis rechts ein nicht fahrbarer Wanderweg abzweigt, der zur Krete (Bergstation des Skilifts) hinaufführt. Anschliessend den rot-weissen Markierungen der GR 5 folgen.
⚠2 In Les Combes rechts von der Hauptstrasse abzweigen, über die Brücke und kurz darauf links auf einen Fahrweg Richtung Bonnevaux.
Information Office de Tourisme d'Évian, F-74502 Évian-les-Bains, Telefon +33 4 50 75 04 26; Office de Tourisme Bernex-La Dent d'Oche, F-74500 Bernex, Telefon +33 4 50 73 60 72; Office de Tourisme de La Chapelle d'Abondance, F-74360 La Chapelle d'Abondance, Telefon +33 4 50 73 51 41
Anschlussroute –

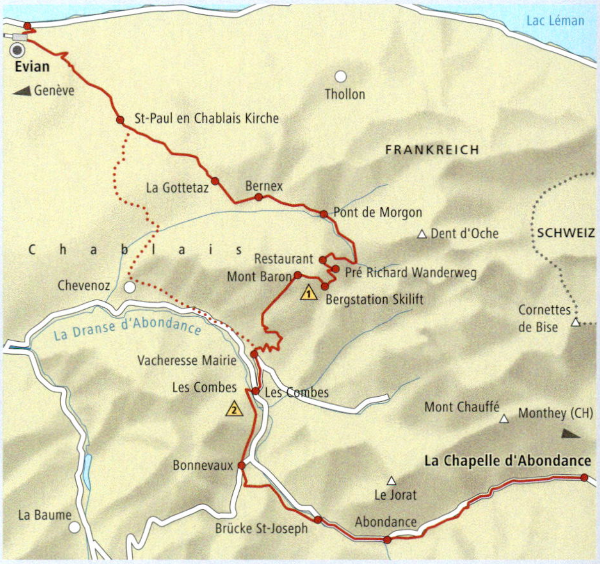

Bergbahn als Alternative

Die zweite Etappe führt durch das schweizerisch-französische Grenzgebiet (im Winter könnte man dieselbe Strecke im vernetzten Skigebiet Portes du Soleil auch mit den Ski durchfahren).
Von La Chapelle bis zum Parkplatz bei Sevan devant ist die Strasse asphaltiert. In der letzten Kurve der Fahrstrasse, unterhalb des Col de Recon, zweigt ein Wanderweg Richtung Col du Croix ab. Die ersten 200 Meter auf dem Wanderweg können nicht gefahren werden. Bis zur Portes d'Onne geht es dann in abwechslungsreicher Fahrt über Skipisten, Alp- und Wanderwege, in schmalen Fahrspuren steil hinab und auf schön angelegten Naturstrassen wieder hinauf zu den Portes de Culet. Nach der Abfahrt auf der Asphaltstrasse nach Morgins wird es etwas ruhiger: Flach steigt die Forststrasse durch den hinteren Teil des bewaldeten Val de Morgins an. Unbemerkt passiert man den Übergang ins Val d'Illiez und fährt auf herrlichen Naturstrassen hoch über dem Tal.
Unübersehbar stellen sich die Dents du Midi in den Weg. Nach den Skiorten Champoussin und Les Crosets steigt der Fahrweg Richtung Portes du Soleil und Portes de l'Hiver steil an. Die Ostflanke der Pointe des Mossettes kann dank der in den Fels gesprengten Skipiste gut passiert werden. Im Downhill nach Les Lindarets kommen die Abfahrer auf der groben Schotterpiste voll auf ihre Rechnung.
In Les Lindarets, wo Bergbahnen in alle Richtungen führen, erreichen wir die Asphaltstrasse. Hier lohnt es sich, nochmals in die Pedale zu treten anstatt direkt nach Morzine hinunter zu fahren. Auf einer bestens ins Gelände eingefügten Asphaltrampe geht es zum Col de la Joux-Verte, wo eine herrliche Panoramafahrt auf der breiten Passstrasse nach Morzine hinunter beginnt. Unweit des Passes türmen sich die Hotelburgen des Retortenorts Avoriaz. Ein starker Kontrast zur alpinen Landschaft.
Die Aufstiege können auf dieser anstrengenden Etappe fast vollständig vermieden werden. Nicht weniger als fünf Bergbahnen bieten sich entlang der Strecke als Aufstiegshilfen an.

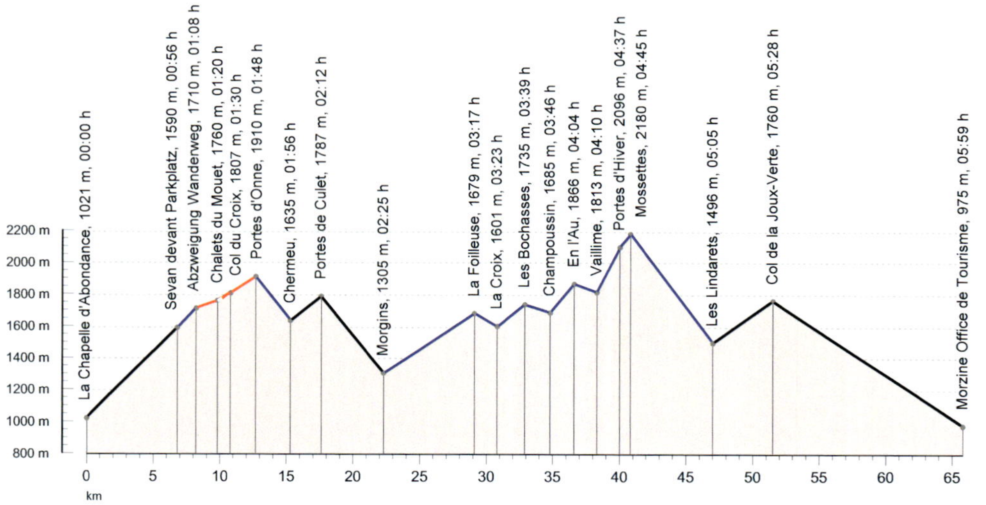

Der Aufstieg zum höchsten Punkt der Etappe auf Mossettes (2190 m ü. M.) könnte auch mit der Sesselbahn zurückgelegt werden.

Schwierigkeitsgrad 3
Distanz 65,8 km
Höhendifferenz ↑2361 m, ↓2407 m
Zeitbedarf 6:00 h
Übernachtung Refuge Chalet-Neuf (1692 m), 1875 Morgins, Telefon 024 477 12 96; Morgins; Relais des Bochasses (1735 m), 1875 Morgins, Telefon 024 477 22 21; Champoussin, Les Crosets, Morzine
Restaurant –
Variante/Abkürzung
Aufstieg mit der Bergbahn:
La Chapelle: Gondelbahn La Pantiaz
Morgins: Sesselbahn da la Foilleuse
Champoussin: Sesselbahn Aiguille des Champeys
Les Crosets: Sesselbahn des Mossettes
Les Lindarets: Sesselbahn Les Lindarets
Öffentlicher Verkehr –
Karte Blatt Nr. 271, 272, Blatt Nr. 3528 ET (Institut Géographique National, www.ign.fr)
Besonderer Hinweis ⚠ Nach den Chalets du Mouet kurzer Downhill, bei der Kreuzung gleich links beim Chalet Richtung Col du Croix hochfahren.
Information Office de Tourisme de La Chapelle d'Abondance, F-74360 La Chapelle d'Abondance, Telefon +33 4 50 73 51 41; Office du Tourisme Morgins, 1875 Morgins, Telefon 024 477 23 61; Champoussin Tourisme, 1873 Champoussin, Telefon 024 477 27 27 Les Crosets Tourisme, 1873 Les Crosets, Telefon 024 479 14 00; Office de Tourisme Morzine-Avoriaz, F-74110 Morzine, Telefon +33 4 50 74 72 72
Anschlussroute –

Tourismus in den Savoyer Alpen

Aussichtspunkt am Col de Joux-Plane nach Samoëns hinunter.

Für den Aufstieg nach le Plénay (1554 m) eignet sich am besten die Route entlang der Hauptstrasse Richtung Les Gets, von der später die Asphaltstrasse nach La Mouille abzweigt. Nach La Mouille wird die Strasse zur steilen, nur teilweise fahrbaren Schotterpiste, die direkt der planierten Skipiste entlang bis zum Golfplatz von les Gets führt. Eine kräftesparende Alternative zum Aufstieg mit dem Mountainbike bietet die Seilbahn du Plénay, auf dieser Etappe die einzige Möglichkeit, sich durch die Luft transportieren zu lassen. Zunächst auf sehr gepflegter Strasse über den Golfplatz verläuft die Etappe mit einigen Schiebepassagen weiter dem Bergrücken entlang bis zur Passstrasse auf dem Col du Ranfolly. Über den Col de Joux-Plane folgt man den unübersehbaren Spuren der Tour de France.
Die nächsten 25 Kilometer auf Asphalt führen zur gegenüberliegenden Talseite. Dazwischen liegt das Tal der Giffre mit dem Ferienort Samoëns. Die Strasse zur Station de Samoëns 1600 hinauf hat den Charakter einer gut ausgebauten Passstrasse. In lang gezogenen Kehren sind fast 1000 Höhenmeter zu überwinden. Bis zum künstlichen Seebecken oberhalb der Station de Samoëns 1600 führt eine Naturstrasse, anschliessend ist über die planierten Skipisten Schieben angesagt. Zwischen der Bergstation der Sesselbahn Chariande II und

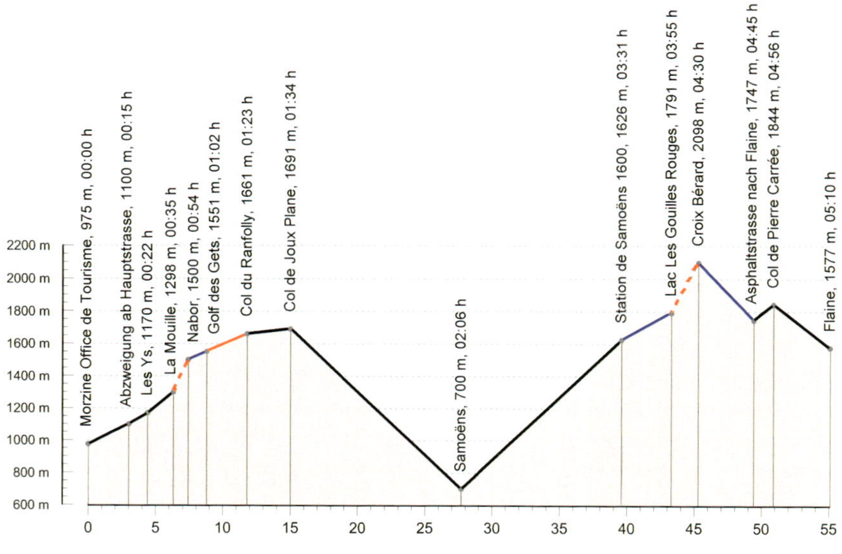

dem Berggrat kann auf den Schotterpisten stellenweise gefahren werden. Der Schlussanstieg zum Gipfelplateau schliesslich ist wiederum sehr steil. Etwas angenehmer ist der Umweg von Samoëns nach Morillon mit anschliessendem Aufstieg nach Les Esserts, wo die Sesselbahn bereit steht. Mit kurzem Aufstieg über die Pointe de Cupoire führt die Mountainbikestrecke Nr. 14 zur Croix Bérard. Von Süden her ist die Tête du Pré-des-Saix durch eine Fahrstrasse erschlossen. Unübersehbar sind die tiefen Spuren, die der Skitourismus in der Landschaft hinterlässt. Die Aussicht dagegen ist phänomenal. Nach kurzer Abfahrt bietet sich, sofern noch Kräfte vorhanden sind, die Möglich-

Die Downhill-Biker benützen die Gondelbahn von Morzine nach Le Plenay.

keit, über den Col des Grands Vans direkt ins Etappenziel Flaine zu gelangen (beschilderte Mountainbikeroute Nr. 14). Etwas einfacher ist die Strecke zur Hauptstrasse hinunter, die über den Col de Pierre Carrée nach Flaine führt. Der Downhill auf der groben Naturstrasse ist ein Leckerbissen. Appartementburgen prägen das Bild des Etappenziels Flaine.

Schwierigkeitsgrad 3
Distanz 55,1 km
Höhendifferenz ↑2241 m, ↓1639 m
Zeitbedarf 5:15 h
Übernachtung Samoëns, Station de Samoëns 1600, Flaine
Restaurant –
Variante/Abkürzung Aufstieg mit der Bergbahn: Seilbahn Morzine–Plénay; Variante: Samoëns–Morillon–Les Esserts–Sesselbahn du Sairon–Pointe Le Cupoire–Croix Bérard (Tête du Pré-des-Saix)
Variante: Col de Vernant–Col des Grands Vans–Flaine
Öffentlicher Verkehr –
Karte Blatt Nr. 271, Blatt Nr. 3530 ET (Institut Géographique National, www.ign.fr)
Besondere Hinweise
⚠1 Der Aufstieg über die Skipiste nach La Mouille eignet sich nicht besonders (lange Schiebepassagen!). Besser der Hauptstrasse Richtung Les Gets folgen und nach der Kurve links abzweigen nach La Mouille.
⚠2 Von der Station de Samoëns 1600 führt links eine angenehme Naturstrasse zum künstlichen Seebecken hinauf. Weiter geht es rechts dem Becken entlang aufwärts über Skipisten zur Bergstation der Sesselbahn Chariande II.
Information Office de Tourisme Morzine-Avoriaz, F-74110 Morzine, Telefon +33 4 50 74 72 72; Office de Tourisme Samoëns, F-74340 Samoëns, Telefon +33 4 50 34 40 28; Office de Tourisme Flaine, F-74300 Flaine, Telefon +33 4 50 90 80 01
Anschlussroute –

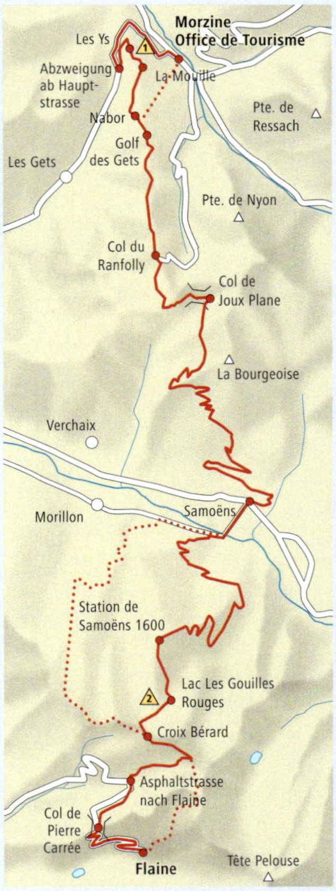

Im Banne des Mont Blanc

Schwierigkeitsgrad 3
Distanz 46,9 km
Höhendifferenz ↑1107 m, ↓1614 m
Zeitbedarf 4:00 h
Übernachtung Sallanches, Passy, Servoz, Les Houches, Chamonix
Restaurant Viele Möglichkeiten zwischen Saint-Martin-sur-Arve und Chamonix
Variante/Abkürzung Abkürzung: Vom Col de la Frête direkt ins Tal der Arve hinunter nach La Grangeat und Saint-Martin-sur-Arve
Öffentlicher Verkehr Saint-Gervais-les-Bains, Servoz, Les Houches, Chamonix
Karte Blatt Nr. 292, 282, Blatt Nr. 3530 ET (Institut Géographique National, www.ign.fr)
Besonderer Hinweis ⚠ Nach 600 m Downhill vom Col de la Frête bei der Strassengabelung links hochfahren, bis nach 700 m rechts ein Wanderweg abzweigt. Dem Wanderweg folgen bis Les Arcets.
Information Office de Tourisme Flaine, F-74300 Flaine, Telefon +33 4 50 90 80 01; Office de Tourisme Passy, F-74480 Plateau-d'Assy, Telefon +33 4 50 58 80 52; Office de Tourisme Chamonix-Mont-Blanc, F-74401 Chamonix, Telefon +33 4 50 53 00 24; Centrale de Réservation, Telefon +33 4 50 53 23 33
Anschlussroute –

Der erste Teil bis Saint-Martin-sur-Arve ist technisch sehr schwierig. Bis zum Lac de Flaine hinunter führt ein Fahrweg. Weiter geht es auf anspruchsvollem und nur teilweise fahrbarem Wanderweg über den Col de Cou zum Col de la Frête. Danach gabelt sich nach knapp 600 Meter Fahrt der Weg: Rechts führt die Strasse direkt ins Tal hinunter. Auf dem leicht ansteigenden Fahrweg links wird die Abzweigung des Wanderwegs nach Les Arcets erreicht. Der Wanderweg mit schmalen Wegabschnitten, ausgesetzten Stellen, kurzen Abfahrten und steilen Gegensteigungen ist eine Herausforderung. Von Les Arcets führt ein schlechter Fahrweg bis zur Forststrasse, die nach Saint-Martin-sur-Arve hinunterführt. Eindrücklich ist die Fahrt zwischen den steilen Felswänden ins Tal. Bereits präsentiert sich über dem grünen Tal das mächtige Massiv des Mont-Blanc. Gemütlich ist der zweite Teil der Etappe talaufwärts auf Nebenstrassen über Passy nach Servoz. Der rechten Talflanke entlang entgeht man dem Verkehr. Gegen Chamonix hin verengt sich das Tal. In engen Kehren kann die Schlucht Gorges de l'Arve über Vaudagne umfahren werden. In Les Houches öffnet sich schliesslich gegen Chamonix hin der Talkessel zwischen den Gletscherriesen.

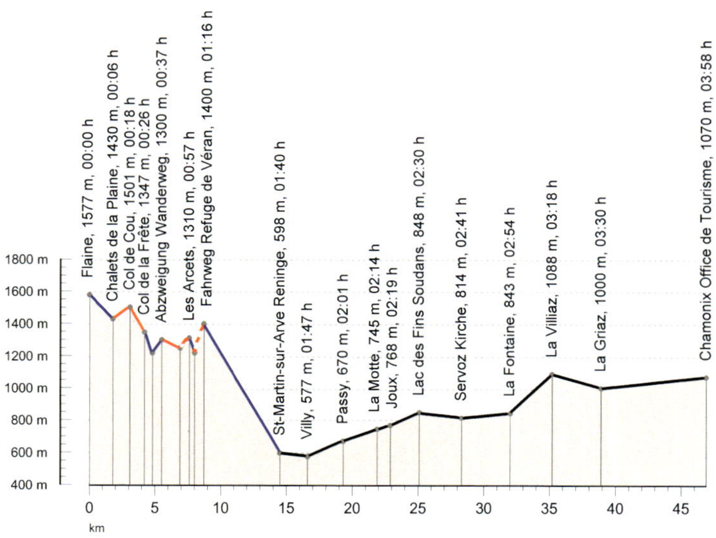

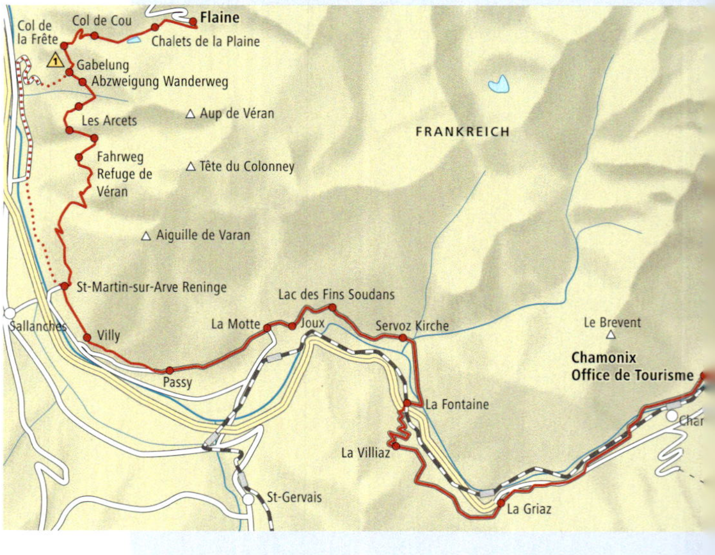

Unendlicher Downhill nach Martigny

Im Banne des Mont Blanc in der Nähe von Le Tour.

Kurz nach Chamonix sind verschiedene Mountainbikerouten ausgeschildert. Zuerst folgt man den Wegweisern der Route 6 und 5, in Le Lavancher der Route 7 (blau) und ab Argentière der Route 8 (rot). Ab Le Tour gibt es keine MTB-Markierung mehr. Die Routen sind abseits der verkehrsreichen Strassen angelegt. Dabei muss die eine oder andere zusätzliche Steigung in Kauf genommen werden. Die Fahrt nach Le Tour ist variantenreich mit kleinen Schiebepassagen und schönen Talblicken. Die breite Naturstrasse zum Chalet de Charamillon hinauf ist nicht viel länger als die Strecke der Gondelbahn selbst und verläuft fast in der Falllinie. Stellenweise weist sie eine Steigung von über 20 Prozent auf. Die Gondelbahn Charamillon ist in den Sommermonaten in Betrieb. Zum Col des Posettes hinauf wird die Steigung wieder angenehmer und erlaubt, das Panorama über das Tal und die Gletscherwelt zu geniessen. Eine lange Abfahrt durch das wilde Val de Trient bildet den eindrücklichen Abschluss des ersten Teils der Racletteroute. Zwischen Tête Noire und Gueuroz wird jedoch Schwindelfreiheit und gute Technik vorausgesetzt, und das rund 1,2 Kilometer lange Wanderwegstück zwischen Planajeur und La Créta führt stellenweise über steil abfallende Felswände.

Schwierigkeitsgrad 3
Distanz 44,0 km
Höhendifferenz ↑1204 m, ↓1807 m
Zeitbedarf 4:00 h
Übernachtung Argentière, Le Tour, Martigny
Restaurant Châlet de Charamillon (1912 m), Le Tour, +33 4 50 54 09 05
Variante/Abkürzung Aufstieg mit der Gondelbahn Le Tour–Charamillon
Öffentlicher Verkehr Chamonix, Argentière
Karte Blatt Nr. 282
Besondere Hinweise
⚠1 In den Wäldern nach Chamonix gibt es viele Forststrässchen, auf denen man sich leicht verfahren kann. Darum strikt den markierten Mountainbikerouten 6, ab Le Lavancher 7 und ab Argentière der Route 8 folgen.
⚠2 Bei der Tête Noire ca. 1 km der Hauptstrasse Richtung Col de la Forclaz folgen. Links zweigt über die Brücke ein Fahrsträsschen nach Planajeur ab.
Information Office de Tourisme Chamonix-Mont-Blanc, F-74401 Chamonix, Telefon +33 4 50 53 00 24; Centrale de Réservation, Telefon +33 4 50 53 23 33; Office du Tourisme, 1920 Martigny, Telefon 027 721 22 20
Anschlussroute –

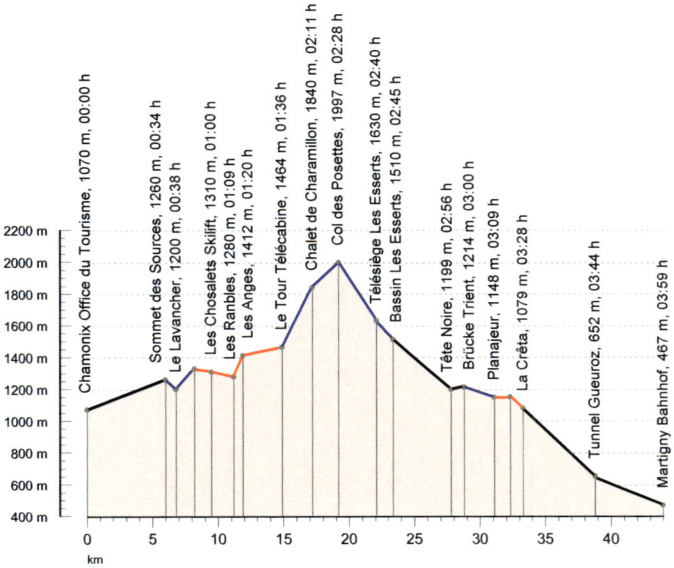

Racletteroute Wallis

Wallis total – über 380 Kilometer Länge und eine beträchtliche Anzahl Höhenmeter werden auf der Route zwischen Martigny und Oberwald bewältigt. Zahlreiche der eng und tief eingeschnittenen Südtäler des Wallis werden durchquert. Unter den vielen schönen Übergängen stechen als Highlights die Pässe Pas de Lona (2787 m) und der Meidpass (2790 m) mit ihrem hochalpinen Charakter heraus. Fast jede Etappe bietet von der Asphaltstrasse bis zum Wanderweg sämtliche Formen der Wegbeschaffenheit. In der Nähe der Taldörfer sind die Strassen meistens asphaltiert. Alpweiden und Bergwälder sind mit Naturstrassen erschlossen, und über die Pässe führen vielfach nur Wanderwege. Das macht die einzelnen Etappen abwechslungsreich, aber auch anspruchsvoll.
Zum Einrollen geht es von Martigny nach Orsières. Nach ungestörtem Bikevergnügen zwischen dem Val d'Entremont und dem Val Bagnes führt die Route der Rennstrecke des Grand Raid Cristalp entlang. Nach dem anstrengenden Pas de Lona ist anderntags gleich der nächste beschwerliche Übergang zu meistern. Der tiefste Punkt der Route liegt in Stalden, am Eingang des Matter- und Saastals, auf knapp 800 Meter ü. M. An den letzten beiden Tagen führt die Strecke hoch über dem Rhonetal ins Obergoms.

Schwierigkeitsgrad	1 bis 4
Distanz	381 km
Höhendifferenz	↑13 809 m, ↓12 908 m
Anzahl Tagesetappen	8
Fahrzeit	36:45 h
Beste Jahreszeit	Juli bis Oktober
Anreise	Bahnhof Martigny
Rückreise	Bahnhof Oberwald

Auf der gut ausgebauten Strasse auf die Moosalp mit Blick auf das Bietschhorn.

Aprikosenland

Fast ausschliesslich auf der Asphaltstrasse verläuft die kurze Etappe über Champex nach Orsières, eine ideale Einfahrstrecke für jene, die in Martigny in die Racletteroute Wallis einsteigen. Mountainbiker, die bereits von Chamonix her kommen, können die beiden Etappen 8.05 und 8.06 zu einer Tagesetappe zusammenhängen. Ab Les Valettes verkehren nicht viele Autos. In engen Kehren windet sich die Strasse in die Höhe. Vom milden Klima im engen Tal zeugen die Aprikosenbäume entlang der Strasse. Auf den 1000 Höhenmetern bis zum Lac de Champex hinauf verändert sich die Vegetation merklich, Rottannen und Lärchen nehmen schliesslich Überhand. Etwas verkehrsreicher ist wiederum die Strasse nach Orsières.

Schwierigkeitsgrad 2
Distanz 26,4 km
Höhendifferenz ↑1069 m, ↑635 m
Zeitbedarf 2:15 h
Übernachtung Champex, Orsières
Restaurant –
Variante/Abkürzung –
Öffentlicher Verkehr Martigny, Orsières
Karte Blatt Nr. 282
Besonderer Hinweis ⚠ In Champex-d'en-Bas kann rechts der Fahrweg benutzt werden, der erst kurz vor dem höchsten Punkt vor Champex wieder in die Hauptstrasse mündet.
Information Office du Tourisme, 1920 Martigny, Telefon 027 721 22 20; Office du Tourisme, 1938 Champex, Telefon 027 783 12 27
Anschlussroute –

Streckenabschnitt von Les Valettes nach Champex.

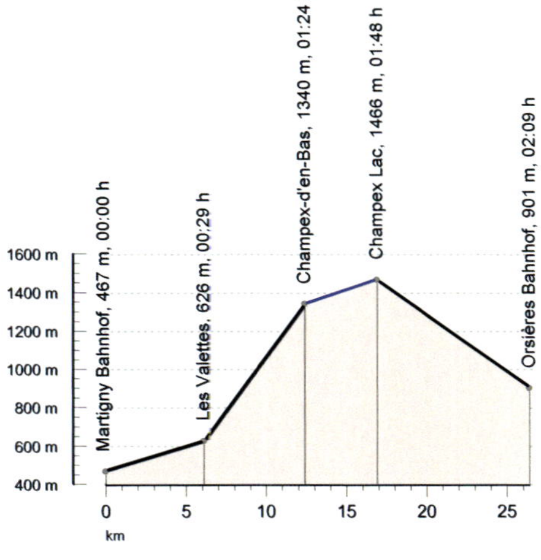

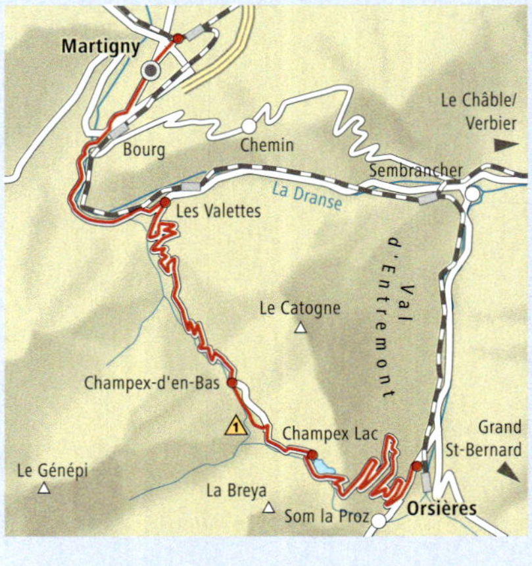

Fast wie im Flugzeug

Panorama in der Abfahrt von der Montagne du Six Blanc mit Le Pleureur links und La Ruinette rechts.

Die Etappe verspricht ungestörtes Bikevergnügen. Weder durch Autos gestört, noch durch Wanderer eingeschränkt, geht es hinüber ins Val de Bagnes. Die Strasse schraubt sich fast an Ort und Stelle in die Höhe. Eine kleine Pause empfiehlt sich beim schmucken Weiler Commeire mit seinen braungebrannten Häusern und Ställen, die am sonnigen, steilen Südhang kleben. In einigen Lichtungen wird der Talblick auf das jedesmal tiefer unten liegende Orsières frei. Bei der Alphütte auf der Montagne de Moay endet die Fahrstrasse. Das letzte kurze Stück bis zur Bergstation der Sesselbahn La Pasay muss geschoben werden. Der steile, anspruchsvolle Downhill über die Skipiste endet bereits bei den Alpgebäuden der Montagne du Six Blanc. Hier beginnt eine gute Naturstrasse, die durch lichten Lärchenwald hinunterführt. Der schmale Talboden des Val de Bagnes ist schnell durchquert. Einen schönen Abschluss bildet der Aufstieg auf die Sonnenterrasse von Verbier. Zuerst wird Höhe gewonnen, dann kann auf dem breiten Höhenweg die Aussicht genossen werden.

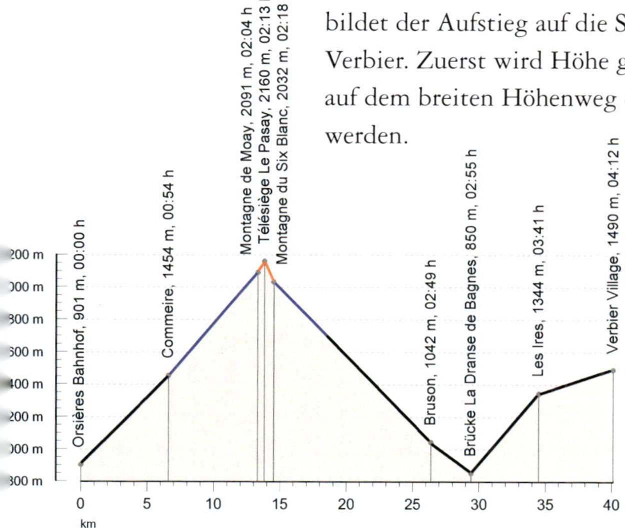

Schwierigkeitsgrad 3
Distanz 40,1 km
Höhendifferenz ↑1949 m, ↓1360 m
Zeitbedarf 4:15 h
Übernachtung Bruson, Verbier
Restaurant Restaurant Moay (1549 m), Mayens-de-Bruson, 1934 Le Châble, Telefon 027 776 19 46
Variante/Abkürzung –
Öffentlicher Verkehr Orsières, Le Châble
Karte Blatt Nr. 282, 283
Besonderer Hinweis ⚠ Im Weiler Commeire führt ein Fahrweg bei den obersten Chalets rechts in angenehmer Steigung aufwärts. Links zweigen schmale Fahrwege zu den steilen Wiesen ab. Bei der zweiten Abzweigung kann links zur Naturstrasse hochgefahren werden, die zur Montagne de Moay führt.
Information Office du Tourisme Val de Bagnes, 1934 Le Châble, Telefon 027 776 16 82; Office du Tourisme, 1936 Verbier, Telefon 027 775 38 88
Anschlussroute 5.03 Aosta–Verbier

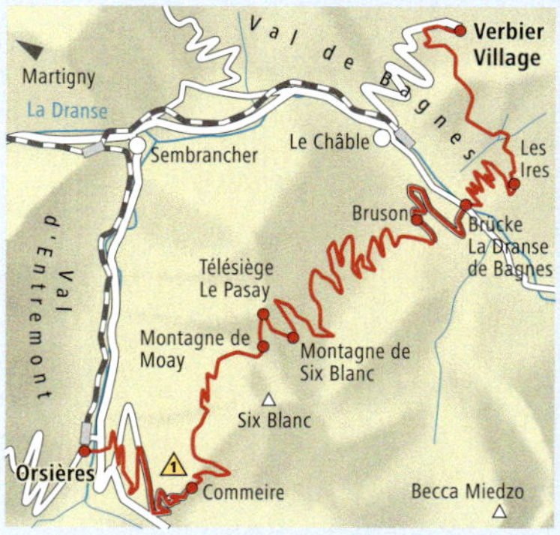

Grand Raid Cristalp

Aufstieg oberhalb Veysonnaz hoch über den Weinbergen des Rhonetals.

Die nächsten Etappen führen grösstenteils der Strecke des grossen Mountainbike-Klassikers Grand Raid Cristalp (GRC) entlang. Die Strecke von Verbier nach Grimentz ist gut mit GRC-Wegweisern ausgeschildert. Die «Cracks» benötigen für die Rennstrecke rund 7 Stunden. Für die hier beschriebene, etwas kürzere Strecke werden fast 11½ Stunden gerechnet, selbstverständlich nicht an einem Tag abgefahren, sondern aufgeteilt in zweieinhalb Tagesetappen.
Zuerst wird die Chalet-Landschaft von Verbier durchquert. Problemlos ist der Aufstieg auf der gut ausgebauten Strasse zur Croix de Cœur, dem Übergang nach Mayens-de-Riddes. Bis zur Passhöhe bleibt einem das Panorama über das Val de Bagnes und den Grand Combin erhalten. Nach der Dorfdurchfahrt von Mayens-de-Riddes darf beim Wanderwegweiserbaum die Abzweigung nach Drotse nicht verpasst werden. Weniger anstrengend als die Rennstrecke ist der kurze Aufstieg auf der Asphaltstrasse Richtung Haute-Nendaz. Auf ruhigen Nebenstrassen und Fahrwegen wird, ohne viel Höhe zu verlieren, das Val de Nendaz durchquert. In Verrey führt die Rennstrecke nach Veysonnaz hinunter und wieder hinauf nach Les Combes. Weniger anstrengend und mit noch schönerem Panorama ist die Routenwahl über Les Râches nach Les Combes. Nach abwechslungsreichem Aufstieg quer über Skipisten, unter Seilbahnmasten und Druckleitungen

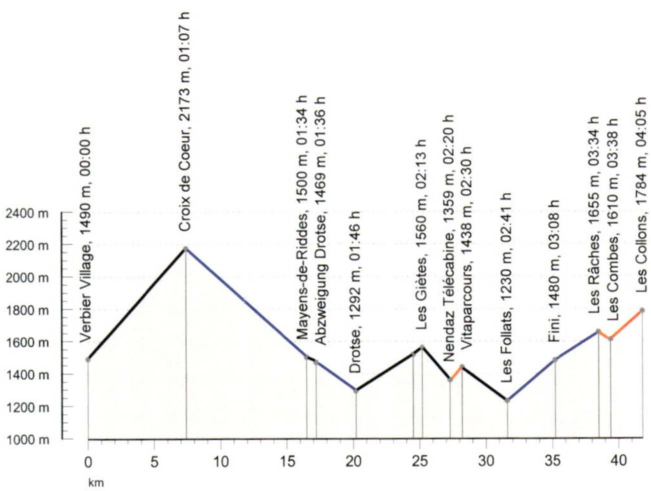

Die Eringer Kühe auf Alp Mandelon sehen etwas bedrohlich aus, sie sind es aber – wenigstens gegenüber Mountainbikern – nicht.

hindurch taucht aus dem Wald plötzlich der Wintersportort Les Collons auf. Eindrucksvoll ist die Aussicht auf die beiden Talschluchten des Val d'Hérémence und des Val d'Hérens. So kann die Strecke der nächsten beiden Tage schon einmal mit dem Auge abgefahren werden.

Schwierigkeitsgrad 3
Distanz 41,8 km
Höhendifferenz ↑1719 m, ↓1425 m
Zeitbedarf 4:00 h
Übernachtung Mayens-de-Riddes, Nendaz, Les Collons
Restaurant –
Variante/Abkürzung Variante: Von Verrey über Veysonnaz nach Les Collons auf der Originalstrecke GRC
Öffentlicher Verkehr –
Karte Blatt Nr. 282, 272, 283, 273
Besondere Hinweise
⚠ Nach der Dorfdurchfahrt in Mayens-de-Riddes die Abzweigung in der Kurve beim Wanderwegweiserbaum Richtung Drotse nicht verpassen! Bei P. 1517 teilt sich die Asphaltstrasse: Hier rechts hochfahren bis Les Giètes (weniger Verkehr).
⚠2 In Les Râches die Naturstrasse nehmen, die flach unter der Gondelbahn hindurchführt. In Les Combes wieder den GRC-Wegweisern entlang hochfahren.
Information Office du Tourisme, 1936 Verbier, Telefon 027 775 38 88; Office du Tourisme, 1918 Mayens-de-Riddes, Telefon 027 306 18 51; Nendaz Tourisme, 1997 Haute-Nendaz, Telefon 027 289 55 89; Office du Tourisme Thyon-Région, 1988 Thyon-Les Collons, Telefon 027 281 27 27
Anschlussroute 5.04 Verbier–Sanetsch

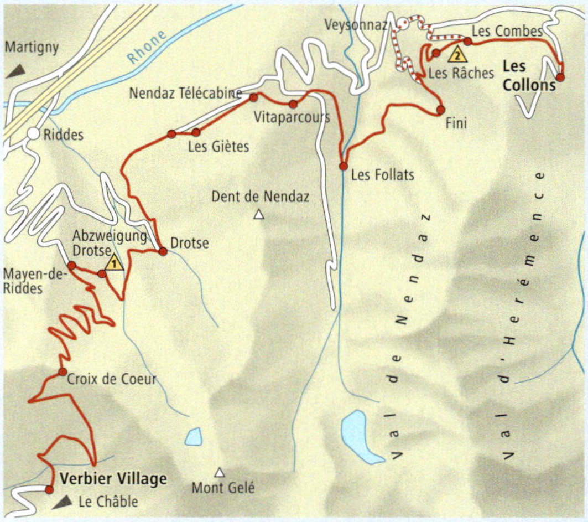

Biken pur

Eine der schönsten Tagesetappen der Racletteroute führt der Wasserleitung entlang ins Val d'Hérémence und über traumhafte, aber anspruchsvolle Alpwege ins Val d'Hérens hinüber. Abwechslungsreich und interessant sind die langen Streckenabschnitte auf schmalen Fahr- und Wanderwegen. Nur kurze Abschnitte sind nicht fahrbar. Konzentration wird bereits am Morgen beim kurzen Downhill verlangt.

Um ein paar Höhenmeter einzusparen, geht es unterhalb der Talstation der Sesselbahn (Station Télésiège) der gewaltigen Staumauer von Grande Dixence entgegen. Die Rennstrecke des Grand Raid Cristalp (GRC) würde bis ins Dorf Hérémence hinunter führen. Unter dem Fahrtrassee ist eine Wasserleitung verlegt, die ein minimales Gefälle aufweist. Die Höhendifferenz der Wasserleitung beträgt auf den 6,4 Kilometern bis Couta nur zirka 35 Meter. In Leteygeon zweigt die neuere Erschliessungsstrasse zur Alp Mandelon ab. Nach den Alpgebäuden beginnt ein Alpweg, der fast ganz rings um den Sex Pey führt. Etwa 3 Kilometer vor La Meina wird der Alpweg zum Singletrail. Einige Schiebepassagen sind nötig, um die Fahrstrasse nach Evolène zu erreichen. Nach einem üppigen Raclette in Evolène muss der Aufstieg nach Volovron auf dem groben Schotterweg sachte angegangen werden. Der obere Wanderweg nach Eison ist ausser den ersten paar Metern durchgehend fahrbar.

Schwierigkeitsgrad 3
Distanz 42,7 km
Höhendifferenz ↑1219 m, 1353 m
Zeitbedarf 4:15 h
Übernachtung Evolène, Eison
Restaurant Restaurant La Meina (2121 m), La Meina
Variante/Abkürzung Variante: Von Les Collons nach Hérémence und weiter nach Leteygeon auf der Originalstrecke des GRC
Öffentlicher Verkehr –
Karte Blatt Nr. 273, 283
Besondere Hinweise
⚠ Von der Asphaltstrasse, die nach Hérémence hinunterführt, zweigt unterhalb der Talstation der Sesselbahn (Station Télésiège) vor der Haarnadelkurve ein flacher Fahrweg ab.
⚠ Der Wanderweg von Volovron nach Eison teilt sich bereits nach wenigen Metern; sowohl der untere wie der obere Weg führen nach Eison, der obere Weg ist jedoch angenehmer und zum grösseren Teil fahrbar.
Information Office du Tourisme Thyon-Région, 1988 Thyon-Les Collons, Telefon 027 281 27 27; Office du Tourisme Evolène, 1983 Evolène, Telefon 027 283 12 35
Anschlussroute –

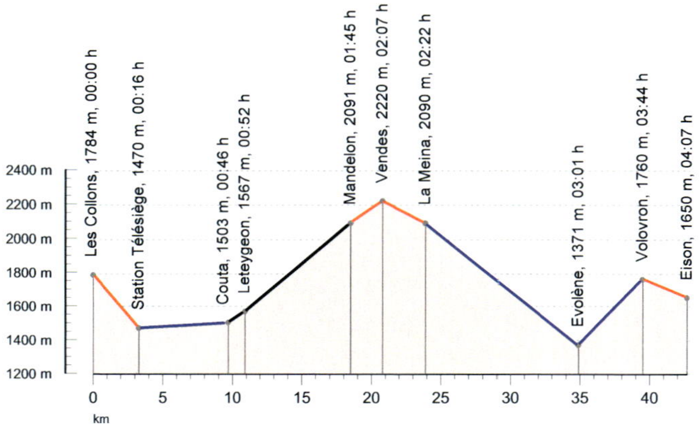

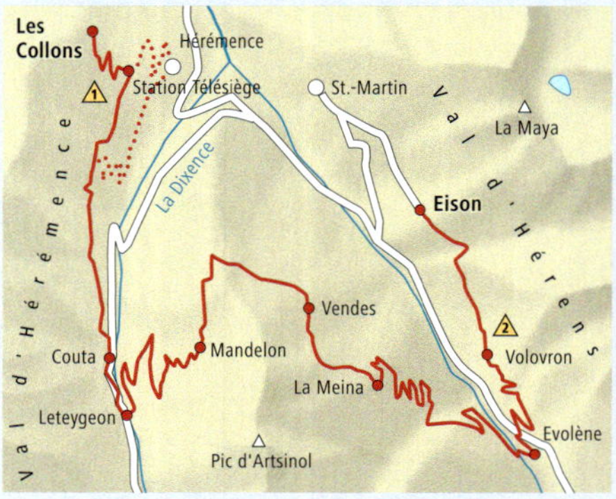

Etappe der Superlative

Downhill zum Lac de Lona.

Obwohl Eison bereits auf 1650 Meter liegt, sind bis zum Pas de Lona mehr als 1000 Höhenmeter zu überwinden. Das erste Stück des Aufstiegs beginnt auf einem breiten Wanderweg, der bereits nach kurzer Zeit in eine Naturstrasse mit konstanter Steigung mündet. Nach dem duftenden Lärchenwald können im flacheren Teilstück neue Kräfte für die letzten beiden steilen Kehren gesammelt werden. Auf dem Wanderweg ab L'A Vieille muss stellenweise geschoben werden. Je näher die Passhöhe rückt, desto steiler wird der Weg. Zuletzt muss das Mountainbike sogar geschultert werden. Insgesamt sind rund 350 Höhenmeter zu Fuss zurückzulegen. Nach Überwinden des steilen Kessels breitet sich auf der anderen Seite der Passhöhe ein karges Hochland aus. Mountainbikespuren leiten zum Lac de Lona hinunter. Nach kurzem Downhill kann auf der Schotterstrasse der endgültige Aufstieg zum höchsten Punkt der Racletteroute, dem Basset de Lona, in Angriff genommen werden.

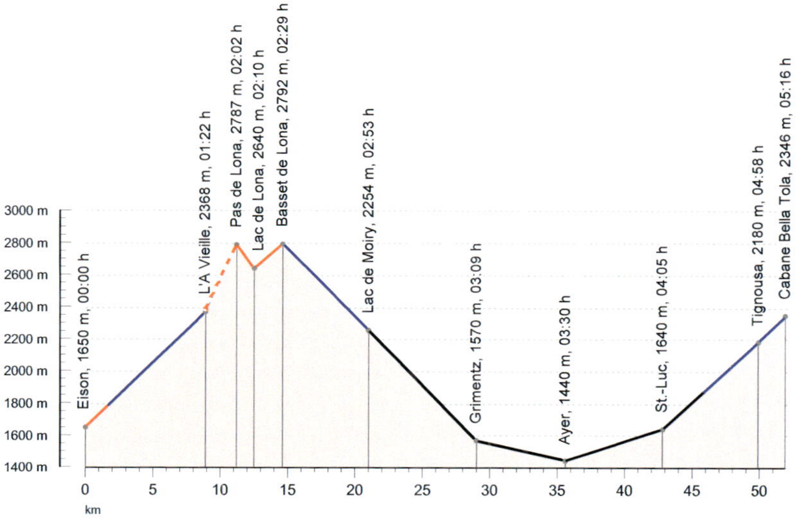

Die Höhenlage macht sich im Körper bemerkbar. Die einmalige Natur und die herrliche Aussicht auf die Dent Blanche lassen alle Strapazen vergessen. Zur Staumauer des Lac de Moiry hinunter führt eine ausgewaschene Kraftwerkstrasse.
Wer bereits genug durchgeschüttelt wurde, fährt gemütlicher auf der Asphaltstrasse, die über die

Staumauer ins Tal führt. Die Strecke des Grand Raid Cristalp führt auf dem unscheinbaren Fahrweg direkt links der Staumauer nach Grimentz. Von Grimentz geht es, ohne viel Höhe zu verlieren, über Ayer nach Saint-Luc, gefolgt vom traumhaften Schlussaufstieg zur Cabane Bella Tola. Bei schönem Wetter zeigt sich über dem Sattel zuhinterst im Val de Zinal das Matterhorn. Als Alternative bietet sich die Übernachtung im Hotel Weisshorn an.

Im Aufstieg nach Bella Tola präsentieren sich zahlreiche Viertausender, ganz links Bishorn, Weisshorn und rechts das Matterhorn.

Schwierigkeitsgrad 4
Distanz 51,9 km
Höhendifferenz ↑2195 m, ↓1499 m
Zeitbedarf 5:15 h
Übernachtung Grimentz, Saint-Luc; Cabane Bella Tola (2346 m), 3961 Saint-Luc,Telefon 027 475 15 37; Variante: Hotel Weisshorn (2337m), 3961 Saint-Luc, Telefon 027 475 11 06
Restaurant Restaurant Barrage de Moiry (2250 m), 3961 Grimentz, Telefon 027 475 15 48
Variante/Abkürzung Variante: Saint-Luc–Hotel Weisshorn
Öffentlicher Verkehr –
Karte Blatt Nr. 273, 283
Besondere Hinweise
⚠1 Direkt im Dorf Eison den breiten, leicht ansteigenden Wanderweg benützen.
⚠2 In Saint-Luc bestehen mehrere Möglichkeiten, um nach Tignousa zu kommen. Angenehm ist der Aufstieg, der zuerst der Hauptstrasse nach Chandolin folgt. Nach ca. 1,5 km zweigt rechts eine Strasse ab, die in lang gezogenen Kurven durch den lichten Wald Forêt du Rochet nach Tignousa führt.
Information Office du Tourisme Grimentz, 3961 Grimentz, Telefon 027 475 14 93; Office du Tourisme Saint-Luc, 3961 Saint-Luc, Telefon 027 475 14 12
Anschlussroute –

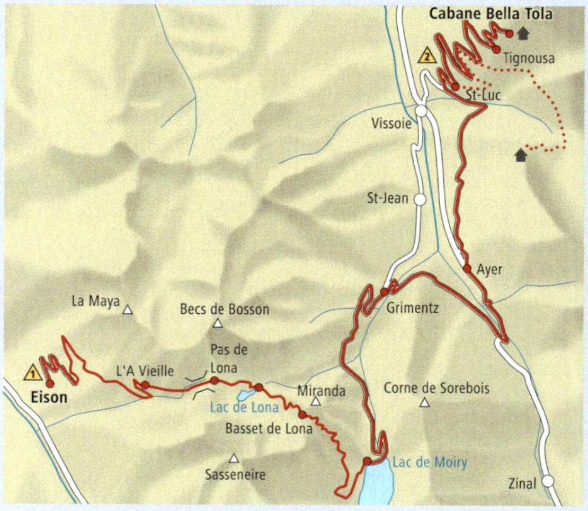

Bisse, Suone, Wasserleite, Bewässerungskanal

Alte Wasserleite.

Richtung Meidpass führen zwei Wanderwege, die sich auf rund 2620 Meter, unterhalb der Passhöhe, vereinen. Der eine führt von Bella Tola zum Pass, der andere vom Hotel Weisshorn her. Beide Wanderwege haben allerdings den Nachteil langer Schiebepassagen. Besser geeignet für Mountainbiker ist die Strasse, die zur Bergstation des Skilifts Pas du Bœuf hinaufführt, auf der bis auf eine Höhe von 2670 Meter gefahren werden kann. Nachteil dieser Routenwahl ist, dass schliesslich kein Weg mehr weiterführt. Unterhalb der Geröllfelder muss unter Preisgabe von etwa 50 Höhenmetern freies Gelände durchquert werden, wobei man sich möglichst an die flacheren Passagen hält. Nach weniger als einem Kilometer wird der zum Meidpass führende Wanderweg erreicht. Die letzten Höhenmeter zum Meidpass hinauf werden in engen Kehren schnell überwunden. Atemberaubend ist die Aussicht auf dieser Höhe, ein Highlight die Abfahrt nach Ergisch. Zuerst steht der Downhill auf dem Wanderweg zum Meide Oberstafel auf dem Programm, wobei einige Male auch bei bester Technik ein Absteigen nicht zu vermeiden ist. Auf der Fahrt auf der Schotterstrasse ins Turtmanntal sind immer wieder schöne Panoramablicke zu erhaschen. Beim Rollen auf der geteerten Strasse talauswärts darf die Abzweigung, die zur Wasserfassung der Turtmänna hinunterführt, nicht verpasst werden. Anschliessend beginnt etwas unterhalb der Wasserfassung ein schmaler Fussweg, der nur Balancekünstlern zu empfehlen ist. Zwischen Felsen, der Wasserleite und dem Abgrund führt der Wanderweg bis nach Ergisch. Trittsicherheit und Schwindelfreiheit werden für dieses einmalige Wegstück vorausgesetzt. Als Alternative steht die Fahrstrasse über Oberems nach Ergisch zur Verfügung.

Vor mehr als achtzig Jahren wurde unter grossen Gefahren in Fronarbeit ein Bewässerungskanal in den Stein gehauen, teilweise ergänzt durch Rohre oder hölzerne Fassungen. Durch diese Wasserleite, auch Suone (franz. Bisse) genannt, wird im Sommer das Gletscherwasser der Turtmänna auf die trockenen Wiesen von Ergisch geleitet.

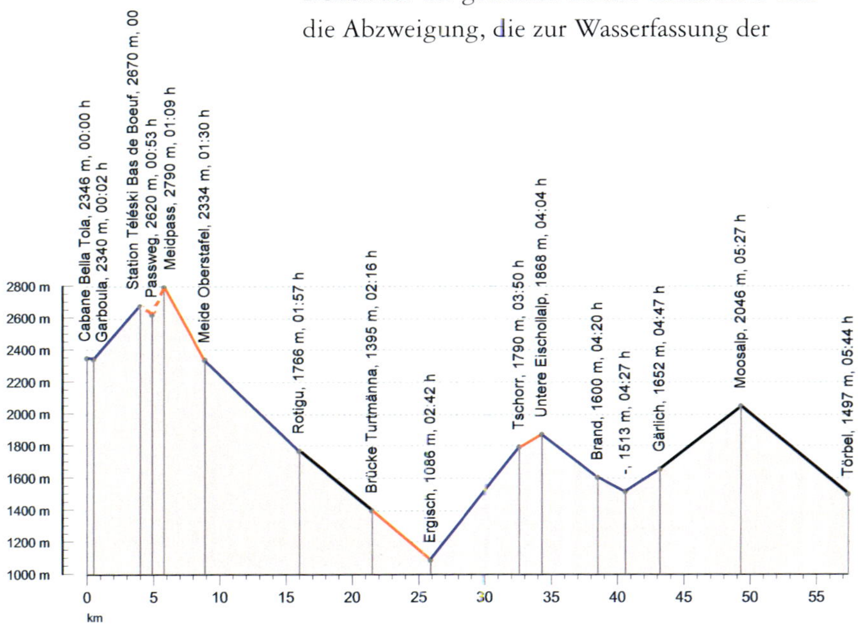

Rauschende Abfahrt ins Etappenziel Törbel, im Hintergrund die Mischabel-Gruppe mit Dom.

Neben der Wasserleite nach Ergisch bleibt noch Platz für mindestens einen Mountainbiker.

Schwierigkeitsgrad 4
Distanz 57,4 km
Höhendifferenz ↑1845 m, ↓2694 m
Zeitbedarf 5:45 h
Übernachtung Ergisch, Törbel
Restaurant Bergrestaurant Moosalp (2046 m), 3923 Törbel, Telefon 027 952 14 95; Bergrestaurant Dorbia (2046 m), Moosalp, 3923 Törbel, Telefon 027 952 15 53
Variante/Abkürzung
Variante: Hotel Weisshorn–Plan Torgnon–Meidpass
Variante: Rotigu–Oberems–Ergisch
Öffentlicher Verkehr –
Karte Blatt Nr. 273, 274
Besondere Hinweise
⚠ Vor der Wasserfassung der Turtmänna scharf links auf dem Wanderweg dem Fluss entlang. An der Brücke über die Turtmänna vorbei immer den Wanderwegweisern folgen. Beim zweiten Steg den Bach überqueren und durch kupiertes Gelände zur Wasserleite.
⚠ Oberhalb Ergisch verlässt der Wanderweg die Wasserleite. Dem Wanderweg hinunter folgen und bei der Wanderweggabelung links in engen Kehren bis zur Erschliessungsstrasse hinunter.
⚠ Auf Tschorr, ohne Höhe zu verlieren, dem oberen Wanderweg zur unteren Eischollalp folgen.
Information Verkehrsverein Ergisch, 3947 Ergisch, Telefon 027 932 28 42; Unterbäch Tourismus, 3944 Unterbäch, Telefon 027 934 56 56; Verkehrsbüro Bürchen, 3935 Bürchen, Telefon 027 934 17 16; Törbel Tourismus, 3923 Törbel, Telefon 027 952 12 77
Anschlussroute –

Gemütlicher wird die Fahrt durch die Augstbordregion. Bis auf das kurze Wanderwegstück zwischen Tschorr und der Unteren Eischollalp führt das letzte Stück der Etappe auf guten Strassen bis nach Törbel. Das Dorf liegt an sonniger Südhanglage hoch über dem tiefen Einschnitt des Vispertals.

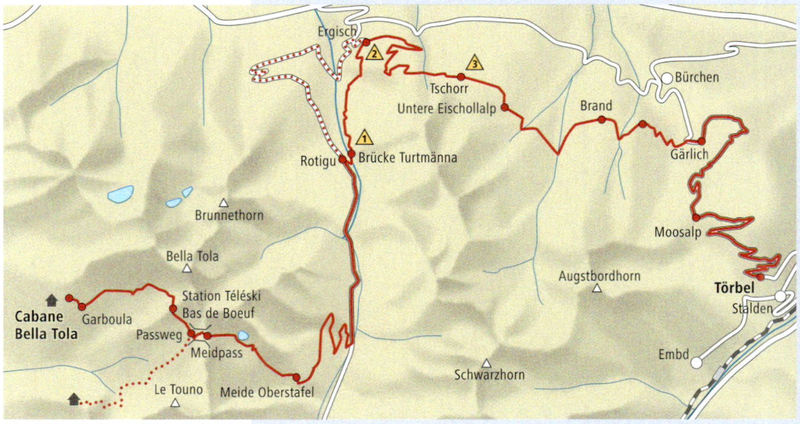

Verkehrswege einst und heute

Abwechslungsreich ist die Streckenführung zwischen Riedji und Birch durch das Tobel des Beiterbachs.

Oberhalb Visperterminen im Aufstieg nach Giw.

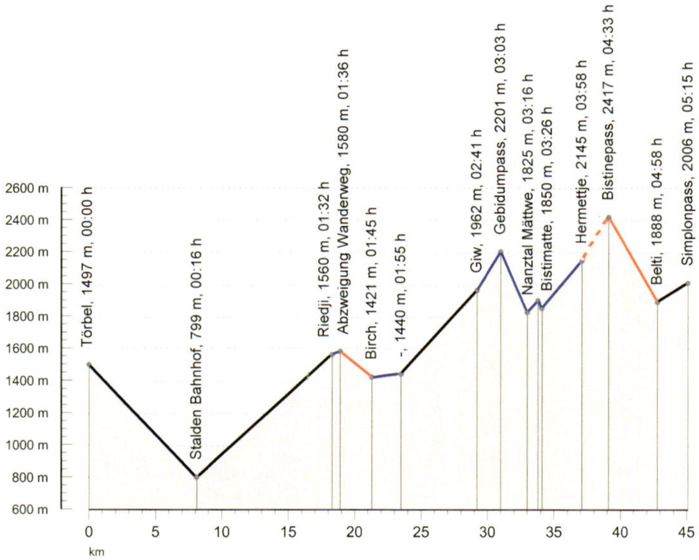

Zwischen dem verkehrsreichen Vispertal und der Transitstrecke des Simplons liegt völlig abgelegen das unbewohnte Nanztal, Garant für ein ungestörtes Mountainbike-Abenteuer.
Die Etappe beginnt sozusagen mit «Treten an Ort». Die Luftlinie zwischen Törbel und dem Weiler Riedji auf der gegenüberliegenden Talseite beträgt gerade einmal drei Kilometer. Doch um dorthin zu gelangen, müssen auf kurvenreichen Down- und Uphills mehr als 18 Kilometer zurückgelegt werden. Nach Riedji endet die Fahrstrasse, es folgt ein anspruchsvolleres Teilstück durch das Tobel des Beiterbachs. Rund um Visperterminen werden die Terrassen wieder ausladend,

die Strassen breiter. Über den Gebidumpass ist das Nanztal durch eine Naturstrasse erschlossen. Zwischen der Bergstation der Sesselbahn Giw und der Passhöhe wird die Naturstrasse zur Piste mit sehr steilen Abschnitten. Herrlich ist die Abfahrt zur Gamsa, dem wilden Talbach des Nanztals, hinunter. Bei den Alpgebäuden Bististafel gibt es zwei Möglichkeiten, um zum Bistinepass zu gelangen: entweder direkt, aber steil dem offiziellen Wanderweg entlang oder auf dem teilweise verwachsenen, nicht allzu steilen Fahrweg über Bistimatte nach Hermettje hinauf. Die zweite Variante hat den Vorteil, dass viel länger gefahren werden kann, jedoch den Nachteil, dass sich der Weg nach Hermettje in den Alpweiden verliert und auf einem kurzen Stück die offene Alpweide durchquert werden muss, bis man auf den Passweg trifft.

Der breite Passweg zeugt davon, dass hier einst reger Saumverkehr herrschte. Der Weg zur Simplonstrasse hinunter ist fast durchwegs fahrbar. Zwischen dem alten Hospiz und dem Simplonpass trifft man auf viele Zeitzeugnisse, von den Römern über Stockalper bis Napoleon.

Vom Gebidumpass aus zeigt der Wanderwegweiser zweieinhalb Stunden bis zum Bistinepass an. Mit dem Mountainbike wird gerade mal eine Stunde benötigt.

Schwierigkeitsgrad 3
Distanz 45,1 km
Höhendifferenz ↑2320 m, ↓1811 m
Zeitbedarf 5:15 h
Übernachtung Stalden, Visperterminen; Hotel Bellevue Simplon-Kulm (2005 m), 3907 Simplonpass, Telefon 027 979 13 31; Hotel-Restaurant Simplonblick (2005 m), 3907 Simplonpass, Telefon 027 979 11 13; Hotel-Restaurant Monte Leone (2005 m), 3907 Simplonpass, Telefon 027 979 12 58; Begegnungshaus Simplon-Hospiz (2005 m), 3907 Simplon-Hospiz, Telefon 027 979 13 22
Restaurant Staldenried; Bergrestaurant Giw (1962 m), 3932 Visperterminen, Telefon 027 946 36 48
Variante/Abkürzung Variante: Bististafel–Grosser Läger–Bistinepass
Öffentlicher Verkehr Stalden
Karte Blatt Nr. 273
Besondere Hinweise
⚠1 Beim Weiler Riedji die Strasse kurz nach dem allgemeinen Fahrverbot verlassen. Dem Wanderwegweiser Visperterminen folgen.
⚠2 Nach dem kurzen, steilen Aufstieg auf dem Fahrweg zum Bististafel folgt eine kleine Abfahrt, bevor der eigentliche Aufstieg zur Bistimatte bzw. nach Hermettje beginnt.
⚠3 In Hermettje: Nach dem Ende der Strasse nur noch Wegspuren, die sich in den Alpweiden verlieren. 600 bis 800 m die Alpweide leicht aufsteigend überqueren, bis man auf den Wanderweg zum Bistinepass trifft.
Information Verkehrsverein Visperterminen-Staldbach, 3932 Visperterminen, Telefon 027 946 80 60; Verkehrsverein Simplon (Raiffeisenbank), 3907 Simplon Dorf, Telefon 027 979 12 21
Anschlussroute –

Passstrasse, Forststrasse, Fahrweg, Wanderweg – das Mountainbike ist überall zu Hause

Ideales Mountainbikegelände findet man am Saflischpass.

Die letzte Etappe dieser Route führt durch ideales Mountainbikegelände über den Saflischpass. Am Morgen ist der Verkehr auf der Passstrasse noch erträglich. Bei der Postautohaltestelle nach der imposanten Ganterbrücke ist die rasante Fahrt auf der Autostrasse zu Ende. Ein kurzes Stück bis zum Beginn der Forststrasse muss zu Fuss zurückgelegt werden. Im dichten Tannenwald geben nur wenige Lichtungen den Blick frei über Ganter- und Rhonetal. Vom kleinen Ferienort Rosswald führt ein Fahrweg zum Stafel. Der anschliessende Wanderweg über Saflischmatte zum Saflischpass hinauf ist knapp zur Hälfte fahrbar. Zur Passhöhe hin wird das Gelände flacher, und längere Wegabschnitte können gefahren werden. Richtig Spass macht der Downhill auf dem breiten, fast hindernisfreien Fussweg. Die Abfahrt auf Fahrwegen nach Binn und weiter durch die enge Schlucht nach Ausserbinn scheint fast endlos.

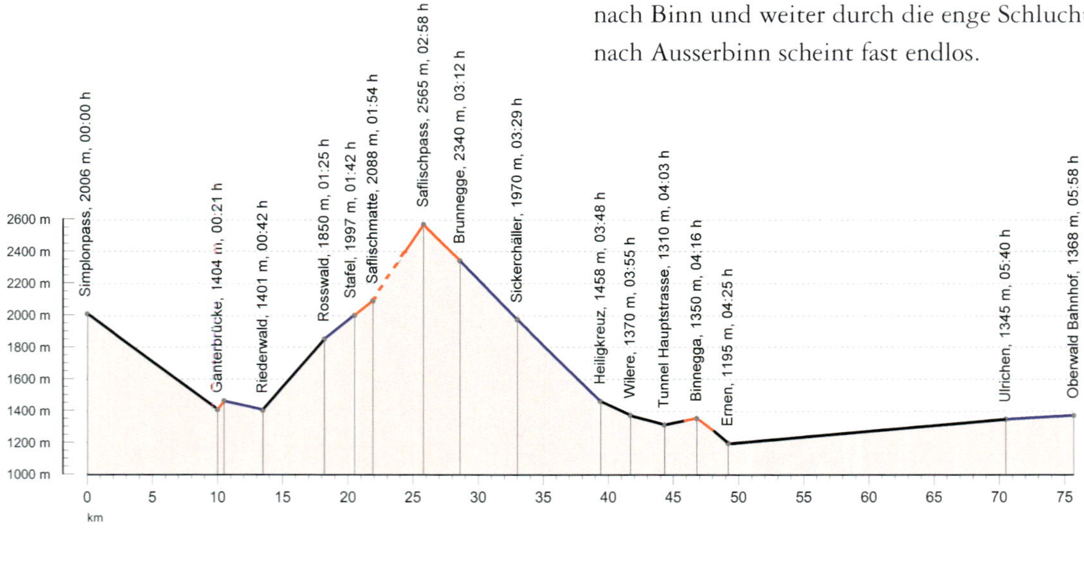

Schwierigkeitsgrad 3
Distanz 75,7 km
Höhendifferenz ↑1493 m, ↓2131 m
Zeitbedarf 6:00 h
Übernachtung Hotel Restaurant Ganterwald (1720 m), Rothwald, 3901 Rothwald, Telefon 027 923 26 54; Hotel Klenenhorn (1850 m), Rosswald, 3913 Rosswald, Telefon 027 924 30 70; Binn; zahlreiche Möglichkeiten im Goms zwischen Ausserbinn und Oberwald
Restaurant –
Variante/Abkürzung –
Öffentlicher Verkehr Niederwald, Ulrichen, Oberwald
Karte Blatt Nr. 274, 275, 264, 265
Besondere Hinweise
⚠1 Bei der Postautohaltestelle nach der Ganterbrücke führt ein Weg in einigen Kehren zu einem Bauernhaus unterhalb Eist hinauf. Nach den Gebäuden links halten und der ausgetrockneten Wasserleite entlang, bis die Forststrasse beginnt.
⚠2 Beim Stafel (1997 m) erst bei der zweiten Abzweigung, ca. 100 m nach den sonnengebräunten Gebäuden nach links abbiegen.
⚠3 Bei der Schreinerei vor Ausserbinn die Hauptstrasse rechts verlassen und nach Binnegga hochfahren, anschliessend steile Abfahrt auf dem Wanderweg hinunter nach Ernen.
Information Verkehrsverein Binntal, 3996 Binn, Telefon 027 971 45 47; Goms Tourismus, 3984 Fiesch, Telefon 027 970 10 70; Obergoms Tourismus, 3999 Oberwald, Telefon 027 973 32 32
Anschlussroute 1.01 Brig–Ulrichen, 1.02 Ulrichen–Airolo

Ein kurzer Abstecher ins schmucke Dorf Binn bereichert die schöne Etappe. Das abgeschiedene Binntal ist vor allem wegen seiner Kristallvorkommen bekannt. Einen angenehmen Ausklang bildet der letzte Teil der Etappe auf dem Radweg (Wegweiser Rhone-Route Nr. 1) von Ernen nach Oberwald.

Voralpenroute

Schwierigkeitsgrad	2 bis 3
Distanz	436 km
Höhendifferenz	↑14 843 m, ↓14 911 m
Anzahl Tagesetappen	9
Fahrzeit	38:45 h
Beste Jahreszeit	Mai bis November
Anreise	Bahnhof Buchs
Rückreise	Bahnhof Vevey

Auf dieser Route werden dem Alpenbogen entlang, von Buchs nach Vevey, einige attraktive Aussichtspunkte angepeilt. Vielerorts bietet sich bei guter Fernsicht ein 360-Grad-Panorama über die Alpen und das Schweizer Mittelland. Zu Füssen der Voralpen liegen zahlreiche schöne Seenlandschaften. Bereits am ersten Tag muss entlang der sieben markanten Gipfel der Churfirsten ausgiebig in die Pedale getreten werden. Auf und ab geht es auch am zweiten Tag durch die Linthebene und über die Höhenzüge in die Zentralschweiz. Je nach Streckenwahl ist der dritte Tag über die Ausläufer der Rigi mehr oder weniger streng. Abwechslungsreich ist die Etappe mit kurzer Schiebepassage nach Sarnen, lang und gemächlich dann der Aufstieg durch ausgedehnte Wälder zum Sattelpass, dem Übergang ins Entlebuch. Anschliessend geht es durch die reizvolle Landschaft am Fuss des Hohgant, bevor eine etwas gemächlichere Etappe nach Schwarzsee folgt. Auf der zweitletzten Etappe muss über die bewaldeten Höhenzüge Richtung Gruyères nochmals geschoben werden. Der letzte Tag ist einfach, bietet aber trotzdem eine Vielfalt an Impressionen.

Die meisten Übergänge liegen zwischen 1400 und 1700 Meter. Die Route ist aber dennoch nicht zu unterschätzen, da es immer wieder bis auf den Talboden, meistens unter 600 Meter ü. M., geht. Die Streckenabschnitte auf Wanderwegen und die Schiebepassagen sind vergleichsweise kurz. Die Route hat vor allem im Frühjahr und Spätherbst ihren Reiz. Der Schnee weicht bereits Anfang Mai von den Höhenzügen der Voralpen, und im Spätherbst liegen grosse Abschnitte der Route über der zähen Nebeldecke des Mittellandes. Die Tour eignet sich als Vorbereitung für schwierigere Routen im Hochgebirge. Auch in der Gegenrichtung ist sie problemlos machbar.

Über die Alpweiden der Selamatt mit Blick auf die Churfirsten.

Höhenflüge im Toggenburg

Von Iltios aus führt die Luftseilbahn auf den Chäserrugg, im Hintergrund der Säntis.

Der Auftakt der Voralpenroute ist anspruchsvoll. Nach dem ersten und längsten Aufstieg nach Valspuus folgen noch drei weitere Aufstiege bis an den Zielort Amden. Die Etappe, die grösstenteils durch das zwischen Churfirsten und Säntis gelegene Toggenburg führt, ist landschaftlich sehr reizvoll.

Nach einem kurzen Abstecher ins Städtchen Werdenberg mit seinem Schloss wird der Ausblick auf das Rheintal während des Aufstiegs immer besser. Nach dem zweiten Aufstieg, zum Ölberg, beginnt das obere Toggenburg. Zwischen den sieben Gipfeln der Churfirsten (Chäserrugg, Hinterrugg, Schibenstoll, Zuestoll, Brisi, Frümsel und Selun) und dem Talboden führt die Etappe über Hochflächen mit saftigen Alpweiden und lichten Tannenwäldern. Unterwegs bieten sich zahlreiche

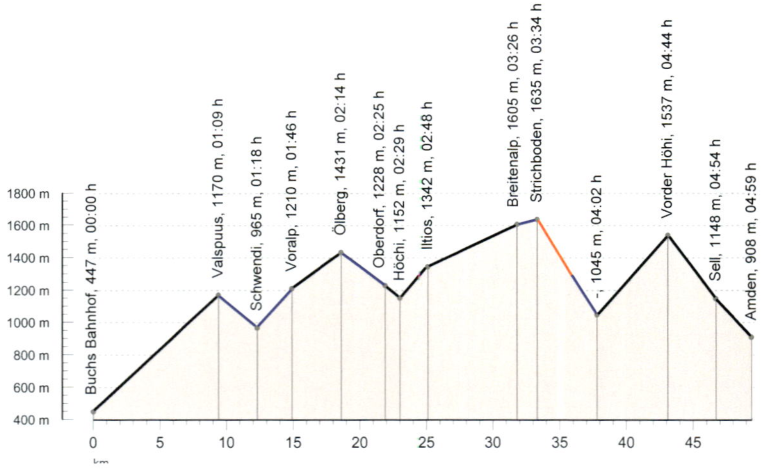

Möglichkeiten zu einer Stärkung in Berghäusern oder Alpwirtschaften. Nach der kurzen Abfahrt nach Iltios steigt die Strasse zur Breitenalp hinauf. Aussichtsreich präsentiert sich der Strichboden – der höchste Punkt des Tages – mit herrlichem Panorama über Toggenburg und Säntisgruppe. Eine kleine Seilbahn verbindet Starkenbach und Strichboden. Der schwierige, mit Querrinnen gespickte Downhill ist dennoch der eher einer Kiste ähnelnden Seilbahnkabine vorzuziehen. Anschliessend folgt der letzte Aufstieg des Tages zur Vorder Höhi, dem Übergang zwischen Toggenburg und der Linthebene, die auf der Betonstrasse ohne Schwierigkeiten zu überwinden ist. Schnell und bequem wird auf gut ausgebauter Strasse das hoch über dem Walensee gelegene Amden erreicht.

Auf der Breitenalp endet die angenehme Fahrstrasse, im Hintergrund der Frümsel, einer der markantesten Gipfel der Churfirsten.

Schwierigkeitsgrad 3
Distanz 49,4 km
Höhendifferenz ↑2164 m, ↓1703 m
Zeitbedarf 5:00 h
Übernachtung Berggasthaus Kurhaus Voralp (1218 m), Voralpsee, 9472 Grabserberg, Telefon 081 771 38 48; Wildhaus-Schwendi; Berggasthaus Selamatt (1390 m), Alp Selamatt, 9656 Alt Sankt Johann, Telefon 071 999 13 30 (an der Abkürzungsstrecke gelegen); Amden
Restaurant Bergrestaurant Oberdorf (1228 m), Wildhaus, Telefon 071 999 12 24; Clubhütte Altschen (1388 m), 8873 Amden
Variante/Abkürzung Abkürzung: Iltios–Alp Selamatt–Alt Sankt Johann–Starkenbach–Vorder Höhi
Öffentlicher Verkehr Buchs
Karte Blatt Nr. 237, 5012
Besondere Hinweise
⚠ Auf der Freienalp, in der Nähe der Bergstation des Skilifts endet die Strasse; ein kurzes Wegstück ist Richtung Sesselbahn Oberdorf–Gamsalp zurückzulegen, bis die Strasse wieder beginnt.
⚠ In der Abfahrt vom Strichboden durch den Selunwald Abzweigung nach links, Richtung Leistbach/Hell beachten.
Information Tourist Info Werdenberg Buchs, 9470 Buchs SG, Telefon 081 740 05 40; Wildhaus Tourismus, 9658 Wildhaus, Telefon 071 999 27 27; Tourismus Amden-Weesen, 8873 Amden, Telefon 055 611 14 13
Anschlussroute 6.06 Elm–Schwägalp

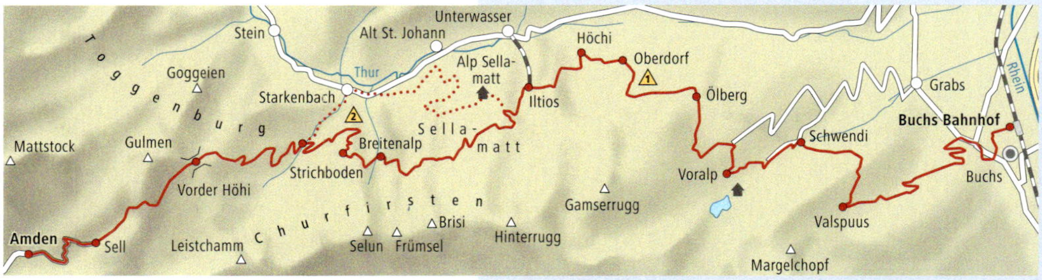

Typisch voralpines Gelände

Und plötzlich ist man über dem Nebelschleier der Linthebene, im Hintergrund der Mürtschenstock.

Der Tag beginnt mit einer angenehmen Abfahrt auf der Hauptstrasse nach Weesen. Kurz geht es dem Linthkanal entlang und über flache Nebenstrassen nach Niederurnen. Bis ins Morgenholz, der Bergstation der Luftseilbahn, ist die neue Strasse asphaltiert. Nach dem Gasthaus Hirzli folgen ein paar Stiche mit 16 bis 18 Prozent Steigung. Bei den Alpgebäuden auf Blossen endet der Fahrweg. Der Wegweiser leitet zu eindeutigen Wegspuren, die ohne Steigung zur Rossweidhöhi führen.

Durch das Trepsental gelangt man ins Wägital hinunter. Los geht die Abfahrt auf einem Wanderweg, der über moorige Alpweiden bis zur Alp Gross Feldrederten führt; teils ist der Weg fahrbar, teils werden die Füsse nass. Auf der anschliessenden Alpstrasse wird der Blick auf die gegenüberliegende Pfifegg frei. Nach der Überquerung der Wägitaler Aa beginnt der Aufstieg mit Aussicht auf Linthebene und Zürichsee. Über schöne,

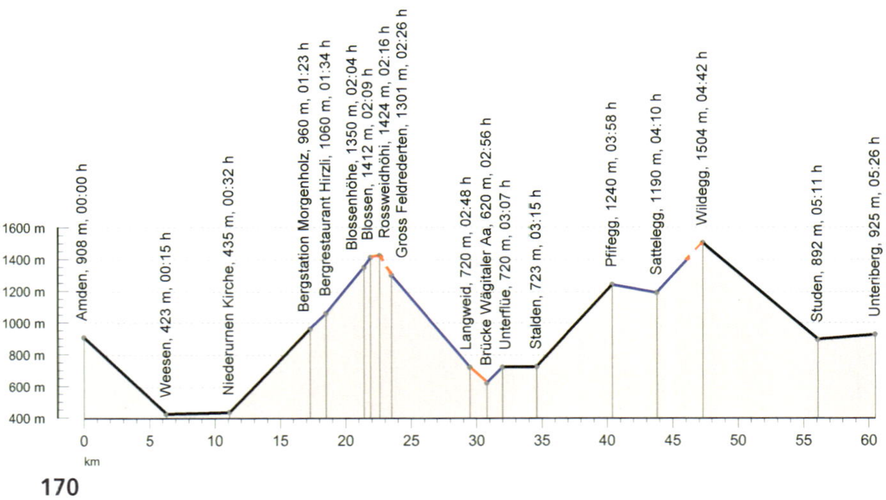

Trotz des steilen Aufstiegs zur Rossweidhöhi werden die Beine nicht warm.

bewaldete Höhenzüge kreuzt man auf der Sattelegg die Passstrasse. Im folgenden Aufstieg zur Wildegg muss das Mountainbike auf dem Wanderweg unterhalb des Chli Aubrig geschoben werden. Das stete Auf und Ab wird auf der Wildegg mit einer prächtigen Aussicht belohnt. Doch die Etappe ist noch nicht zu Ende; die Gegensteigung nach Studen hinunter raubt die letzten Kräfte. Gemütlich ist das letzte Stück auf einer flachen Nebenstrasse von Studen nach Unteriberg.

Schwierigkeitsgrad 3
Distanz 60,5 km
Höhendifferenz ↑1998 m, ↓1981 m
Zeitbedarf 5:30 h
Übernachtung Weesen, Niederurnen, Unteriberg
Restaurant Bergrestaurant Hirzli (1060 m), Bodenberg, 8867 Niederurnen, Telefon 055 610 27 91; Bergrestaurant Sattelegg (1190 m), Sattelegg, 8846 Willerzell, Telefon 055 412 51 55; Alpwirtschaft Wildegg (1504 m), Wildegg, 8844 Euthal
Variante/Abkürzung –
Öffentlicher Verkehr Weesen, Niederurnen
Karte Blatt Nr. 238, 237
Besondere Hinweise
⚠1 Bei der Kreuzung der Strasse links leicht hinunter bis zur Bergstation der Luftseilbahn Niederurnen–Morgenholz, nicht rechts nach Sol hochfahren.
⚠2 In der Langweid scharf links abbiegen und zu den Höfen Isenbach und Argeli taleinwärts fahren. Anschliessend hinunter zur Brücke der Wägitaler Aa.
⚠3 Auf der Hinter Sattelegg links halten und auf dem ruppigen, steilen Fahrweg bis auf die Krete. Hier wird der Fahrweg zum Wanderweg mit einigen schmalen, ausgesetzten Passagen.
Information Tourismus Amden-Weesen, 8873 Amden, Telefon 055 611 14 13; Glarnerland Tourismus, 8867 Niederurnen, Telefon 055 610 21 25; Tourismus Ybrig, 8843 Oberiberg, Telefon 055 414 26 26
Anschlussroute 6.06 Elm–Schwägalp

Um viele «Eggen» zum Vierwaldstättersee

Der Halt auf dem Gottertli lohnt sich: Panoramablick nach Süden zu den Urner Alpen (links) und Tiefblick auf den Vierwaldstättersee (rechts).

Die viel befahrene Hauptstrasse nach Oberiberg kann geschickt auf einem Feldweg über Waag umfahren werden. Das Skigebiet des Hoch-Ybrig ist sehr gut mit Fahrstrassen erschlossen. Bis zum Nätschboden ist die Strasse asphaltiert. Hier beginnt ein herrliches Bikegelände immer in Kammnähe auf schmalen holprigen Fahrwegen bis zur Sternenegg. Der direkteste Weg zur Ibergeregg führt über einen schwierigen Singletrail mit Schiebepassagen. Wer sich auf der Sternenegg bereits genug durchgeschüttelt fühlt, kann mit ein paar zusätzlichen Höhenmetern über den Altberg die schwierigen Passagen umfahren. In genussvollem Auf und Ab wird die Holzegg erreicht, der Ausgangspunkt auf den markanten Gipfel des Grossen Mythen. Wie ein Sturz in die Tiefe wirkt die Abfahrt von der Holzegg durch den Kessel hinunter, doch nach und nach wird die Landschaft lieblicher. Der Hauptort Schwyz schliesslich liegt an einem sanften Südhang. Beim Bahnhof Schwyz müssen die Kräfte wieder gesammelt werden.

Das Gätterli, der Übergang zwischen Hochflue und Rigi Scheidegg, kann auf zwei Arten erreicht werden. Wer auf 7 km eine durchschnittliche Steigung von 13 Prozent hinauffahren will und zudem noch Spass an einer Schiebepassage hat, nimmt die Fahrstrasse zum oberen Brunniberg unter die Räder. Dort, wo die Betonstrasse endet, geht es auf Wanderwegen zum Gottertli hinauf. Die Mühen werden mit einer herrlichen Aussicht über die Seenlandschaft vom Zuger- bis zum Vierwaldstättersee entschädigt. Gemütlicher, aber nicht so ungestört kann das Gätterli über die Hauptstrasse nach Lauerz und anschliessend über den Büeler Berg erreicht werden.

In einer geschützten Bucht des Vierwaldstättersees liegt das für sein mediterranes Klima bekannte Gersau. Wer hier keine Übernachtungsmöglichkeit mehr findet, kann mit der Autofähre oder mit dem Kursschiff ins gegenüberliegende Beckenried fahren.

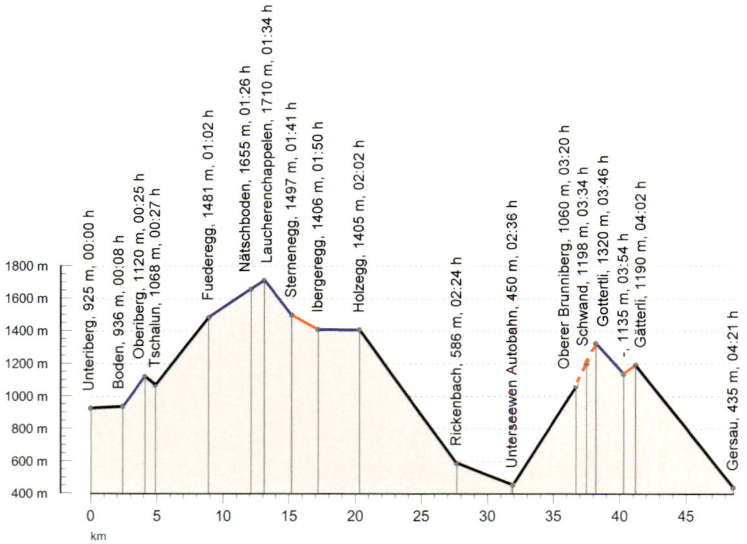

Kurze Abfahrt Richtung Rigi Scheidegg und Rigi Kulm.

Schwierigkeitsgrad 3
Distanz 48,6 km
Höhendifferenz ↑1862 m, ↓2352 m
Zeitbedarf 4:15 h
Übernachtung Oberiberg; Hotel Passhöhe (146 m), Ibergeregg, 8843 Oberiberg, Telefon 041 811 20 49; Berggasthaus Holzegg (1405 m), Holzegg, 8849 Alpthal, Telefon 041 811 12 34; Schwyz, Gersau, Beckenried
Restaurant Restaurant Fuederegg (1481 m), Fuederegg, 8843 Oberiberg, Telefon 055 414 16 83; Restaurant Gätterlipass (1190 m), Gätterli, 6442 Gersau, Telefon 041 828 11 53
Variante/Abkürzung Abkürzung: Seewen–Lauerz–Büeler Berg–Gätterli
Öffentlicher Verkehr Schwyz
Karte Blatt Nr. 236, 235, 245, 5008
Besondere Hinweise
⚠ 1 Vor dem Nätschboden Abzweigung nach Laucherenchappelen nicht verpassen.
⚠ 2 Der Wanderweg zwischen Sternenegg und Ibergeregg weist schwierige Passagen mit Schiebestrecken auf, evtl. Umfahrung über Altberg zur Ibergeregg.
⚠ 3 Nach Bahnhof Schwyz links abzweigen bis zur Autobahn, wo bei der Unterführung der Aufstieg zum oberen Brunniberg beginnt.
Information Tourismus Ybrig, 8843 Oberiberg, Telefon 055 414 26 26; Schwyz-Tourismus, 6410 Goldau, Telefon 041 855 59 50; Verkehrsbüro Gersau, 6442 Gersau, Telefon 041 828 12 20
Anschlussroute –

Überall Seilbahnen

Der Aufstieg von Beckenried zum Restaurant Tannibüel bietet keine technischen Schwierigkeiten.

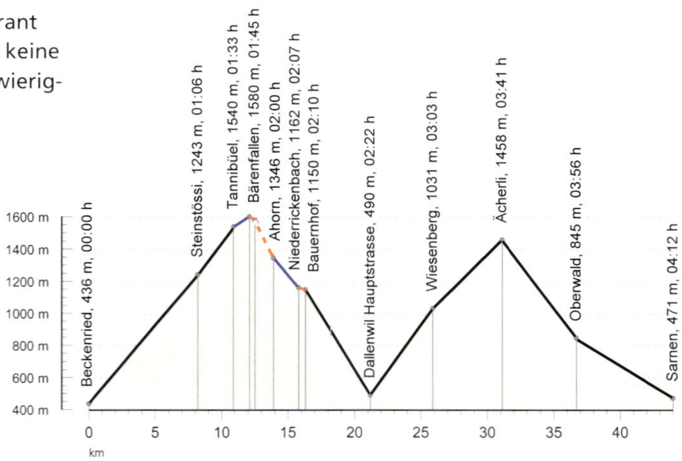

Das Wandergebiet rund um die Klewenalp ist nicht nur durch die Luftseilbahn erschlossen; bis zum Bergrestaurant Tannibüel führt auch eine asphaltierte Bergstrasse mit ansprechender Steigung. Der Aufstieg bis Bärenfallen ist fahrbar, auch das letzte kurze Stück auf dem Wanderweg. Anstatt über Bärenfallen nach Niederrickenbach zu gelangen, bietet sich das 200 Höhenmeter oberhalb gelegene Brisenhaus als Alternative an. Die SAC-Hütte verfügt über Übernachtungsmöglichkeiten.

Der Tiefblick auf den Vierwaldstättersee entlohnt für die körperliche Leistung. Gegen Westen wartet bereits das Ächerli, das nächste Ziel, darauf, erobert zu werden. Im Abstieg kann auf dem steilen Wanderweg bis zum Alpgebäude hinunter nicht gefahren werden. Dann folgt ein fahrbares Zwischenstück, bis der Alpweg wieder zum

Schwierigkeitsgrad 3
Distanz 44,0 km
Höhendifferenz ↑2132 m, ↓2097 m
Zeitbedarf 4:15 h
Übernachtung Bergrestaurant Tannibüel (1540 m), Tannibüel, 6375 Beckenried, Telefon 041 620 12 18; Hotel Engel und Pilgerhaus (1162 m), 6383 Niederrickenbach, Telefon 041 628 13 66; Dallenwil, Kerns, Sarnen
Restaurant Wiesenberg-Wirzweli
Variante/Abkürzung
Variante: Tannibüel–Brisenhaus SAC–Ahorn
Variante: Niederrickenbach–Schwanden–Büren–Dallenwil
Öffentlicher Verkehr Dallenwil, Sarnen
Karte Blatt Nr. 245, 5008
Besonderer Hinweis ⚠ In Niederrickenbach zwischen Kirche und Kloster links abzweigen. Fahrspuren führen ca. 200 m zum Bauernhof hinunter, von wo eine ausgebaute Asphaltstrasse ins Tal führt.
Information Tourismus Beckenried Klewenalp, 6375 Beckenried, Telefon 041 620 31 70; Vierwaldstättersee Tourismus, 6370 Stans, Telefon 041 610 88 33; Tourismusbüro Sarnen, 6060 Sarnen, Telefon 041 666 50 40
Anschlussroute –

Um von der Bärenfallen zum Ächerli zu gelangen, muss man unweigerlich ins Nebelmeer eintauchen.

steinigen Wanderweg wird. Von Ahorn geht es auf einem Fahrweg nach Niederrickenbach.
Der direkteste Weg nach Dallenwil zweigt in Niederrickenbach zwischen Kirche und Kloster links ab. Fahrspuren führen zirka 200 Meter zu einem Bauernhof hinunter, von wo eine ausgebaute Asphaltstrasse ins Tal führt. Als Alternative bietet sich ein aussichtsreicher Umweg an, der in Niederrickenbach bei der Bergstation der Luftseilbahn vorbei talwärts führt.
Die Strasse von Dallenwil über das Ächerli ist auch für den Autoverkehr freigegeben. Wanderern steht zudem die Luftseilbahn Dallenwil–Wirzweli zur Verfügung. So wird die Passstrasse nur von wenigen Autofahrern frequentiert. Nach der Passhöhe ist die Strasse nach Sarnen hinunter nicht mehr asphaltiert. Fast ohne Anstrengung gleitet man bis in den Etappenort Sarnen.

Wildromantische Landschaften

Die ersten paar Kilometer dem Sarnersee entlang sind gerade richtig, um sich einzufahren. Obwohl auf der Nebenstrasse über Husen nach Brand ein paar Höhenmeter umsonst bewältigt werden, lohnt sich der kleine Umweg. Der Sarnersee liegt wie hineingegossen im voralpinen Tal, das beidseits des Sees sanft ansteigt. Die Steigung im Uphill bis zur Dörsmatt ist sehr angenehm, das letzte Stück Fahrweg zum Sattelpass aber unerwartet steil und mit grobem Schotter durchsetzt. Der lichte Tannenwald und unberührte Hochmoore verleihen dem Sattelpass einen Hauch von Wildnis. Richtig «wild» ist dann der erste Teil des Abstiegs ins Entlebuch. Auf dem meist nassen Wanderweg muss das Mountainbike getragen oder geschoben werden. Beim neu erstellten Stall auf halber Strecke zum Schaftelenmoos sollte nicht den Wegmarkierungen den Wald hinunter, sondern den Fahrspuren links über die Weide gefolgt werden.
Die Hauptstrasse entlang der Waldemme talaufwärts ist ziemlich stark befahren. Als gute Alternative bietet sich der Wanderweg nach Sörenberg an. Der Schlussteil der Etappe von Sörenberg in den Kanton Bern ist nicht mehr sehr anstrengend. Abwechslungsreich präsentiert sich die eigentümliche Landschaft mit kleinen Canyons entlang den schroffen Felsen der Schrattenflue. Wer nicht im Kemmeriboden Bad übernachten, sondern weiterfahren will, kann auch direkt vom Schneebärgli zum Hinter Hübeli gelangen.

Die Strasse steigt bis Dörsmatt angenehm an. Der Aufstieg entlang mooriger Wiesen und durch lichten Wald ist eine wahre Erholung.

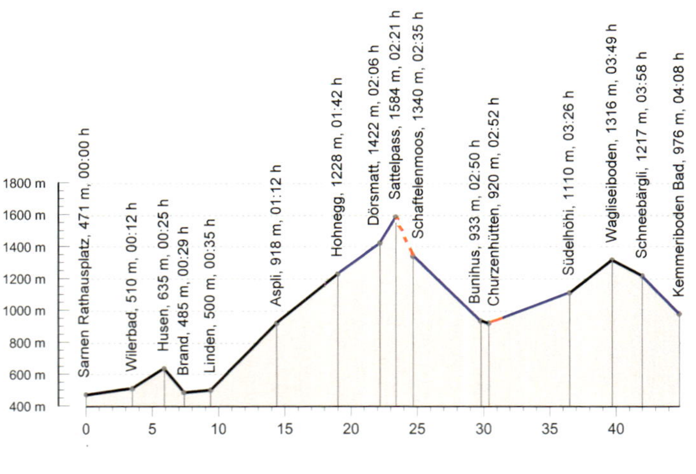

Schwierigkeitsgrad 3
Distanz 44,8 km
Höhendifferenz ↑1739 m, ↓1234 m
Zeitbedarf 4:15 h
Übernachtung Sörenberg-Flühli; Berggasthaus Salwideli (1353 m), Nähe Wagliseiboden, 6174 Sörenberg, Telefon 041 488 11 27; Hotel Landgasthof Kemmeriboden-Bad (976 m), 6197 Schangnau, Telefon 034 493 77 77
Restaurant –
Variante/Abkürzung Direkter Weg Richtung Thun: Schneebärgli–Hinter Hübeli–Möser/Habchegg
Öffentlicher Verkehr Sarnen
Karte Blatt Nr. 245, 244, 5008
Besondere Hinweise
⚠ Von Linden aus führen zwei Strassen ins Aspli hinauf. Die Strasse rechts über Studi, Diepigen, Rufi verfügt über eine angenehme Steigung.
⚠ Beim neu erstellten Stall auf halber Strecke zum Schaftelenmoos sollte nicht den Wegmarkierungen den Wald hinunter, sondern den Fahrspuren links über die Weide gefolgt werden (fahrbar).
⚠ Bei der Hirseggbrügg links auf den Wanderweg zum Sörenbärgli (kurze Schiebestrecke), anschliessend zur Abwasserreinigungsanlage (ARA) von Sörenberg und weiter zur Südelhöhi.
Information Tourismusbüro Sarnen, 6060 Sarnen, Telefon 041 666 50 40; Sörenberg Tourismus, 6174 Sörenberg, Telefon 041 488 11 85; Verkehrsbüro Schangnau-Bumbach, 6197 Schangnau, Telefon 034 493 37 87
Anschlussroute –

Panoramafahrt

Die traumhafte Etappe beginnt mit der Fahrt auf schönen Höhensträsschen durch eine ursprüngliche, abgelegene Gegend zwischen Hohgant und Augstmatthorn zur Lombachalp. Die Route ist vom Kemmeriboden Bad aus mit roten Mountainbike-Wegweisern gut ausgeschildert. Gekrönt wird sie mit einer einmaligen Aussicht auf den Thunersee und die Berge des Berner Oberlands. Kurz nach dem Start zweigt beim Hinter Hübeli der Saumpfad Richtung Habchegg ab. Nur auf einem kurzen Stück wurde der ehemalige Saumpfad nicht durch eine neuere Fahrstrasse ersetzt. Der steinige, anfangs betonierte Fahrweg wird steil und holprig, sodass ein kurzes Stück zu Fuss zurückgelegt werden muss. Sobald der Fahrweg wieder besser wird, beginnt ein fast nicht enden wollender Bikegenuss bis zur Lombachalp.
In Habkern führt die beste Routenwahl den Mountainbike-Wegweisern entlang über Beatenberg nach Sigriswil. Abwechslungsweise geht es über wenig befahrene Nebenstrassen und Fahrwege. Die Höhe wird erst auf der Abfahrt nach Sigriswil preisgegeben. Um die stark befahrene Hauptstrasse entlang des Thunersees zu meiden, müssen zwei kleine Gegensteigungen bis Oberhofen bewältigt werden. Durch gepflegte Vorortsstrassen wird das Zentrum von Thun erreicht.

Auf der eindrücklichen Panoramastrasse zwischen Beatenberg und Sigriswil.

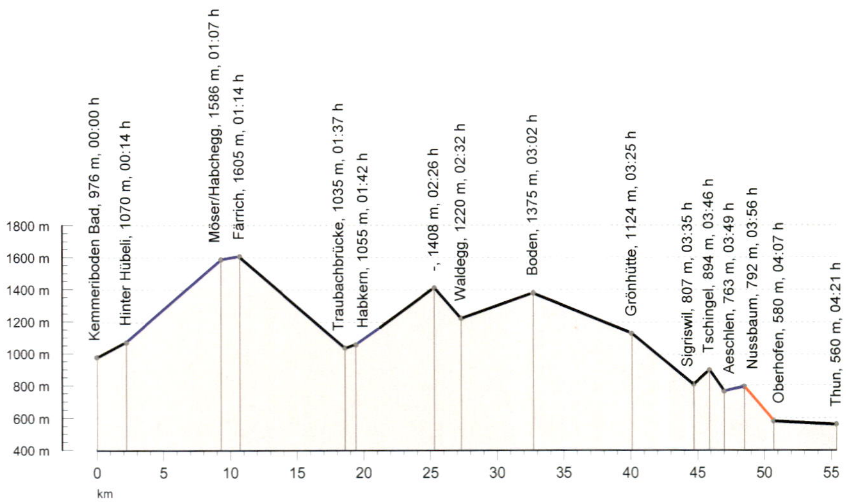

Schwierigkeitsgrad 2
Distanz 55,4 km
Höhendifferenz ↑1313 m, ↓1729 m
Zeitbedarf 4:15 h
Übernachtung Habkern, Beatenberg, Sigriswil, Thun
Restaurant Siehe Übernachtung
Variante/Abkürzung –
Öffentlicher Verkehr Thun
Karte Blatt Nr. 244, 254, 253, 5004
Besondere Hinweise
⚠1 Ab Kemmeriboden Bad den roten Mountainbike-Wegweisern bis Sigriswil folgen. In Aeschlen von der Hauptstrasse rechts abzweigen und auf Nebenstrasse nach Nussbaum.
⚠2 Bei Nussbaum ein kurzes Stück auf einem gut fahrbaren Wanderweg (bei Nussbaum Wanderwegweiser folgen), dann nach Erreichen der Forststrasse kann links mit einem Umweg Oberhofen erreicht werden. Direkter ist der Weg rechts: 100 m der Strasse entlang hochfahren und anschliessend gleich links hinunter abzweigen.
Information Verkehrsbüro Schangnau-Bumbach, 6197 Schangnau, Telefon 034 493 37 87; Verkehrsverein und Tourismusbüro, 3804 Habkern, Telefon 033 843 13 01; Thunersee Tourismus, 3602 Thun, Telefon 033 251 00 00; Tourismus-Organisation Thun, 3600 Thun, Telefon 033 222 23 40
Anschlussroute –

Schwindelerregender Tiefblick auf Merligen am Thunersee.

Vom Thunersee zum Schwarzsee

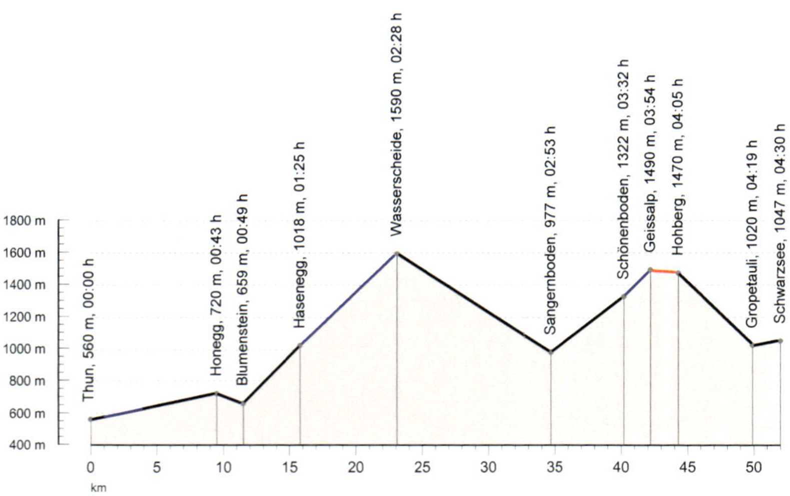

Vor dem Aufstieg steht eine kurzweilige Fahrt über die Thuner Allmend und das hügelige, durch eiszeitliche Gletscher geprägte Gebiet zwischen dem Stockental und dem Gürbetal auf dem Programm. Die Thuner Allmend (Waffenplatzareal) ist eine unbebaute Grünzone, die fast bis ins Zentrum Thuns hineinreicht. Das Waffenplatzareal kann samstags und sonntags uneingeschränkt befahren werden. Wochentags müssen die Fahrwege rund um das Areal benutzt werden.
Blumenstein ist der Ausgangspunkt für den Aufstieg in den Gurnigel. Wenn der Berghang zur

Bis ins Etappenziel Schwarzsee ist es nicht mehr weit.

Wasserscheide hinauf bereits in der Morgensonne liegt, ist der Aufstieg im Schutz des dichten Blätterdachs durch den taufrischen Wald richtig erholsam. Auf dem höchsten Punkt wird die Passstrasse erreicht. Es folgt eine längere Abfahrt auf der Hauptstrasse. Ruhiger wird es durch den Muscherenschlund hinauf zur Geissalp. Einen schönen Abschluss der Etappe bildet die Fahrt auf dem Alpweg zum Hohberg mit einem herrlichen Talblick auf Schwarzsee.
Die Etappe enthält keine Schiebepassagen. Entlang der Gurnigel-Passstrasse bieten sich verschiedene Verpflegungs- und Übernachtungsmöglichkeiten.

Schwierigkeitsgrad 2
Distanz 52,0 km
Höhendifferenz ↑1691 m, ↓1204 m
Zeitbedarf 4:30 h
Übernachtung Blumenstein; Hotel Schwefelberg Bad (1389 m), Schwefelberg Bad, 1738 Sangernboden, Telefon 026 419 88 88; Sangernboden, Schwarzsee
Restaurant Bergwirtschaft Untere Gantrischhütte (1508 m), Untere Gantrischhütte, 3154 Rüschegg Heubach, Telefon 031 809 17 21
Variante/Abkürzung Abkürzung: Sangernboden–Zollhaus–Seeschlund–Schwarzsee
Öffentlicher Verkehr Thun
Karte Blatt Nr. 253
Besondere Hinweise
⚠1 Die Thuner Allmend (Waffenplatzareal) kann nur samstags und sonntags uneingeschränkt befahren werden. Wochentags müssen die Fahrwege rund um das Areal benutzt werden.
⚠2 Auf der Hasenegg, P. 1018 m, rechts abbiegen, weiter bis Tschingel, dort links abbiegen und in wenigen Kehren Richtung Wasserscheide hochfahren.
Information Tourismusorganisation Thun, 3600 Thun, Telefon 033 222 23 40; Tourismusbüro, 1716 Schwarzsee, Telefon 026 412 13 13
Anschlussroute 5.05 Sanetsch–Schwarzsee, 5.06 Schwarzsee–Fribourg

Dem Schlund entronnen

Kartenstudium.
Im Hintergrund der
Euschelspass.

Zutreffend werden die Täler im Senseoberland als Schlund bezeichnet. Um dem stark zerfurchten Plasselbschlund auszuweichen, führt die Etappe über die Höhen von Schwyberg und La Patta. Über den Seeschlund ist der Schwyberg gut mit Fahrstrassen erschlossen. Fahrspuren leiten über den Bergrücken bis zur Bergstation der Sesselbahn hinauf und auch wieder hinunter Richtung La Patta. Im Anstieg folgt eine kurze Schiebepassage auf dem Wanderweg. Technisch schwierig ist die Abfahrt auf dem meist feuchten Wanderweg nach L'Auta Chia. Die Alphütte in L'Auta Chia lädt zum Verweilen ein, zumal sämtliche Schwierigkeiten des Tages bereits bewältigt sind. Auch bleibt Zeit, bei den verschiedenen Sehenswürdigkeiten entlang der Etappe, wie zum Beispiel dem schachbrettartig angelegten Kartäuserkloster La Valsainte, einen Halt einzulegen. Nach Broc der Saane entlang fällt der Blick bereits auf das majestätisch gelegene Greyerz oder Gruyères, das im Sommer von Touristen rege besucht wird. Dementsprechend sind die Übernachtungspreise relativ hoch. Bevor der Hügel von Gruyères bezwungen wird, lohnt sich ein Abstecher in die Schaukäserei.

Schwierigkeitsgrad 2
Distanz 38,4 km
Höhendifferenz ↑942 m, ↓1169 m
Zeitbedarf 3:15 h
Übernachtung Crésuz, Broc, Gruyères
Restaurant Chalet L'Auta Chia (1458 m), L'Auta Chia, 1654 Cerniat, Telefon 026 927 26 96
Variante/Abkürzung –
Öffentlicher Verkehr Broc, Gruyères
Karte Blatt Nr. 253, 252
Besondere Hinweise
⚠1 Auf halber Höhe im Aufstieg auf La Patta auf dem Wanderweg rechts den Gipfel der La Patta umgehen. Bei der Waldhütte auf dem rechten Ausläufer der La Patta nach links hinunter nach L'Auta Chia abzweigen.
⚠2 In L'Auta Chia bestehen zwei Möglichkeiten, um nach Valsainte zu gelangen. Die Strasse links über Les Chelettes ist etwas steiler.
Information Tourismusbüro Schwarzsee, 1716 Schwarzsee, Telefon 026 412 13 13; Office du Tourisme Gruyères, 1663 Gruyères, Telefon 026 921 10 30
Anschlussroute 5.05 Sanetsch–Schwarzsee, 5.06 Schwarzsee–Fribourg

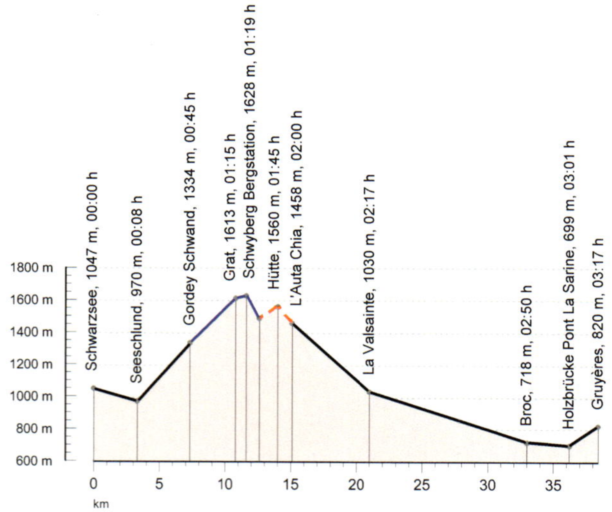

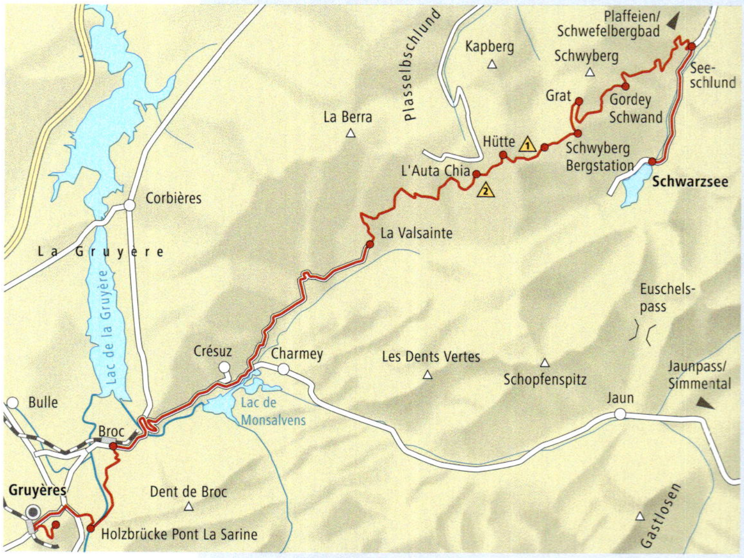

Der Genfersee ist in Sicht

Zuerst steht ein etwas unruhiger Aufstieg nach Gros Plané, hinter dem Ausflugsberg Moléson gelegen, auf dem Programm. Viele Abzweigungen, die unterschiedlichen Steigungen und Wegbeschaffenheiten sind kräfteraubend. Bereits nach weniger als einer Stunde Fahrzeit endet die Fahrstrasse kurz nach Les Maulatreys. Auf dem Wanderweg nach Petites Clés hinauf muss das Mountainbike in den steilen Passagen geschoben werden. Als wenig bessere Alternative bietet sich der Aufstieg auf der Hauptstrasse nach Moléson-Village und weiter über Le Penny (P. 1205) an, bis oberhalb Les Maulatreys wieder in den beschriebenen Wanderweg eingebogen wird.
Bei der SAC-Hütte Cabane des Clés wird der Fahrweg besser und breiter. Auf Gros Plané beginnt ein furioses Schlussbouquet. Auf wenig befahrenen Forst- und Alpstrassen kann sich der Biker nochmals richtig ausleben. Die Etappe führt durch die beiden Quelltäler des Flüsschens La Veveyse, das in Vevey in den Genfersee mündet. Die schnellen Wechsel von einem zerfurchten Tal in das nächste, jeweils nur mit kurzen Aufstiegen verbunden, machen die Etappe abwechslungsreich. Der Genfersee kündigt den Schluss der Route an: In der Abfahrt über Blonay, durch Weinberge und herausgeputzte Quartiere rückt Vevey schnell näher.

Schwierigkeitsgrad 2
Distanz 42,6 km
Höhendifferenz ↑1002 m, ↓1442 m
Zeitbedarf 3:30 h
Übernachtung Cabane des Clés (1352 m), Petites Clés, kein Telefon; Les Paccots; Hôtel Restaurant du Signal (793 m), Le Signal, 1807 Blonay, Telefon 021 943 17 71; Blonay, Vevey
Restaurant Chalet Gros Plané (1476 m), Gros Plané; Chalet Incrota (1395 m)
Variante/Abkürzung Variante: Gruyères–Pringy–Moléson-Village–Le Penny
Öffentlicher Verkehr Gruyères, Vevey
Karte Blatt Nr. 252, 262
Besondere Hinweise
⚠1 Ca. 300 m nach Montberry vor dem allein stehenden Haus links vorbei zur Strasse, die von Pâquier nach Les Maulatreys führt.
⚠2 Bei P. 1172, Les Maulatreys, rechts auf steilem Fahrweg und anschliessend auf dem Wanderweg nach Petites Clés.
Information Office du Tourisme, 1663 Gruyères, Telefon 026 921 10 30; Office du Tourisme, 1663 Moléson-Village, Telefon 026 921 85 00; Office du Tourisme 1619 Les Paccots, Telefon 021 948 84 56; Montreux-Vevey Tourisme, 1820 Montreux, Telefon 0848 868 484
Anschlussroute 2.01 Montreux–Les Diablerets

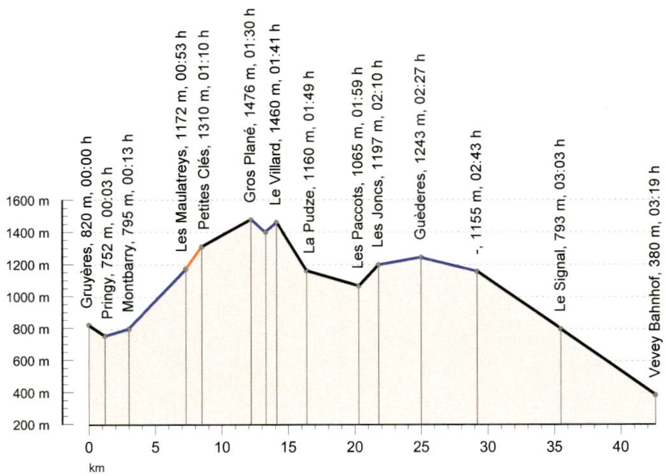

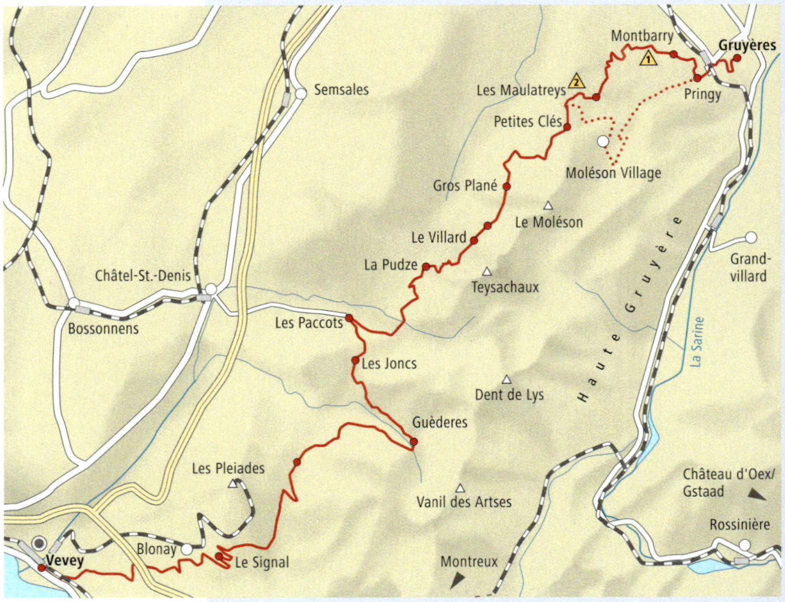

Transalp extrem

Schwierigkeitsgrad	2 bis 4
Distanz	476 km
Höhendifferenz	↑17 271 m, ↓17 449 m
Anzahl Tagesetappen	7
Fahrzeit	46:30 h
Beste Jahreszeit	Juli bis Oktober
Anreise	Bahnhof Bregenz
Rückreise	Bahnhof Lecco

Die Route ist auf ausgesprochen erfahrene und sportliche Mountainbiker zugeschnitten. Auf den sieben Etappen werden ungefähr gleich viele Höhenmeter absolviert wie auf den zehn Etappen der Walserroute. Ausser die erste und die letzte enthalten alle Etappen längere Schiebe- und Tragestrecken. Fast ein Drittel der Strecke führt über Fahr- und Wanderwege. Nur selten sind Abkürzungen oder die Aufteilung einer Tagesetappe auf zwei Tage möglich. Die anspruchsvollen Übergänge Barthümeljoch, Passo del Muretto und Passo Dordona mit langen Schiebe- und Tragestrecken können nicht umgangen werden.

Jede Etappe, von den idyllischen Hochmooren des Bregenzerwalds bis in zu den kargen Felswänden an den Ufern des Lago di Lecco, hat ihr eigenes Gesicht. Es werden Pistentrassees und Gebirgswanderwege, ausgebaute Forststrassen und alte Saumpfade befahren. In der ersten Hälfte der Route trifft man auf Schritt und Tritt andere Mountainbiker. Neben bekannten Mountainbikestrecken, wie dem Urdenfürggli oder dem Septimerpass, geht es auch über unbekannte und nur selten von Mountainbikern benutzte Übergänge in den abgeschiedenen Bergamasker Alpen. In der zweiten Hälfte wird zwischen den vergletscherten Bergen des Engadins und den schroffen Granitgipfeln des Bergells auf unwegsamen Schmugglerpfaden und verwachsenen Kriegsstrassen der fast 2600 Meter hohe Passo del Muretto überquert. Einsam und abgeschieden ist es im Parco delle Orobie, einem Naturpark in den Bergamasker Alpen, währenddem in den Mountainbikegebieten des Bregenzerwaldes und Graubündens reger Betrieb herrscht.

Die Anreise nach Bregenz ist problemlos. Im grenzübergreifenden Verkehr von Deutschland oder aus der Schweiz können die Mountainbikes mit dem Zug befördert werden. Die Rückreise von Lecco gestaltet sich etwas umständlicher. Am direktesten wäre der Weg über Como und weiter Richtung Zürich, doch in den regelmässig verkehrenden Autobussen von Lecco nach Como ist die Mitnahme von Mountainbikes beschränkt. Mit dem Zug muss ein Umweg über Monza in Kauf genommen werden. Als Alternative bietet sich die Rückreise über Sondrio und weiter nach Chur an, wofür jedoch ein zusätzlicher Tag eingerechnet werden muss.

Downhill
am Passo del Muretto.

See, Wald und Fluh

Über das Hochplateau zwischen Bregenzer Hütte und Schnell lässt es sich gemütlich dahingleiten.

Fehlt vor dem Start noch etwas an Ausrüstung, findet sich in der Fussgängerzone der Bregenzer Altstadt sicher das richtige «Lädele» dafür. Bereits nach den ersten paar Metern Fahrt über das Kopfsteinpflaster verschwindet der Bodensee hinter den Häusern. Hinter Wolfurt beginnt das wilde, weit verzweigte Tobel der Bregenzer Aach. Um den Weg Richtung Süden einschlagen zu können, muss möglichst schnell das gegenüberliegende Ufer der Bregenzer Aach erreicht werden. Eine wenig befahrene Nebenstrasse führt von Wolfurt über Buch nach Alberschwende. Im anschliessenden Aufstieg zum Lorenapass zeigt sich der Bodensee doch nochmals. Kurz nach der Passhöhe beginnt, ohne viel an Höhe einzubüssen, eine herrliche Panoramafahrt in den Bregenzerwald. Bis zur Bregenzer Hütte ist das Moutainbike nur zwei- oder dreimal für wenige Minuten zu schieben. Auf den ausgedehnten Alpen wechseln sich lichter Tannen- und Föhrenwald mit idyllischen Hochmooren ab. In Mellau wird es bereits gebirgiger. Der Aufstieg im Schatten der felsigen Kanisfluh bis zur Wurzachalpe raubt die noch vorhandenen Kräfte. Nach der Bergstation der Gondelbahn muss auf dem Wegstück Richtung Wurzachalpe stellenweise geschoben werden. Der steile Umweg nach Au ist landschaflich lohnenswert. Um das Panorama etwas länger geniessen zu können, wurde der Alpengasthof Edelweiss auf Öberle als Etappenziel gewählt.

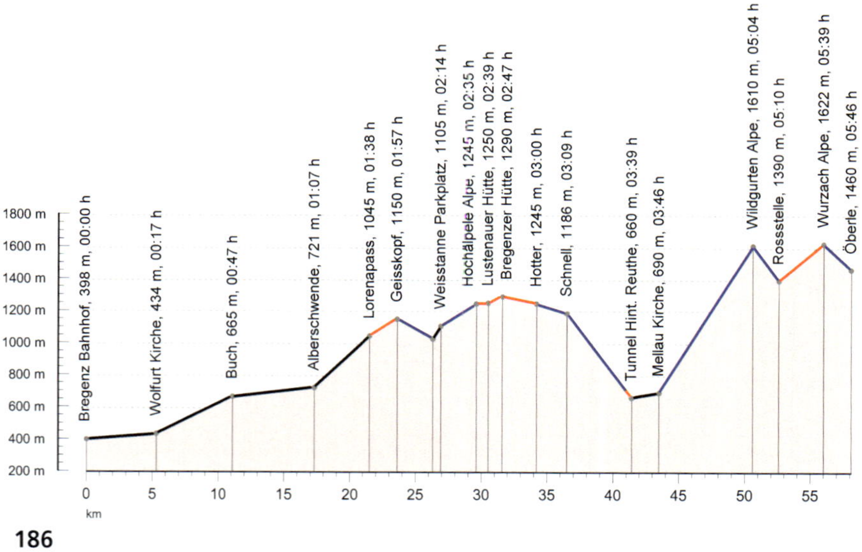

Schwierigkeitsgrad 3
Distanz 58,1 km
Höhendifferenz ↑2438 m, ↓1376 m
Zeitbedarf 5:45 h
Übernachtung Alberschwende; Lustenauer Hütte (1250 m), Telefon +43 5512 4913; Bregenzer Hütte (1290 m), Telefon +43 664 4000 864; Mellau; Alpengasthof Edelweiss (1480 m), Öberle, A-6883 Au, Telefon +43 664 4381 365
Restaurant Alphof Rossstelle (1390 m), Bergstation Gondelbahn
Variante/Abkürzung Abkürzung: Radweg Bregenzerwald Mellau–Au oder Aufstieg mit der Gondelbahn von Mellau bis zur Rossstelle
Öffentlicher Verkehr Bregenz
Karte Blatt Nr. 218, 228
Besondere Hinweise
⚠1 Abzweigung Richtung Geisskopf (Bödele) 100 m nach der Passhöhe des Lorenapasses.
⚠2 Die Naturstrasse mit Barriere zur Hochälpele Alp zweigt von der Passstrasse beim Parkplatz oberhalb des Gasthauses Hochälpele ab.
⚠3 In der letzten Haarnadelkurve zweigt ein Wanderweg Richtung Mellau ab, der auf den ersten Bick nicht fahrbar erscheint.
Information Bregenz Tourismus, A-6900 Bregenz, Telefon +43 5574 49590; Tourismusbüro Mellau, A- 6881 Mellau, Telefon +43 5518 2203; Au Tourismus, Argenau, A-6883 Au, Telefon +43 5515 2288
Anschlussroute –

Vom Bregenzerwald ins Land des Fürsten

Links hinter dem Galinakopf liegt Malbun, doch zuerst muss das Walgau durchquert und der Aufstieg zum Mattajoch zurückgelegt werden.

Interessanter und anspruchsvoller als die Fahrt auf der Erschliessungsstrasse ist der Downhill auf dem alten Güterweg über die Feuersteinalpe und das Berggut Ahorn direkt nach Au hinunter. Der erste Übergang des Tages ist das durch eine Passstrasse erschlossene Furkajoch. Bis nach Damüls ist die Hauptstrasse stark befahren, kann jedoch sehr gut auf der gegenüberliegenden Talseite umfahren werden. Bis zur Argenalpe ist die Naturstrasse gleich von Beginn weg sehr steil.

Nach der Unteren Kriegbodenalpe wird etwas Höhe eingebüsst. Angenehm ist dann die Strecke auf Fahrwegen nach Damüls. Vor der schmalen Fahrstrasse über das Furkajoch scheuen sich viele Autofahrer und nehmen deshalb in Damüls die Passstrasse über das Faschinajoch. Nach der Überquerung des Furkajochs verlässt man die Passstrasse in Bad Innerlaterns. Es beginnt eine lange, ungestörte Fahrt auf dem Netschelweg talauswärts. Am Ausgang des Laternsertals mündet die Naturstrasse in die Hauptstrasse Rankweil–Übersaxen. Nur wenige Höhenmeter sind auf der Hauptstrasse zurückzulegen, um ins Walgau zu gelangen. In Übersaxen bietet sich als direkteste Verbindung nach Düns der Wanderweg an. Nur wenige Abschnitte haben tatsächlich Wanderwegbreite und zwingen an zwei Stellen kurz zum Absteigen und Schieben.
Nach der Durchquerung des Talbodens des Walgaus beginnt in Beschling der zweite, relativ steile und lange Aufstieg zum Mattajoch. Die ersten 500 Höhenmeter der Strasse zur Gampalpe sind asphaltiert. Nach der Innergampalpe wird die Naturstrasse schlechter. Auf der Mattleralpe ist der Fahrweg endgültig zu Ende. Auf dem kupierten Wanderweg muss das Mountainbike die letzten 200 Höhenmeter geschoben werden. Vom Joch kann, anstatt den Wanderwegmarkierungen zu folgen, über die Weide rechts nach wenigen

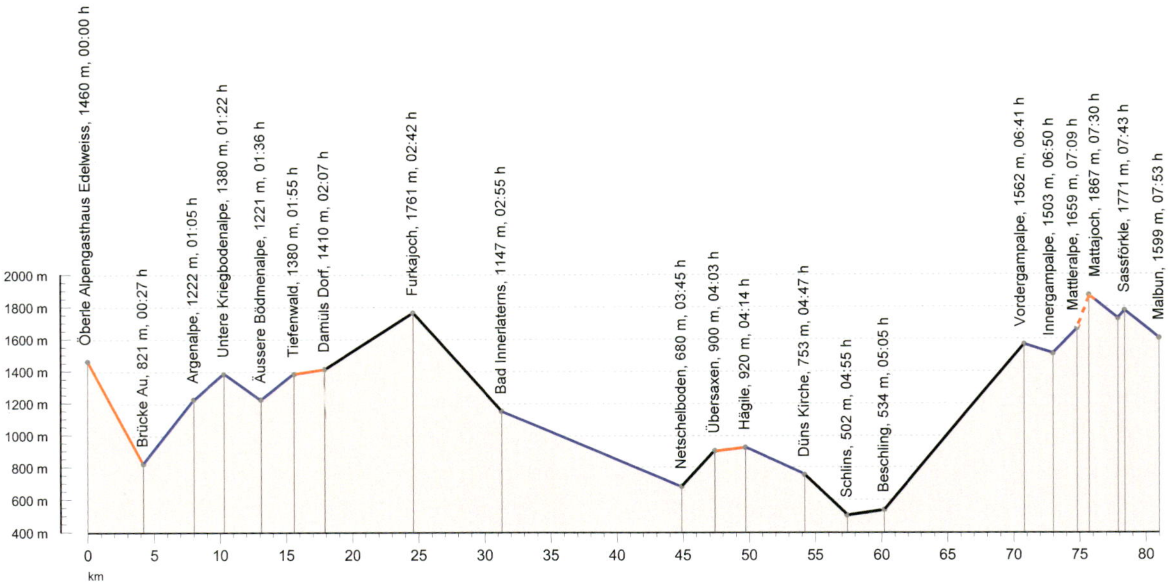

10.02 Öberle Edelweiss–Malbun

Schwierigkeitsgrad 4
Distanz 81,0 km
Höhendifferenz ↑3064 m, ↓2925 m
Zeitbedarf 8:00 h
Übernachtung Damüls, Schlins; Berghaus Mattajoch (1562 m), Innergampalpe, A-6710 Nenzing, Telefon +43 5525 63586; Malbun
Restaurant Gasthaus Bad Laterns, Innerlaterns
Variante/Abkürzung –
Öffentlicher Verkehr Nenzing
Karte Blatt Nr. 228, 238
Besondere Hinweise
⚠1 Netschelweg: Abschnitte auf der Strasse zwischen Bad Innerlaterns und Netschelboden sind steinschlaggefährdet.
⚠2 In Übersaxen immer den Wanderwegweisern nach Düns folgen.
Information Au Tourismus, Argenau, A-6883 Au, Telefon +43 5515 2288; Damüls Tourismus, A-6884 Damüls, Telefon +43 5510 620-0; Laterns Tourismus, A-6830 Laterns, Telefon +43 5526 203; Liechtenstein Tourismus, Zweigstelle Malbun, FL-9497 Triesenberg-Malbun, Telefon +423 263 65 77
Anschlussroute 1.10 Biberacher Hütte–Mittelberg

Die Kirche von Damüls weist den Weg Richtung Furkajoch.

Metern die Naturstrasse erreicht werden. Der Downhill nach Malbun wird durch einen kleinen Gegenanstieg zum Sassförkle unterbrochen.

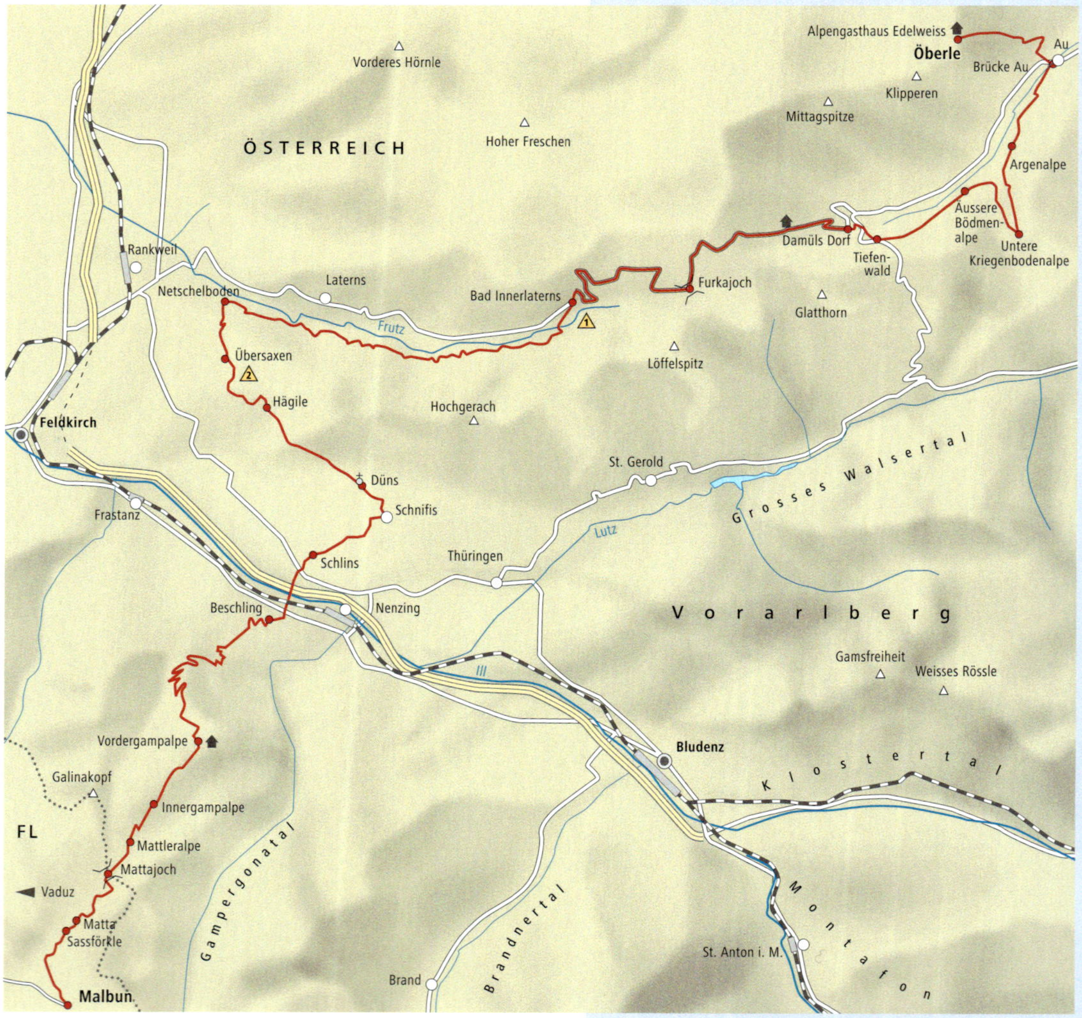

Der Rätikon lädt zum Schieben ein

Die Etappe enthält mit dem Barthümeljoch einen schwierigen und anstrengenden Übergang. Die Pfälzer Hütte ist durch eine steile Naturstrasse von Steg her erschlossen. Der anschliessende Wanderweg zum Barthümeljoch ist nicht steil, aber recht schmal, mit ausgesetzten Stellen, wovon eine mit einem Seil gesichert ist. Im Abstieg vom Barthümeljoch zur Ijesalp muss auf dem steilen, schmalen Wanderweg ebenfalls geschoben werden. Die gesamte Schiebezeit beträgt mehr als eine Stunde. Auf der Naturstrasse zwischen Ijes und Stürfis sind keine Schwierigkeiten zu bewältigen. Der Tunnel gleich nach Ijes ist recht dunkel; bei hellem Tageslicht kann er jedoch ohne Taschenlampe durchquert werden. Aus Sicherheitsgründen ist es empfehlenswert, eine Taschenlampe mitzuführen. Die anspruchsvolle Abfahrt auf dem Wanderweg Richtung Seewis ist, den Spuren nach zu schliessen, eine beliebte, aber nicht einfache Downhillstrecke. Lockerer wird es nach dem Erreichen der Naturstrasse in Cani. Das auf einer schönen Terrasse gelegene Seewis lädt zu einer Rast ein. Durch das Prättigau taleinwärts steht ein separater Radweg zur Verfügung. In Fideris Station wird der Radweg verlassen, und die Asphaltstrasse steigt in weit ausholenden Kurven angenehm bis in das Etappenziel Heuberg.

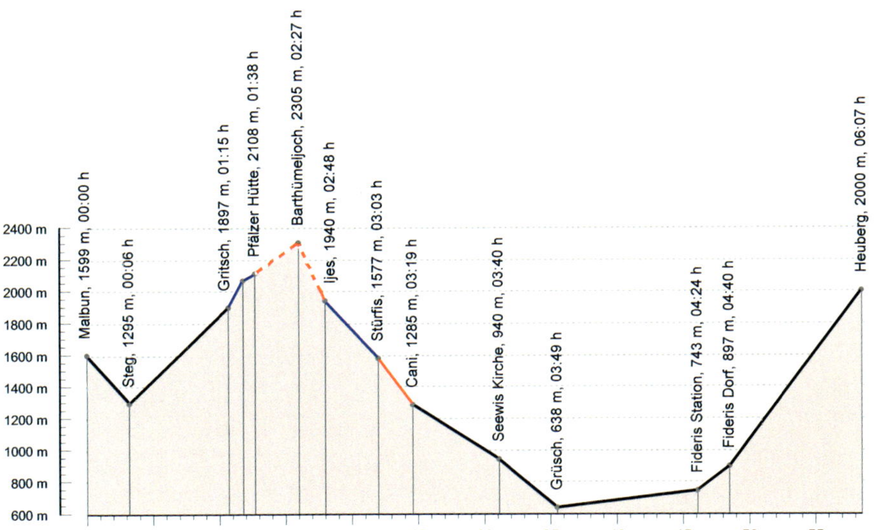

Schwierigkeitsgrad 4
Distanz 58,5 km
Höhendifferenz ↑2492 m, ↓2091 m
Zeitbedarf 6:00 h
Übernachtung Steg; Pfälzer Hütte LAV (2108 m), Bettlerjoch, FL-9497 Triesenberg, Telefon +423 263 36 79; Seewis, Schiers, Fideris; Skihaus Heuberg (1940 m), Heuberg, 7235 Fideris, Telefon 081 332 13 05; Skihaus Arflina (2000 m), Heuberg, 7235 Fideris, Telefon 081 332 13 04
Restaurant –
Variante/Abkürzung –
Öffentlicher Verkehr Grüsch, Schiers, Fideris Station
Karte Blatt Nr. 238, 248, 5002
Besondere Hinweise
⚠ Das Barthümeljoch liegt nicht am tiefsten Punkt des Bergkamms. Kurz vor der Krete sind noch 50 Höhenmeter nach rechts zu bewältigen (mit Wegweiser markiert).
⚠2 Es empfiehlt sich, eine Taschenlampe mitzunehmen. Die Tunnel nach der Alp Ijes sind nicht beleuchtet.
Information Liechtenstein Tourismus, Zweigstelle Malbun, FL-9497 Triesenberg-Malbun, Telefon +423 263 65 77; Kur- und Verkehrsverein, 7212 Seewis Dorf, Telefon 081 330 30 17; Tourismus Schiers, 7220 Schiers, Telefon 081 328 22 00; Kur- und Verkehrsverein Fideris, 7235 Fideris, Telefon 081 330 52 53
Anschlussroute 1.08 Heuberg–Schruns

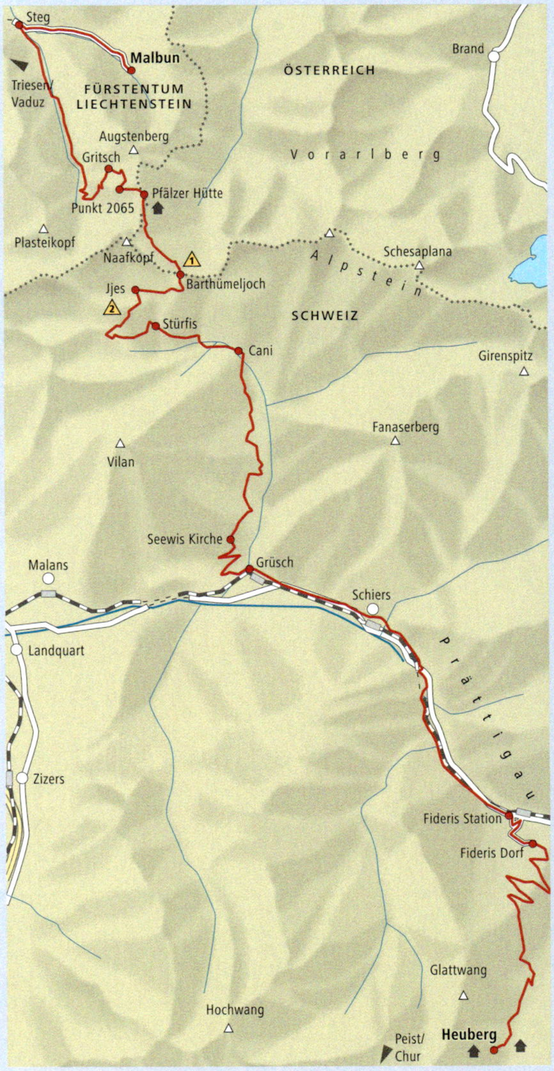

Ein langer Tag

Fahrzeugspuren führen über die Arflinafurgga und den Faninpass ins Schanfigg. Nur kurze Abschnitte sind nicht fahrbar. Landschaftlich und fahrtechnisch ist die Arflinafurgga ähnlich wie der Durannapass. Ausgedehnte Grasmatten ziehen sich bis zu den Gipfeln hinauf, und bei nasser Witterung werden die Wege schnell sumpfig. Wie im Aufstieg in Etappe 1.07 beschrieben, bieten sich auch in der Abfahrt zwei Varianten: In der Abfahrt ist die direkte Routenwahl nach Zerfalta besser geeignet. Der Wanderweg zum Skihaus Hochwang ist etwas schwieriger zu fahren.
Von Peist aus führt der schnellste Weg nach Arosa zuerst mehr oder weniger flach der Hauptstrasse entlang über Langwies nach Litzirüti. Dort bietet sich die Möglichkeit, dem Bachlauf der Plessur zu folgen und auf ruhigen Fahrwegen über Isel nach Arosa zu gelangen. Der landschaftlich schönere und zudem gemütlichere Aufstieg zur Hörnlihütte führt über Maran und die LAW-Mittelstation (Luftseilbahn Arosa Weisshorn).
Ab der Carmennahütte wird der Fahrweg schlechter und steiler, bis er schliesslich zum Pistentrassee wird. Mehrere steile Passagen sind nicht fahrbar, die Schiebezeit hält sich aber in Grenzen. Um zum Urdenfürggli zu gelangen, muss der Talkessel des Urdentälis durchfahren werden. Wenn im Talkessel noch Schnee liegt, sind längere Stücke des gut ausgebauten Wegs nicht fahrbar.

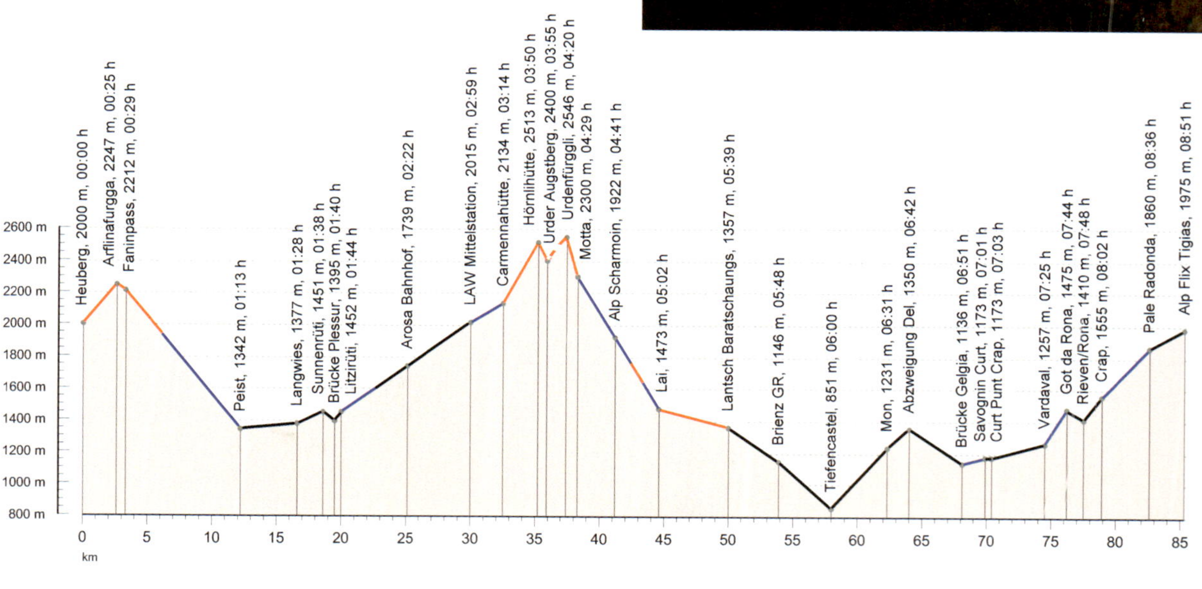

Vom Parpaner Rothorn führt eine beschilderte Downhillstrecke auf die Alp Scharmoin und weiter bis zur Lenzerheide hinunter.

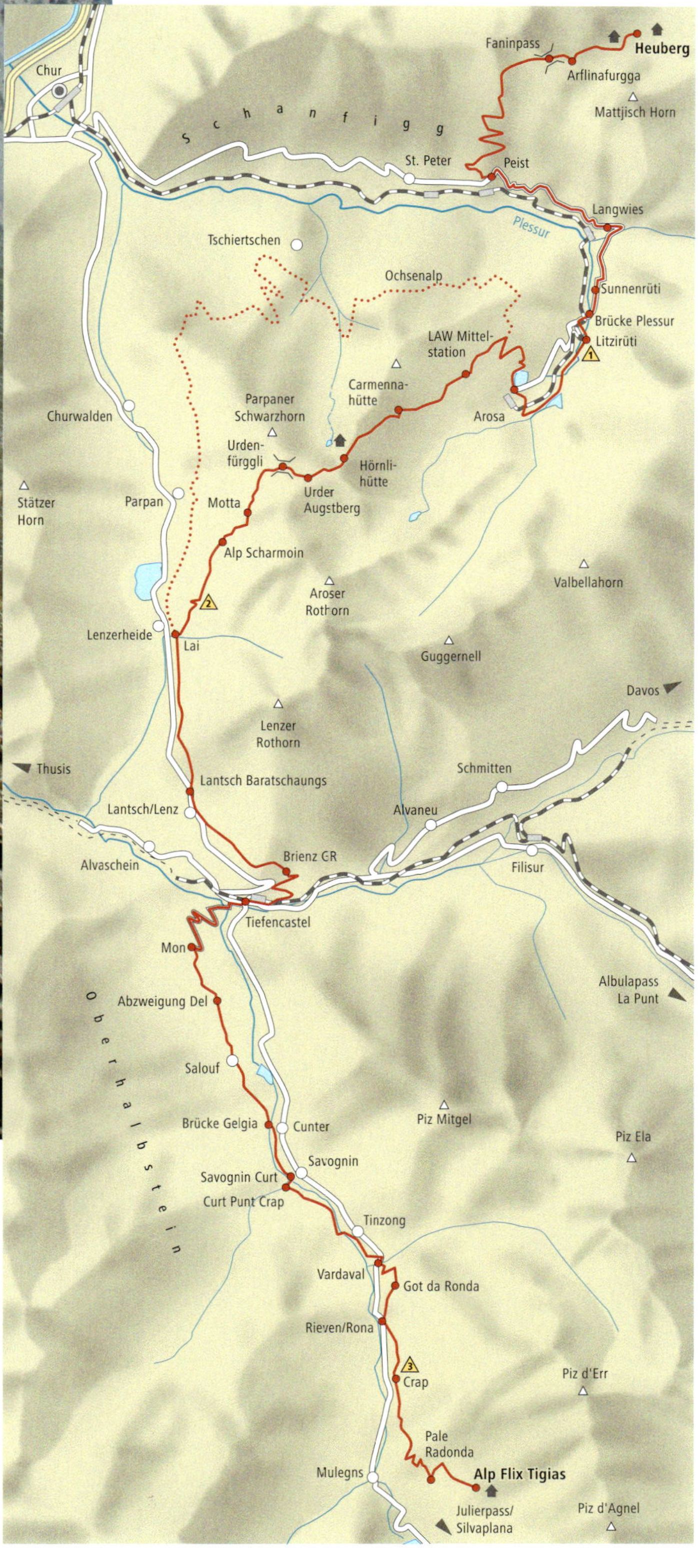

Im kurzen Schlussaufstieg zum Urdenfürggli ist Schieben angesagt. Eine Rast auf dem höchsten Punkt der Tagesetappe lohnt sich nicht nur wegen dem einmaligen Panorama über die Bünder Bergwelt, sondern auch, um Kräfte für den Downhill zu sammeln. Die steile Abfahrt erfordert den ganzen Körpereinsatz. Auf der Alp Scharmoin erreicht man die befestigte Strasse. Auf der malerischen Lenzerheide ist ausgelassenes Biken auf gut beschilderten Bikerouten angesagt.
In Tiefencastel beginnt bereits der Aufstieg in Richtung Septimerpass. Von der Nordseite her

10.04 Heuberg–Alp Flix

ist die Anfahrt durch den Oberhalbstein zum historischen Übergang eher flach. Um der stark befahrenen Hauptstrasse über den Julierpass auszuweichen, müssen einige zusätzliche, aber lohnenswerte Höhenmeter gemeistert werden. Savognin ist über Mon auf ruhigen Nebenstrassen erreichbar. In Savognin Curt führt die Route dem Bachlauf entlang bis nach Tinizong. Anschliessend sind 300 Meter auf der Hauptstrasse zu fahren, bis die Forststrasse nach Rieven/Rona abzweigt. Trotz der gut ausgebauten Forststrassen sind die Kräfte auf den letzten 10 Kilometer Schlussanstieg gut einzuteilen.

Fast die ganze Strecke zwischen Hörnlihütte und Urdenfürggli ist fahrbar.

Schwierigkeitsgrad 4
Distanz 85,3 km
Höhendifferenz ↑3123 m, ↓3148 m
Zeitbedarf 8:45 h
Übernachtung Langwies, Litzirüti, Arosa; Hörnlihütte (2513 m), 7050 Arosa, Telefon 081 377 15 04; Lenzerheide, Savognin; Berghaus Piz Platta (1975 m), Alp Flix, 7456 Sur, Telefon 081 659 19 29
Restaurant Bergrestaurant Carmennahütte, 7050 Arosa, Telefon 081 377 22 96
Variante/Abkürzung Variante: Arosa–Churer Joch–Lenzerheide (siehe Etappe 4.03)
Öffentlicher Verkehr Langwies, Litzirüti, Arosa, Tiefencastel
Karte Blatt Nr. 248, 258, 268, 5002, 5013
Besondere Hinweise
⚠1 In Litzirüti die Hauptstrasse verlassen, dem Wanderweg entlang der Plessur nach Isel folgen.
⚠2 Nach der Station Scharmoin die Strasse in der Haarnadelkurve verlassen und direkt nach Carpera-Lai hinunterstechen. Anschliessend auf der Lenzerheide nicht ganz bis zur Hauptstrasse hinunterfahren. 100 m oberhalb der Hauptstrasse den Mountainbike-Wegweisern Richtung Lantsch/Lenz folgen.
⚠3 Bei der Abzweigung in Crap (1,4 km nach Rieven) der Forststrasse rechts folgen.
Information Kur- und Verkehrsverein Fideris, 7235 Fideris, Telefon 081 330 52 53; Arosa Tourismus, 7050 Arosa, Telefon 081 378 70 20; Tourismus-Verein Lenzerheide-Valbella, 7078 Lenzerheide/Lai, Telefon 081 385 11 20; Savognin Tourismus im Surses, 7460 Savognin, Telefon 081 659 16 16
Anschlussroute 1.07 Monstein–Heuberg, 4.02 Klosters–Arosa, 1.06 Glaspass–Monstein, 4.03 Arosa–Bergün, 4.04 Bergün–Splügen

Ausgleichende Gerechtigkeit

Die Etappe bietet zwei Highlights, aber auch zwei Abschnitte, die man besser schnell wieder vergisst. Die erste mühsame Schiebestrecke ist gleich nach dem Start zwischen Salategnas und Natons zu bewältigen. Dieses Streckenstück kann mit zusätzlichen Höhenmetern über die Hauptstrasse von Sur nach Bivio umfahren werden. Das zweite unangenehme Teilstück ist der steinige Aufstieg zum Passo del Muretto. Im Gegensatz dazu ist der Septimer ein herrlicher, relativ einfacher Mountainbikepass. Der historische Übergang ist von Norden her durchgehend fahrbar und stellenweise noch gepflästert. Das zweite Highlight ist der Downhill vom Passo del Muretto nach Chiareggio. Unerwartet kommt man kurz nach der Passhöhe auf einen alten, wahrscheinlich aus einem der beiden Weltkriege stammenden, gut ins Gelände gelegten Weg, der nach und nach bis auf Strassenbreite anwächst.

Aber zurück zum Start. Der schmale, mit vielen Steinen und Wurzeln durchsetzte Höhenweg Veia Surmirana, der oberhalb des Marmorerastausees nach Bivio führt, ist nicht für Mountainbiker angelegt worden. Nur ganz kurze Stücke sind fahrbar. Die gesamte Schiebezeit bis Bivio beträgt rund 45 Minuten. Anschliessend aber wird die Fahrt gemütlicher. Flach ansteigend geht es auf einer guten Naturstrasse angenehm zum Septimerpass. Auf der Passhöhe wird die Strasse zum Saumpfad. Verschiedene Streckenabschnitte sind in ursprünglichem Zustand erhalten. Sie zeugen von vergangenen Zeiten, als hier noch Viehherden auf den Mailänder Markt getrieben wurden und schwer beladene Pferde südländische Köstlichkeiten in der Gegenrichtung transportierten.

Zwischen der Passhöhe des Septimer und Maroz Dora ist der historische Saumpfad gut erhalten.

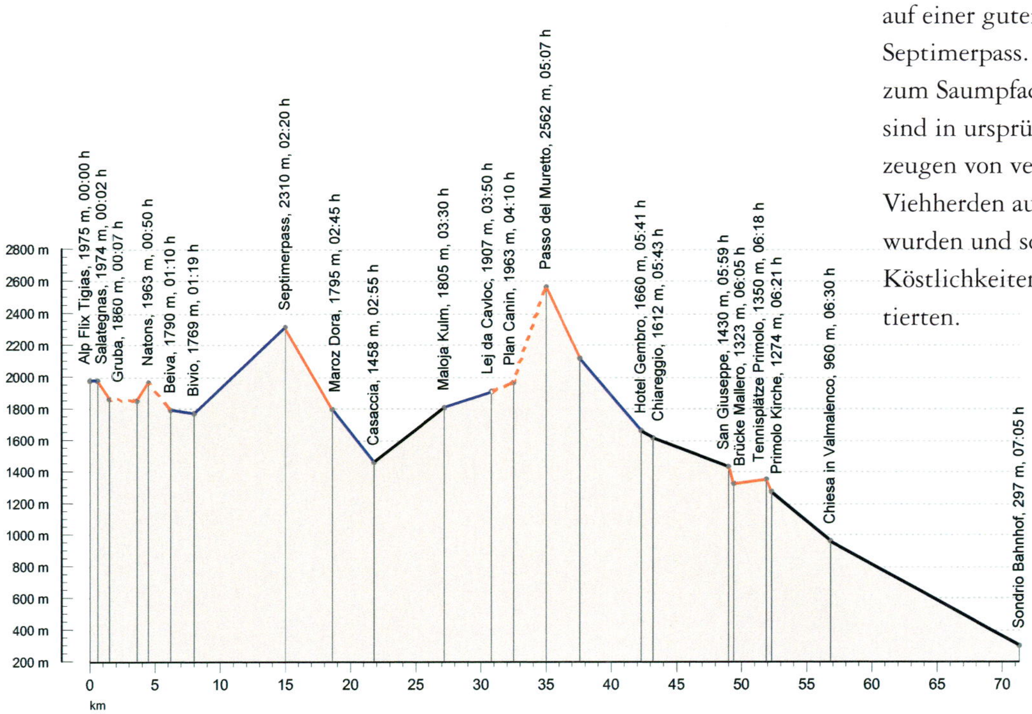

In Casaccia im Bergell ist der Comersee bereits zum Greifen nahe. Aber in den Veltliner und Bergamasker Bergen warten noch einige Herausforderungen. Der Malojapass muss auf der Hauptstrasse bezwungen werden. Der steile Talabschluss des Bergells bietet keine Alternative. Kurz vor Maloja Kulm zweigt rechts eine Naturstrasse ins Val Forno ab. Bereits nach kurzer Fahrzeit muss beim Lej da Cavloc das erste Mal abgestiegen werden. Obwohl die Steigung nicht extrem ist, sind viele Passagen bis zur Weggabelung nicht fahrbar. Bei Plan Canin zweigt ein Wanderweg zum Passo del Muretto ab. Der Weg zum Pass ist schlecht markiert und schmal. Je näher die Passhöhe rückt, desto schlechter wird der Weg, der durch Geröllfelder mit grossen Steinen führt.
Im Winter donnern hier jeweils Lawinen zu Tal und reissen die Wegmarkierungen mit. So balanciert man denn mühsam und ständig nach Wegzeichen suchend von einem Stein zum anderen. Doch die Abfahrt entschädigt schliesslich für die Strapazen. Um von Chiareggio die Hauptstrasse durch das Valmalenco zu umgehen, bietet sich nach San Giuseppe die Möglichkeit, auf den fast durchwegs fahrbaren Wanderweg nach Primolo auf der gegenüberliegenden Talseite zu wechseln. Nach Chiesa in Valmalenco, dem bedeutendsten Ferienort im Tal, erreicht man wieder die Hauptstrasse. Zügig geht es dem Etappenziel und Hauptort des Veltlins entgegen.

Die teilweise behauenen, abgewetzten Steinplatten belasten nicht nur die Federelemente im Downhill ins Bergell hinunter.

Schwierigkeitsgrad 4
Distanz 71,3 km
Höhendifferenz ↑1935 m, ↓3613 m
Zeitbedarf 7:00 h
Übernachtung Bivio, Casaccia, Maloja, Chiareggio, Chiesa, Sondrio
Restaurant Restaurant Cavloccio (1907 m), Lei da Cavloc, 7516 Maloja, Mobile 079 438 92 82

Variante/Abkürzung
Variante:
Alp Flix–Sur–Marmorera–Bivio
Öffentlicher Verkehr
Sondrio
Karte Blatt Nr. 268, 278, 5013, Kompass Wanderkarte Nr. 92, 93
Besondere Hinweise
⚠1 Nicht zu früh Richtung Passo del Muretto abzweigen, abwarten bis zum Wegweiser auf Plan Canin.
⚠2 Auf der Hauptstrasse kurz nach San Giuseppe zeigt ein gelber Wegweiser den Wanderweg nach Primolo an.
Information Verkehrsverein Bivio, 7457 Bivio, Telefon 081 684 53 23; Kur- und Verkehrsverein Maloja, 7516 Maloja, Telefon 081 824 31 88; APT Ufficio di Chiesa in Valmalenco, I-23023 Chiesa in Valmalenco, Telefon +39 0342 45 11 50; APT Ufficio Informazioni di Sondrio, I-23100 Sondrio, Telefon +39 0342 51 25 00
Anschlussroute 3.04 Le Prese–Sondrio, 3.05 Sondrio–Gravedona

Gebirgiger Süden

Auch vom Passo Dordona sieht der Monte Disgrazia imposant aus. Am Vortag war man ihm noch viel näher.

Im Süden des Veltlins verunmöglicht die unwegsame Gebirgskette der Bergamasker Alpen oder Alpi Orobie ein einfaches Weiterkommen. Zwischen dem Passo d'Aprica bei Tirano im Osten und dem Passo San Marco bei Morbegno im Westen ist der Passo di Dordona der einzige Übergang in die Provinz Bergamo, auf dem sich die Schiebe- beziehungsweise Tragestrecken in Grenzen halten.
Zu Beginn der Etappe kann man auf dem asphaltierten Radweg der Adda entlang mit über 20 Stundenkilometern gemütlich einrollen. Um zum 2061 Meter ü. M. gelegenen Passo di Dordona zu gelangen, muss zuerst einiges an Höhe gewonnen werden. In unzähligen Haarnadelkurven schraubt sich von Fusine eine wenig befahrene Asphaltstrasse den bewaldeten Berghang hinauf. Nach Dosso, eingangs des Val Madre, beginnt die Wildnis. Die Kirche von Valmadre hat schon bessere Zeiten gesehen, die Hänge rund um den verlassenen Weiler sind mit dichten Sträuchern überwuchert. Nach der Brücke bei Le Tegge Moie am Eingang des Parco delle Orobie steigt die Schotterpiste steiler an. Auf der Alp Baita della Matta beginnt die erste Schiebestrecke der Etappe. Ein schlecht markierter und wenig begangener Wanderweg führt zum Pass. Von Foppolo her ist der Passo di Dordona durch einen

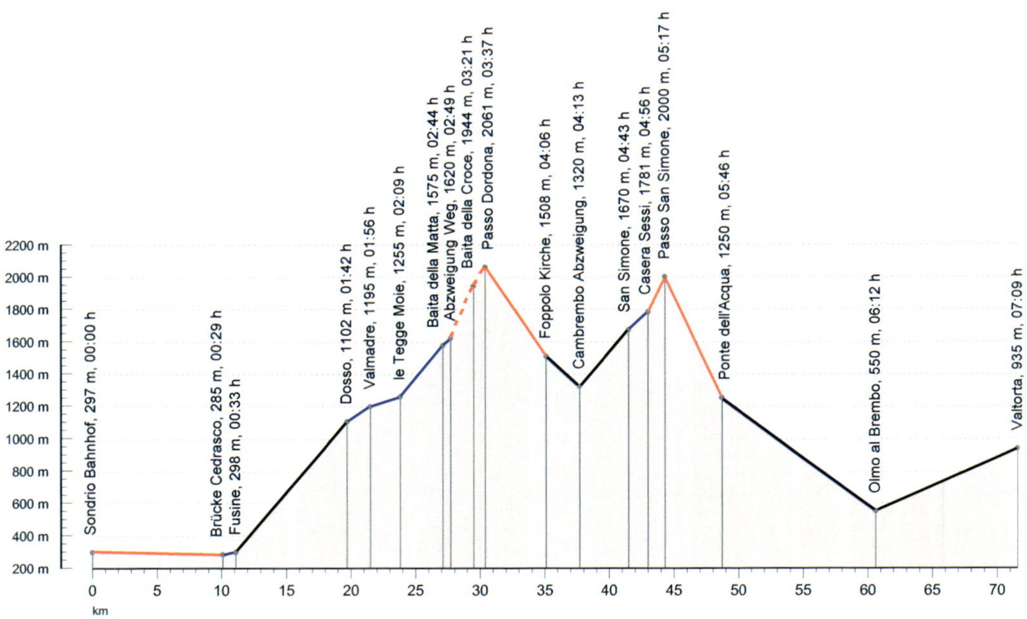

Kurz nach der Passhöhe sieht man bereits die ehemals modernen architektonischen Errungenschaften von Foppolo.

aus der Zeit des Ersten Weltkriegs stammenden Fahrweg erschlossen. Kurz ist die Abfahrt nach Foppolo. Die Appartments in den Hängen rund um den Ort zeugen von einem vor allem im Winter gut besuchten Ferienziel.

Wer in Foppolo froh ist, wieder Asphalt unter den Reifen zu spüren, kann den Talstrassen entlang über Piazza Brembana ins Etappenziel Valtorta gelangen. Eine zusätzliche Herausforderung bietet der Passo San Simone. Der Aufstieg wie auch der Abstieg bedingt Schiebe- und Tragestrecken, vor allem die Downhillstrecke nach Ponte dell'Acqua hinunter enthält sehr schwierige Streckenabschnitte. In Ponte dell'Acqua erreicht man die in der Ferienzeit stark befahrene Passstrasse zum Passo San Marco. Als Alternative kann talauswärts der historische, im Mittelalter angelegte Saumweg Strada Priule gewählt werden. Er wird jedoch rege von Wanderern benutzt, die nicht an Mountainbiker gewöhnt sind. Weniger Autos verkehren auf dem Schlussstück durch das Valle Stabina zum Etappenort Valtorta.

Schwierigkeitsgrad 4
Distanz 71,6 km
Höhendifferenz ↑2871 m, ↓2233 m
Zeitbedarf 7:15 h
Übernachtung Foppolo, Olmo al Brembo; Albergo Pizzo Tre Signori, I-24010 Valtorta, Telefon +39 0345 87712
Restaurant Baita del Camoscio (1781 m), Casera Sessi, San Simone, Telefon +39 0345 78024
Variante Abkürzung: Foppolo–Branzi–Piazza Brembana–Olmo al Grembo
Öffentlicher Verkehr Sondrio
Karte Blatt Nr. 278, Kompass Nr. 104, 105
Besondere Hinweise
⚠ Spätestens in der Kurve nach der Baita della Matta muss die Schotterpiste verlassen werden. Der Wanderweg zum Passo Dordona steigt auf der gegenüberliegenden Bachseite zum Pass.
⚠ Der eher schlechte Wanderweg biegt nach der kleinen Hütte nach links Richtung Hochspannungsleitungen ab. Unter der Hochspannungsleitung bei der Baita della Croce führen Wegspuren zum Pass.
Information APT Ufficio Informazioni di Sondrio, I-23100 Sondrio, Telefon +39 0342 51 25 00; Pro Foppolo, I-24010 Foppolo, Telefon +39 0345 74101; Pro Loco Piazza Brembana, I-24014 Piazza Brembana, Telefon +39 0345 82044
Anschlussroute 3.05 Sondrio–Gravedona

Genussvoller Ausklang

Von Valtorta führt eine asphaltierte Strasse in angenehmer Steigung fast bis auf die Piani di Bobbio. Die Piani di Bobbio sind vom Valle Stabina und vom Valsassina her mit Seilbahnen erschlossen, wobei im Sommer nur die Gondelbahn zwischen Barzio und den Piani di Bobbio in Betrieb ist. Ein herrliches Panorama bietet sich auf der Hochebene. Links der Grigna, des markanten Felsklotzes zwischen Valsassina und dem Lago di Lecco, liegt das seit einer Woche angesteuerte Ziel. Gegen Südwesten schweift der Blick bereits über die Ebenen der Lombardei.
Durch den dichten Bergwald führt ein sehr steiler Fahrweg ins Valsassina hinunter. Neben nicht sehr gebirgserfahrenen Wanderern mühen sich erstaunlicherweise auch Geländefahrzeuge auf der steilen Strecke ab. Im touristisch geprägten Barzio würde die stark befahrene Hauptstrasse über Ballabio direkt nach Lecco führen. Landschaftlich lohnt sich ein kleiner Umweg über den Culmine San Pietro und die Forcella di Olino. Die Passstrasse über den Culmine San Pietro ist eine beliebte Ausflugsstrecke für Rennradfahrer. Auf dem Culmine San Pietro kann die Asphaltstrasse verlassen werden. Auf holprigerem Untergrund fühlt sich das Mountainbike wohler als zwischen den schnittigen Rennrädern. Die Verbindungsstrecke zwischen den beiden Passhöhen der Culmine San Pietro und der Forcella di Olino hat durchwegs Wagenbreite und wurde erst in letzter Zeit zur Naturstrasse ausgebaut. Beim Erreichen der Asphaltstrasse beginnt die endgültig letzte Abfahrt. In unzähligen Kehren windet sich die schmale Passstrasse durch zerfurchte, steile Schluchten Lecco entgegen.

Lecco – im Ziel!

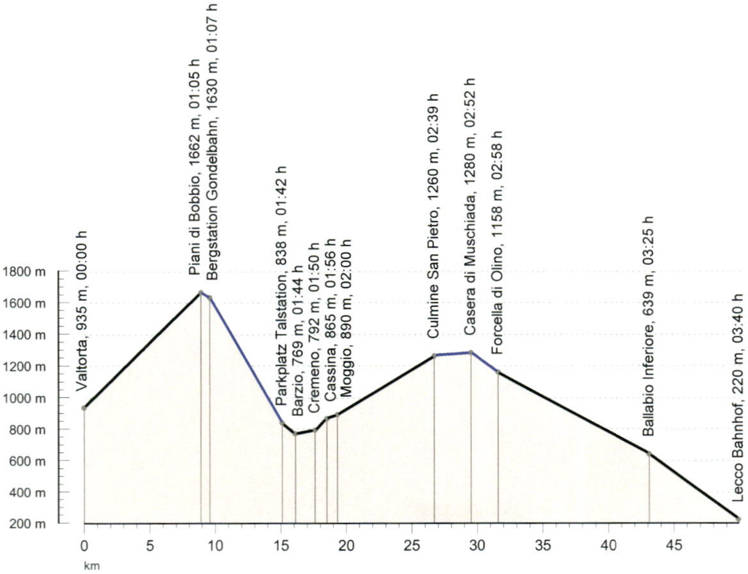

Kurze Erholungsphase auf den Piani di Bobbio.

Schwierigkeitsgrad 2
Distanz 49,9 km
Höhendifferenz ↑1348 m, ↓2063 m
Zeitbedarf 3:45 h
Übernachtung Rifugio Stella (1662 m), Piani di Bobbio, I-23816 Barzio, Telefon +39 0341 996 834; Rifugio Sora (1662 m), Piani di Bobbio, I-23816 Barzio, Telefon + 39 0341 910 563; Barzio, Cassina Valsassina, Lecco
Restaurant Ristorante Passo Culmine, Culmine San Pietro, 1260 m
Variante/Abkürzung Abkürzung: Barzio–Ballabio–Lecco (Hauptstrasse)
Öffentlicher Verkehr Lecco
Besondere Hinweise
⚠1 In Barzio die Gasse nehmen, die unterhalb der Kirche Richtung Cremona führt. Auf der mit einem Fahrverbot belegten Strasse wird die Höhe nach Cremona gehalten.
⚠2 Im Zentrum von Cremona zur Kirche hochfahren. Rechts an der Kirche vorbei führt eine Gasse, die Hauptstrasse querend, direkt nach Cassina.
⚠3 Im Dorfzentrum von Cassina beim Wegweiser nach Mezzacca links zur Hauptstrasse hochfahren und auf dieser weiter nach Moggio.
Karte Kompass Nr. 105 Lecco-Valle Brembana
Information I.A.T. (Ufficio Informazioni e di Accoglienza Turistica), I-23816 Barzio, Telefon +39 0341 99 62 55; A.P.T. (Azienda di Promozione Turistica) I-23900 Lecco, Telefon +39 0341 36 23 60
Anschlussroute –

Die meisten Fotos stammen vom Autor,
weitere von Sabina Elmer, Georg Kägi, Johanna Elmer,
Luca Stäger, Jürg Aebli sowie von Arosa Tourismus,
Arosa, und Swiss Bike Masters, Küblis.

Die Karte Seite 19 wurde reproduziert
mit Bewilligung des Bundesamtes für Landestopografie
vom Mai 2004.

AT Verlag, Baden und München
Kartenausschnitte: Atelier Guido Köhler & Co., Binningen
Lithos: AZ Grafische Betriebe AG, Aarau
Druck und Bindearbeiten: Appl, Wemding
Printed in Germany

ISBN 3-85502-966-0

www.at-verlag.ch